MOTORRAD LEGENDEN

LUIGI CORBETTA

WHITE STAR VERLAG

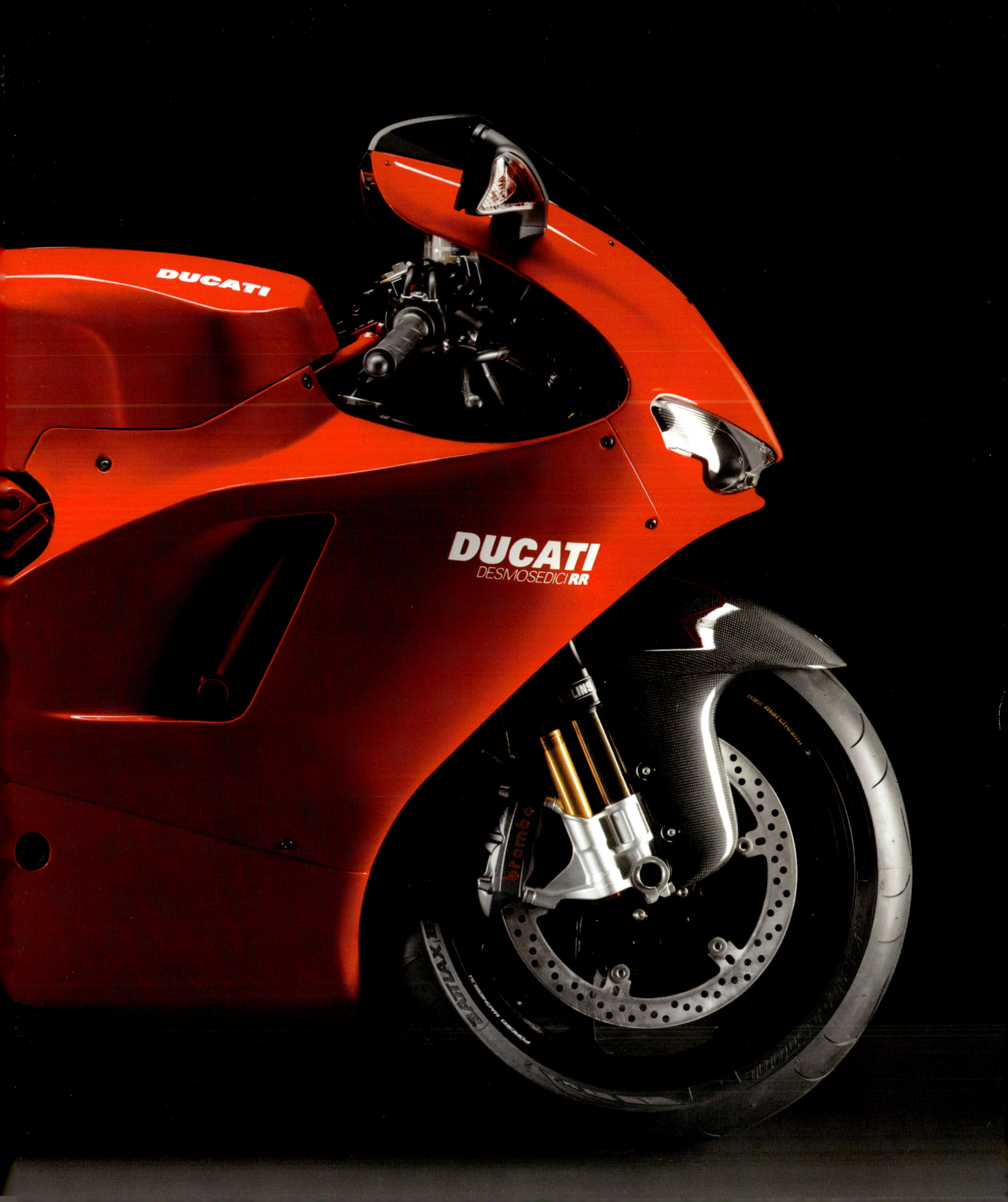
DUCATI
DUCATI
DESMOSEDICI RR
brembo

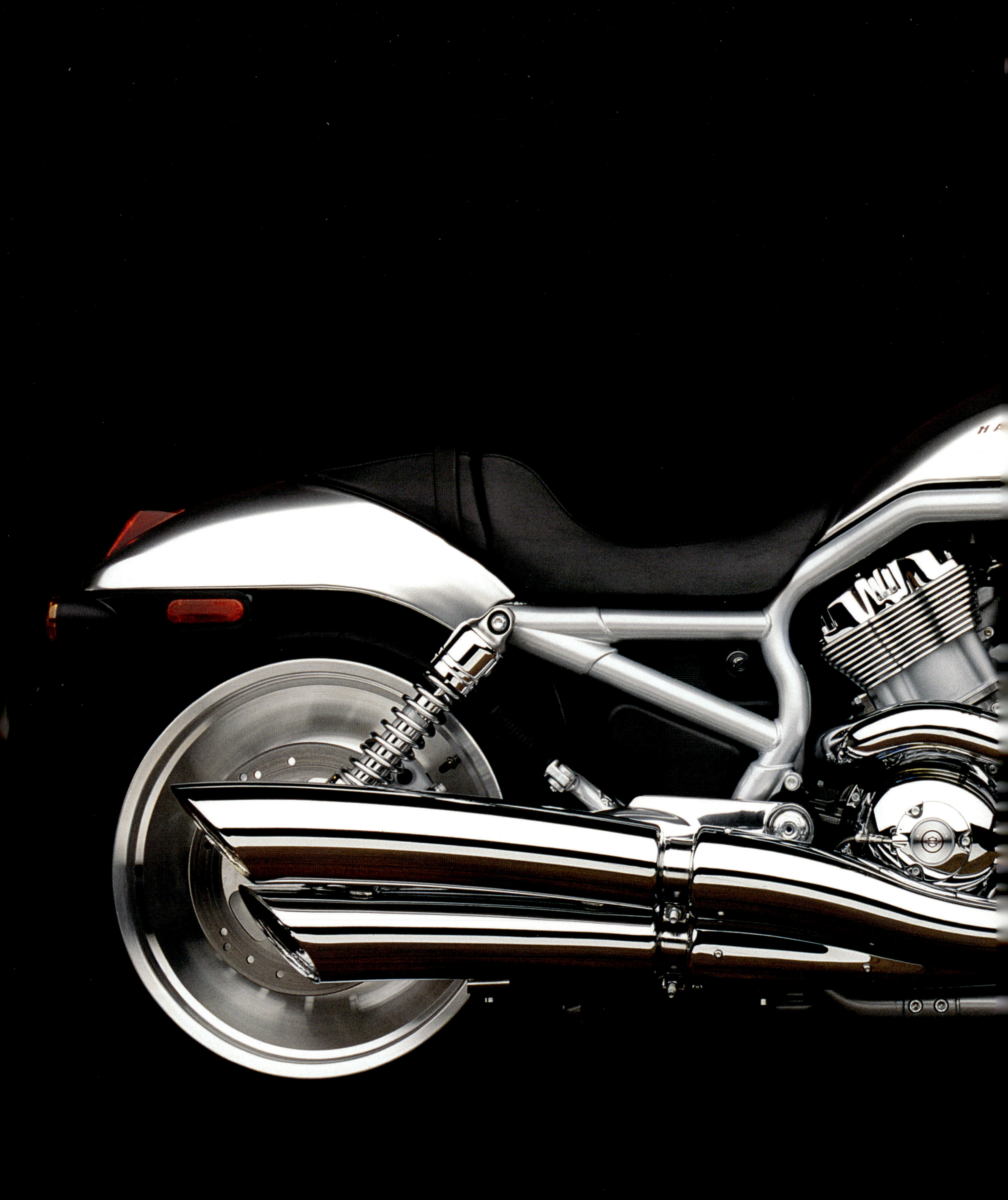

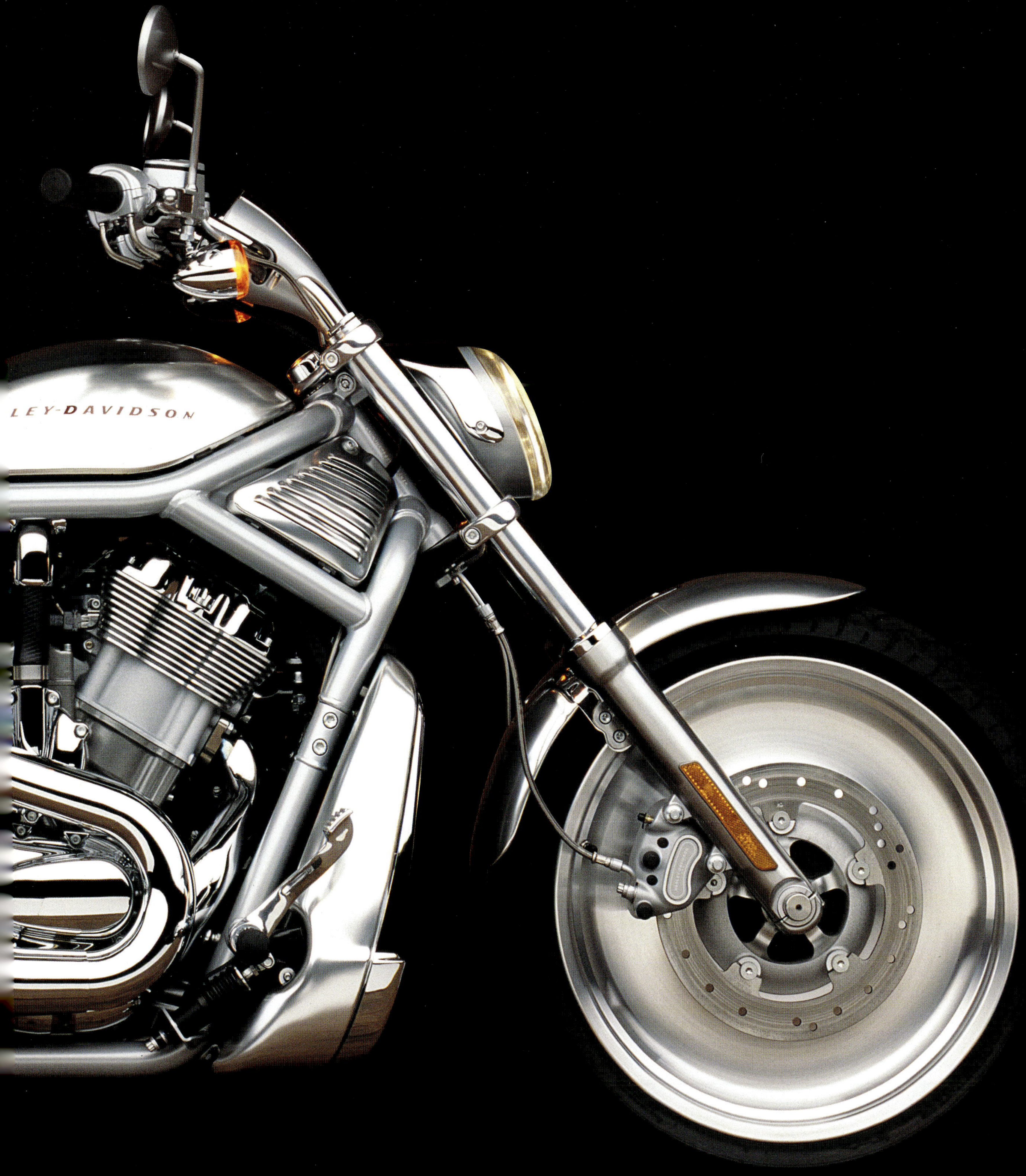
LEY-DAVIDSON

INHALT

PROLOG	SEITE	8
VORWORT	SEITE	10
EINLEITUNG	SEITE	12

1910/1929 — SEITE 22

1913 HARLEY-DAVIDSON TWIN 1000	SEITE	30
1914 FRERA 570 GRANDE TURISMO	SEITE	34
1919 ABC 400	SEITE	38
1921 MOTO GUZZI NORMALE 500	SEITE	42
1922 MEGOLA	SEITE	46
1923 BMW R 32	SEITE	50
1923 INDIAN BIG CHIEF	SEITE	56
1924 EXCELSIOR SUPER X 750/1000	SEITE	60
1925 BROUGH SUPERIOR 1000 SS100	SEITE	64
1928 MOTO GUZZI GT 500 „NORGE"	SEITE	68
1929 BIANCHI FRECCIA D'ORO 175	SEITE	72

1930/1949 — SEITE 76

1930 ARIEL SQUARE FOUR	SEITE	82
1932 RENÉ GILLET L 1000	SEITE	86
1935 BMW R 17	SEITE	90
1937 TRIUMPH SPEED TWIN 500	SEITE	94
1939 MOTO GUZZI CONDOR	SEITE	98
1939 DKW RT 125	SEITE	102
1940 GILERA SATURNO 500	SEITE	106
1946 PIAGGIO VESPA 98	SEITE	110
1946 SOLEX VELOSOLEX 49	SEITE	116
1947 INNOCENTI LAMBRETTA 125 A	SEITE	120
1949 IMME R 100	SEITE	126

1950/1969 — SEITE 130

1950 MOTO GUZZI FALCONE SPORT	SEITE	136
1958 TRIUMPH BONNEVILLE T120 650	SEITE	140
1960 BMW R 69 S	SEITE	144
1962 DUCATI SCRAMBLER	SEITE	150
1965 HARLEY-DAVIDSON ELECTRA GLIDE 1200	SEITE	154
1968 BSA ROCKET 3 750	SEITE	160
1968 HONDA CB 750 FOUR	SEITE	164
1969 KAWASAKI MACH III H1 500	SEITE	168
1969 MV AGUSTA 750 SPORT	SEITE	172

1970/1989 — SEITE 176

1970 NORTON COMMANDO PR 750	SEITE	180
1971 KTM 175 GS	SEITE	184
1971 LAVERDA SFC 750	SEITE	188
1971 MOTO GUZZI V7 750 SPORT	SEITE	192
1972 SUZUKI GT 750	SEITE	196
1972 TRIUMPH X-75 HURRICANE	SEITE	200
1973 DUCATI 750 SS	SEITE	204
1973 BMW R 90 S	SEITE	208
1974 HONDA GOLD WING GL 1000	SEITE	212
1975 YAMAHA XT 500	SEITE	216
1976 BIMOTA SB2 750	SEITE	220
1980 BMW R 80 G/S	SEITE	224
1980 SUZUKI GSX 1100 S KATANA	SEITE	228
1987 HONDA VFR 750R RC30	SEITE	232

1990/2009 — SEITE 236

1992 BMW R 1100 RS	SEITE	240
1993 DUCATI M 900 MONSTER	SEITE	246
1996 BUELL S1 LIGHTNING	SEITE	250
1998 DUCATI MH 900E	SEITE	254
1999 SUZUKI GSX 1300R HAYABUSA	SEITE	260
2001 HONDA GOLD WING 1800	SEITE	264
2001 HARLEY-DAVIDSON V-ROD	SEITE	270
2004 TRIUMPH ROCKET III	SEITE	274
2007 MV AGUSTA F4 R312	SEITE	280
2007 DUCATI DESMOSEDICI RR	SEITE	284
2008 BIMOTA DB7	SEITE	288
2009 APRILIA RSV4	SEITE	292

BIBLIOGRAFIE UND REGISTER	SEITE	296

1 Eines der ersten Plakate, mit denen für Motorräder Reklame gemacht wurde.

2–3 Die Ducati Desmosedici RR präsentiert sich mit einer prächtigen Karbonverkleidung.

4–5 Die V-Rod VRSCAW, die erste Harley-Davidson mit Flüssigkühlung, glänzt durch ein traditionelles Speichenvorderrad, einen extrabreiten Hinterreifen und das neue Revolution-Triebwerk mit 1250 ccm Hubraum.

6–7 Detailansicht der mit Blattfedern bestückten Teleskop-Vordergabel der R 32, eines der ersten BMW-Motorräder.

PROLOG
Giacomo Agostini

TEXT
Luigi Corbetta

REDAKTIONELLE LEITUNG
Valeria Manferto De Fabianis

KOORDINATION
Laura Accomazzo – Giorgio Ferrero

GESTALTUNG
Maria Cucchi

PROLOG

Fast jeder hat eine gewisse Schwäche für Motorräder oder zumindest für Motoren. Wer hat als Kind nicht gerne mit Spielzeugautos und sonstigen fahrbaren Dingen gespielt? Als ich meine Karriere begann, fuhr kaum jemand Motorrad, was vielleicht damit zu tun hatte, dass es als Fortbewegungsmittel der Armen galten.

Als ich zum ersten Mal eine Maschine bestieg, war ich neun Jahre alt, und ich spürte sofort ein Kribbeln: Von da an war klar, dass sich mein Leben um zwei Räder drehen würde. Dank MV Agusta und Yamaha, dank enormer Hingabe, harten Trainings und höchster Professionalität gelang es mir, 15 Weltmeistertitel zu gewinnen. Und jeder einzelne wird mir unvergesslich beliben.

Heute ist aus dem Motorrad ein Zweitgefährt geworden: Wer ein Auto besitzt, will ein Motorrad zusätzlich. Abertausende haben entdeckt, welche Faszination darin liegt, ein Motorrad zu bewegen und zu lenken. Und wer öfter im Sattel sitzt, weiß, dass man es zähmen muss, ganz anders als die vier Räder, an die man gewohnt ist.

Geschwindigkeit liegt vielen von uns im Blut: Tempo machen, darum geht es. Doch mein Motto lautet: Gerast wird nur auf der Rennstrecke, im Straßenverkehr ist Vorsicht geboten.

Ein Motorrad ist wie eine geladene Waffe, es kann sich jederzeit ein Schuss lösen. Daher sage ich immer: Sei mit Besonnenheit bei der Sache, und unterschätze nie die Kraft, die in deiner Maschine steckt.

Giacomo Agostini

8 GIACOMO AGOSTINI MIT MV AGUSTA AUF DEM WEG ZUM SIEG BEIM GROSSEN PREIS VON HOLLAND AUF DER RENNSTRECKE VON ASSEN, 1976.

9 GIACOMO AGOSTINI ZWISCHEN ZWEI MV AGUSTA IM ENGLISCHEN BRANDS HATCH, 1966.

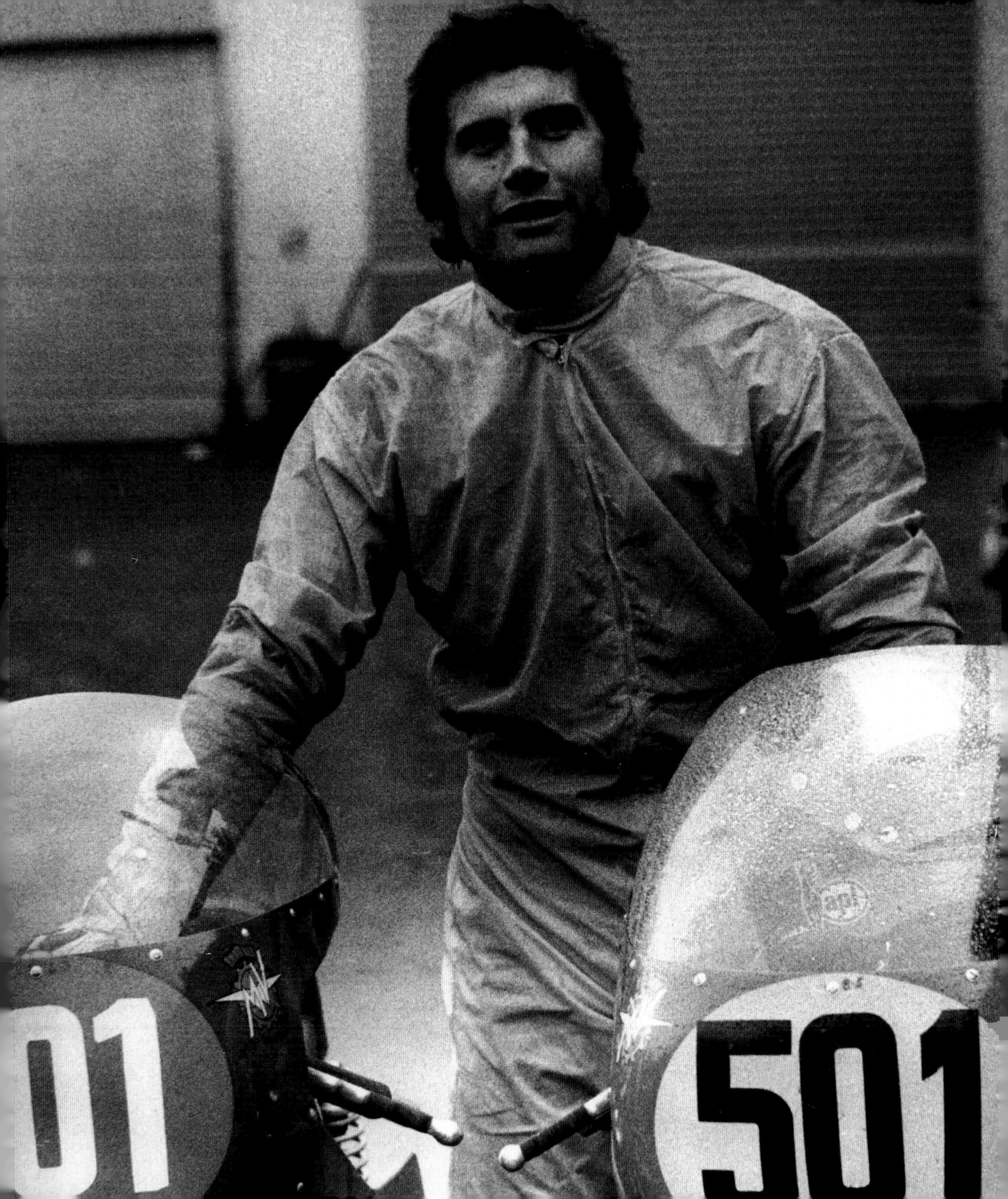
01
501

VORWORT

Wenige konnten es sich anfangs leisten, jene zwei- oder dreirädrigen Vehikel zu fahren, die die Pioniere der Branche zu bauen begannen. In Handarbeit hergestellt, basierten diese neuen Transportmittel zum Großteil auf Fahrradrahmen, in die man Motoren einbaute – in der Anfangsphase die als sicherer geltenden Dampfmotoren, später Verbrennungsmotoren.

Die ersten Modelle waren fast immer „Unikate" und deren Kunden aufgeschlossene, vermögende Adlige, die sich mit dem Neuesten vom Neuen in Szene setzen wollten. Dann änderten sich die Dinge. Bald kamen nur noch Verbrennungsmotoren zum Einsatz, und das Bild des Zweirads begann sich zu verändern.

Vor allem aber erkannte man – und auch der Krieg trug dazu bei –, dass das Motorrad nicht nur dem Zeitvertreib der Hautevolee dienen musste. Rasch kamen Mofas, Mopeds, Roller und Leichtkrafträder heraus, die sich für den Alltagseinsatz als tauglich erwiesen, und mit diesen robusten und erschwinglichen Fahrzeugen weitete sich der Markt auf weniger begüterte Kreise aus. Die anfangs großvolumigen Motoren schrumpften auf 50, 125 und 175 ccm Hubraum und zu Viertelitermaschinen. Von wenigen Ausnahmen abgesehen, war es jedoch die „500er", die Halbliterklasse, die als Sinnbild für Leistung, Geschwindigkeit und Ästhetik den Motorradbau bis in die zweite Hälfte des 20. Jahrhunderts hinein prägte.

Erst in den 1970er-Jahren begann der Hubraum trotz Wirtschaftskrise und steigender Spritpreise wieder zu wachsen. Dieser Trend ist ungebrochen, und heute wundert sich niemand mehr, wenn er in Katalogen Motorräder mit Triebwerken entdeckt, die auch einem Oberklasse-Automobil ordentlich Dampf machen könnten.

Es sind Motorräder, die für viele nur ein Traum, eine schöne Legende bleiben.

10 Dieses rudimentäre, 1884 von Gottlieb Daimler konzipierte Gefährt ist für viele der Urvater des Motorrads: Der sogenannte Reitwagen verfügte über einen Einzylinder-Viertaktmotor.

11 Norton war mit seiner 500 T (1951) einer der ersten Hersteller, die sich mit dem Trialsport auseinandersetzten. Die in Grossbritannien entstandene Spezialdisziplin griff erst sehr viel später auf den Rest Europas über.

EINLEITUNG

12–13 Zu Beginn des 19. Jahrhunderts entstanden die ersten einspurigen Krafträder, die noch mit Dampfmotoren ausgerüstet waren. Sie galten als schmutzig, laut und unpraktisch, aber auch als faszinierend und genial. Diese alte Ansicht zeigt das in Deutschland entwickelte dampfbetriebene Laufrad „Velocipedraisiavaporianna" auf seiner Jungfernfahrt 1818 in Paris.

13 Padre Eugenio Barsanti (links), mit weltlichem Namen Niccolò Barsanti, einer der Väter des Verbrennungsmotors, verstand es schon als Junglehrer, seine Schüler mit Experimenten in Staunen zu versetzen. Der Ingenieur Felice Matteucci (rechts), der älter war als sein Freund Barsanti, gründete mit diesem eine Gesellschaft, die sich mit Studien zum Verbrennungsmotor befasste.

Möchte man, ausgehend von der Motorrad-Definition des Duden – *im Reitsitz zu fahrendes, einspuriges, zweirädriges Kraftfahrzeug mit einem Tank zwischen Sitz und Lenker* –, die Ursprünge dieses hochinteressanten Gefährts ergründen, gilt es, ins Jahr 1853 zurückzugehen: Damals hinterlegten zwei Italiener, Eugenio Barsanti und Felice Matteucci, bei der Accademia dei Georgofili in Florenz eine Denkschrift. Sie beschreibt die Erfahrungen, welche die beiden Erfinder mit der Umformung von aus einem Gas freigesetzter explosiver Energie in mechanische Arbeit gemacht hatten.

Bis vor nicht allzu langer Zeit zählte man die beiden nicht zu den illustren Vätern des Verbrennungsmotors – wie Lenoir, Otto, Benz, Daimler, Maybach oder Diesel. Auch der heilige Tempel der Wissenschaft und Forschung – das Deutsche Museum in München – ließ sie unerwähnt. Erst seit Kurzem sind die zwei brillanten Erfinder dank einer nach ihnen benannten Stiftung, der Fondazione Barsanti e Matteucci, als Erfinder des ersten Verbrennungsmotors anerkannt. Doch wer waren sie? Eugenio Barsanti, geboren in Pietrasanta bei Lucca am 12. Oktober 1821, war ein kränklicher, aber talentierter junger Mann mit einer Vorliebe für Mathematik und Physik. Als er mit 17 seine Ausbildung abgeschlossen hatte, folgte er entgegen den Erwartungen seiner Eltern der Berufung zum Priesteramt. Parallel begann er zunächst an einer Schule in Volterra und später am berühmten Osservatorio Ximeniano in Florenz zu unterrichten, wo er sich mit Physik und Hydraulik befasste. Auch der etwas ältere, am 12. Februar 1808 in Lucca geborene Felice Matteucci hegte ein ausgeprägtes Interesse für Technik, insbesondere für Hydraulik und Mechanik. Nach erfolgreich absolviertem Studium in Paris und Florenz lernte er Barsanti eher zufällig kennen, und die beiden wurden schnell Freunde. Bald wandten sie sich von der Hydraulik ab und begannen, ihre Kenntnisse im Bereich der Mechanik zu vertiefen. Ihr Ziel war, einen Teil der Energie, die sie aus der Zündung einer Mischung aus Wasserstoff und Luft gewannen, in mechanische Arbeit umzuwandeln. So entstand nach zwei Jahren intensiver Arbeit der Flugkolbenmotor, der Vorläufer des modernen Verbrennungsmotors. Am 5. Juni 1853 hinterlegten sie ihre Schriften über die erfolgreich durchgeführten Experimente bei der Accademia dei Georgofili.

Wenden wir uns nun der weit komplexeren Geschichte des Motorrads selbst zu. An Debatten darüber mangelt es nicht: Als Erfinder gilt – in der am wenigsten umstrittenen Version – der 1834 geborene Gottlieb Daimler. 1884 meldete er einen Einzylinder-Viertaktmotor mit innerer Verbrennung und 264 ccm Hubraum zum Patent an, der bei 700 UpM eine halbe Pferdestärke leistete. Diesen Antrieb baute er später in einen Holzrahmen ein, der vorne und hinten mit jeweils einem großen Rad sowie mit zwei seitlichen Stützrädern versehen war. Wie vielfach behauptet wird, stimmt es, dass der Deutsche keinerlei Absicht hatte, das Motorrad zu „erfinden"; sein Interesse galt vielmehr der Entwicklung eines Motors, der in zukünftige Automobile eingebaut werden konnte. Dennoch steht außer Frage, dass das von ihm ersonnene „Reitrad" als erstes Motorrad mit Verbrennungsmotor angesehen werden kann.

Versteht man hingegen gemäß der einleitend erwähnten Definition unter einem Motorrad ein *zweirädriges Kraftfahrzeug*, seien die Jahre von 1869 bis 1871 näher beleuchtet: Damals baute Louis Guillaume Perreaux einen dampfbetriebenen Einzylindermotor mit 304 ccm Hubraum in ein Michaux-Pedalfahrrad ein. Anders als Daimler hegte der 1816 in Almenèches geborene Ingenieur die ausdrückliche Absicht, ein Motorrad bzw. ein, wie er es selbst in einem Prospekt bezeichnete, „Vélocipède à Grande Vitesse" (VGV) zu entwickeln.

Es gibt jedoch noch andere Namen auf dem Zwei- und Dreiradsektor, die ihren Beitrag zur Geschichte des Motorrads geleistet haben. Erwähnt seien, neben den bereits genannten Größen, die Amerikaner Silvester Roper (der von einigen Historikern als Schöpfer des ersten Dampffahrrads angesehen wird) und Lucius Copeland, die Franzosen Felix Millet und Beau de Rochas, der mit Daimler um die Urheberschaft des Motorrads mit Verbrennungsmotor „in Fehde" liegende Brite Edward Butler und der Italiener Giuseppe Murnigotti.

14 1869 ENTWICKELTE DER FRANZOSE LOUIS GUILLAUME PERREAUX EINEN DAMPFBETRIEBENEN 304-CCM-EINZYLINDERMOTOR, DEN ER SPÄTER AUF EINEM MICHAUX-PEDALFAHRRAD MONTIERTE: EIN REGELRECHTES MOTORRAD.

15 EDWARD BUTLER AUF SEINEM VON EINEM BENZINMOTOR ANGETRIEBENEN DREIRAD NAMENS „THE PETROL-CYCLE": DAS SOGENANNTE BUTLER-DREIRAD WURDE 1884 ENTWORFEN UND ERST DREI JAHRE SPÄTER GEBAUT.

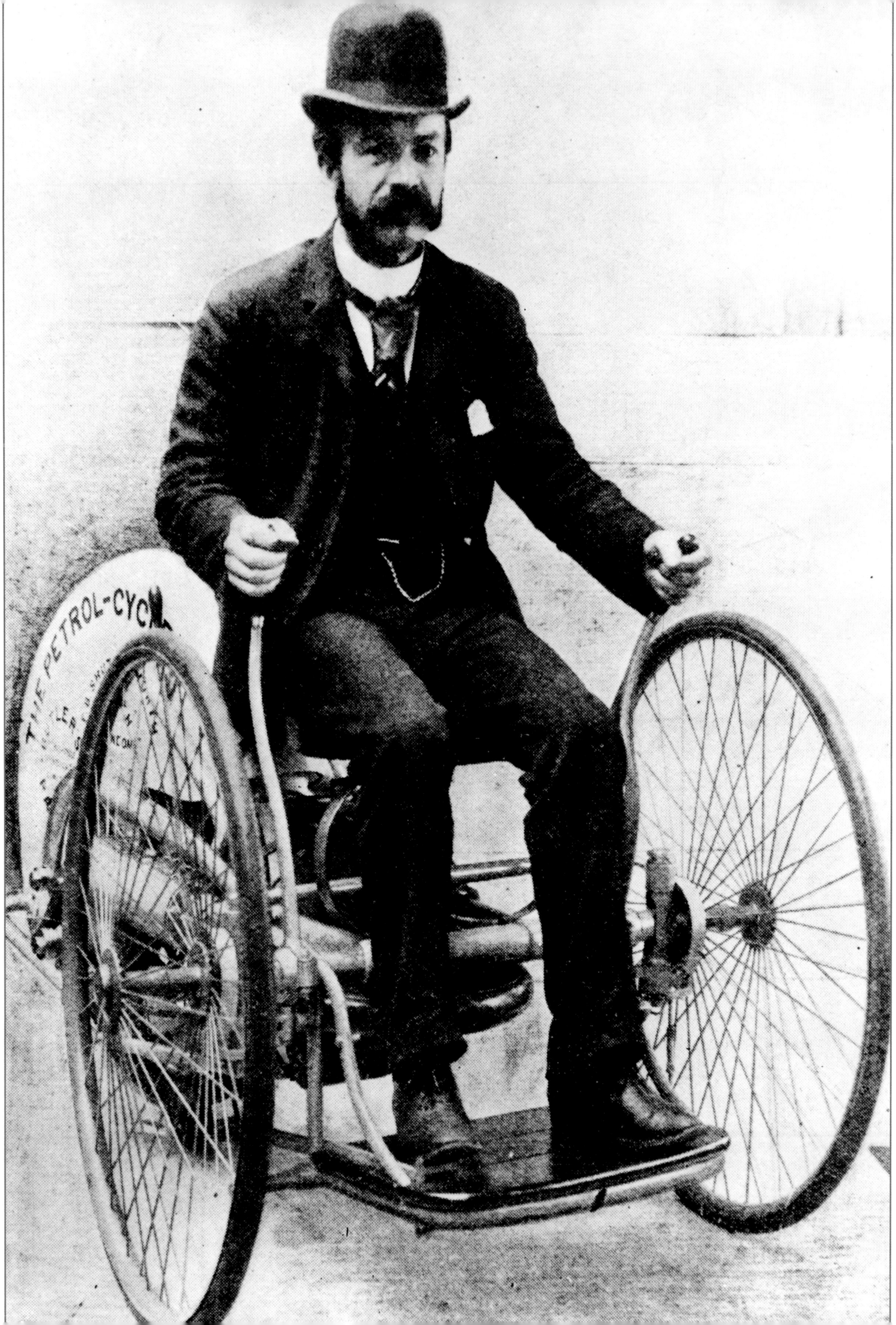
THE PETROL-CYC

Ab den 1850er-Jahren versuchten sich somit zahlreiche Bastler und Ingenieure an mehr oder weniger merkwürdigen Gefährten mit eigenem, durch Zündung oder Dampf betriebenem Motor. Es waren jedoch durchweg handwerklich hergestellte Fahrzeuge. Um von Serienfertigung oder nennenswerten Stückzahlen auf industriellem Niveau sprechen zu können, die dem wachsenden Interesse gerecht wurden, darf die Marke Hildebrand & Wolfmüller nicht unerwähnt bleiben.

Der am 17. Oktober 1855 in München geborene Heinrich „Henry" Hildebrand gründete nach seinem Ingenieursexamen mit dem ebenfalls aus Bayern stammenden Alois Wolfmüller ein Unternehmen. Gemeinsam konstruierten sie mehrere Verbrennungsmotoren, die die unzuverlässigen Dampfantriebe ersetzen sollten.

16 OBEN M EHR ALS ZEHN J AHRE LANG BAUTE DIE F IRMA DER BEIDEN F RANZO - SEN G RAF A LBERT D E D ION UND G EORGES B OUTON D REIRÄDER , DIE ANFANGS MIT D AMPF -, SPÄTER MIT V ERBRENNUNGSMOTOREN ANGETRIEBEN WURDEN .

16 UNTEN D AS MIT EINEM FRANZÖSISCHEN D E -D ION - B OUTON -M OTOR BETRIEBENE

1900 O RIENT T RIKE WAR DAS ERSTE MOTORISIERTE D REIRAD , DAS IN DEN V ER - EINIGTEN S TAATEN GEFER - TIGT WURDE .

17 G RAF A LBERT D E D ION AUF EINEM SEINER G EFÄHRTE . D ANK DER DREI R ÄDER WAREN DIESE SEHR STABIL UND KONNTEN PROBLEMLOS EINEN W AGEN INKLUSIVE F AHRGÄSTEN ZIEHEN .

Le comte de Dion sur son tricycle

Nach der Umsetzung eines ersten Einzylinder-Zweitaktmotors realisierten die beiden 1893 mit Unterstützung des Mechanikers Hans Geisenhof und Henrys Bruder Wilhelm einen Viertaktmotor mit zwei parallel angeordneten wassergekühlten Zylindern und einem Gesamthubraum von 1490 ccm. In einem nächsten Schritt bauten sie den Motor in einen fahrradähnlichen Rahmen ein, was indes nicht vollends überzeugte.

Das Vehikel wurde daher überarbeitet und mit einem passenderen Rahmen versehen. Interessant war aber nicht so sehr das Fahrzeug selbst, sondern vielmehr der industrielle Ansatz, den die vier ihrer Firma gaben.

Nach anfänglichen Zweifeln und Ängsten schien sich die Welt dann doch mit dem Motorrad anzufreunden, was Hildebrand und Wolfmüller nicht entging. Sie gründeten in München eine Fabrik, in der Motorräder – viele Motorräder – entstehen sollten. Auf diese Weise sollte die Zuverlässigkeit verbessert und die Kosten gesenkt werden – beides wichtige Faktoren, um zukünftige Käufer zu finden.

Da die vier ferner die Bedeutung der Werbung erkannten, stellten sie ihre Gefährte Journalisten und Experten der Branche vor, darunter dem Franzosen Pierre Giffard und dem Engländer Herbert Osbaldeston Duncan. Letzterer verliebte sich bei einer Probefahrt in ein Motorrad aus dem Münchener Werk, und er erhielt schließlich auf Drängen eine Lizenz, um die „Hildebrand & Wolfmüller" unter dem Namen „La Pétrolette" in Frankreich fertigen zu können. Aufgrund diverser Schwierigkeiten – mit dem Anlasser und der unzulänglichen Kraftübertragung – musste Hildebrand & Wolfmüller noch vor der Wende zum neuen Jahrhundert schließen. Die Idee der Motorradserienfertigung setzte sich jedoch durch. Ab 1900 entstanden Aberdutzende neuer Firmen.

Le Motocycle "PERFECTA"
à moteur de DION-BOUTON

Jantes acier
WESTWOOD

Roues de 65 ou 70 c/m

Encliquetage à l'arrière

FREINS
à
tambour
à
l'avant
et
à
l'arrière

PONT UNIQUE

Gros Roulements

Prix net. — Moteur de 2 chevaux ¼	1500	Type amateur moteur de 3 chevaux ½	1900
Moteur de 2 chevaux ¾	1700	Supplément pour changement de vitesse	400

Tricycle "PHÉBUS"

Moteurs de Dion-Bouton 2 ch. 1/4 ou Aster 2 ch. 1/2

Gros Pneumatiques DUNLOP

Modèle de route 1500
Modèle de route à pont armé 1650

Tricycle "Marot-Gardon"
Modèle Créanche

Moteur de Dion-Bouton 2 chev. 1/4

Points saillants de la construction : Pont unique à axe central. 3 freins à tambour *sur les roues arrière et le différentiel*. Tous les organes enfermés même la chaîne. Jambes de renfort allant du carter à la selle et du moteur au carter.

Prix .... 1650 fr.

Tricycle "Licence de DION-BOUTON"

Construit avec le moteur de 2 ch. 3/4 et toutes les pièces de l'usine "de Dion-Bouton"

PRIX 1600

Tricycle "BASTAERT"

avec moteur de Dion-Bouton 2 ch. 1/4 ou Aster 2 ch. 1/2

Le plus beau tricycle qui existe, le seul ayant les avantages suivants : Pont tournant permettant changement de pignons en 5 m. Frein à enroulement dans l'huile. Billes de 12 partout. Construction spéciale sur commande. Prix .... 1500 fr.

(Moteurs de 3 à 6 chevaux. Prix sur demande).

LA Motocyclette "Werner"

entièrement perfectionnée en 1900 est munie de l'allumage électrique avec dispositif d'avance à l'étincelle autorisant les plus grandes vitesses et le ralentissement progressif.

Le nouveau **moteur léger** de 1 ch. ¼ permet au cavalier d'aborder presque toutes les côtes sans l'intermédiaire des pédales.

Le réservoir contient 2 litres d'essence pour parcourir 120 kilomètres environ.

Cadre de 56. Roues de 0.65. Cadre de 60. Roues de 0.70.

Gros Pneumatiques de 50 m/m.

PRIX .... 975 fr.

L'Intermédiaire Vélocipédique, vend tous ces modèles payables en **12 mois**

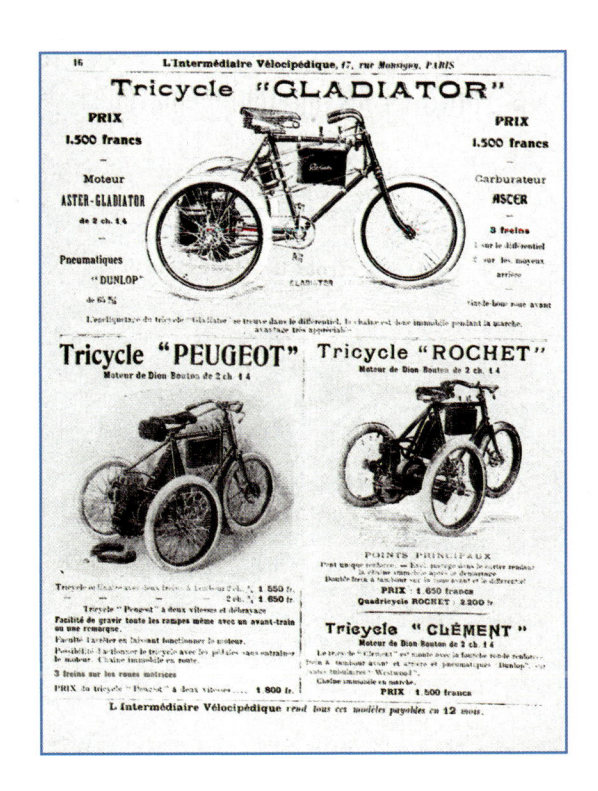

Einige von diesen bestehen noch heute, andere wiederum, denen es nicht gelang, nach dem Zweiten Weltkrieg wieder Fuß zu fassen, mussten in den 1940er- und 1950er-Jahren ihre Produktion einstellen.

An dieser Stelle scheint ein kleiner Einschub zu einem Land angebracht: Frankreich. Abgesehen davon, dass es sich um die Heimat des erwähnten Perreaux und auch von Peugeot (die vielleicht älteste noch bestehende Motorradmarke) handelt, nahm Frankreich vom Ende des 19. Jahrhunderts bis etwa 1910 eine führende Rolle in der Motorradentwicklung ein. Man denke an das in aller Welt kopierte De-Dion-Dreirad, an das Auto-Fauteuil (eine Art Vorläufer des Motorrollers, realisiert anno 1902 von Georges Gauthier) oder an Namen wie Motocyclette (den die Gebrüder Werner ab 1901 verwendeten), die später in den allgemeinen Sprachgebrauch eingingen. So gesehen, hat Frankreich in vielerlei Hinsicht Schule gemacht.

18 UND 19 LINKS EINIGE BEISPIELE FÜR REKLAMEN, WIE SIE IM KATALOG „L'INTERMÉDIAIRE VÉLOCIPÉDIQUE" (1900) ERSCHIENEN.

19 RECHTS ENDE DES 19. JAHRHUNDERTS WAR DIE GRENZE ZWISCHEN AUTOMOBIL UND MOTORRAD NOCH FLIESSEND. DOCH ES BRAUCHTE NUR WENIGE JAHRE, BIS DIE BEIDEN FAHRZEUGKLASSEN EIGENE, KLAR DEFINIERTE WEGE EINSCHLUGEN.

20–21 TRIUMPH KANN IN JEDER HINSICHT ALS DIE PRESTIGETRÄCHTIGSTE ENGLISCHE MOTORRADMARKE ANGESEHEN WERDEN. ALS MEILENSTEIN DER GESAMTEN PRODUKTION GILT DIE EBENSO ELEGANTE WIE SCHNELLE ZWEIZYLINDERMASCHINE SPEED TWIN 500, HIER IN DER VERSION DES JAHRES 1948.

19

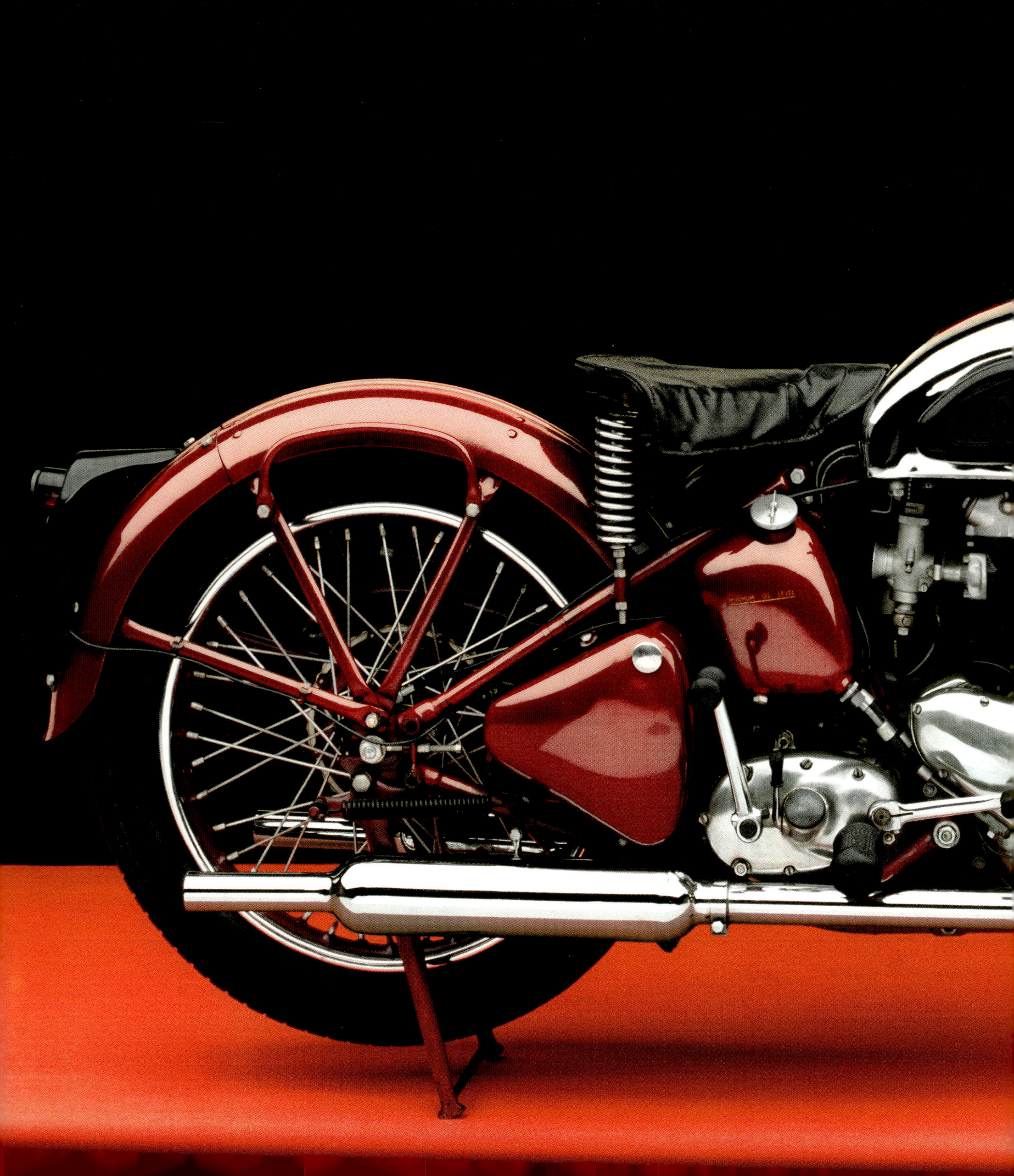

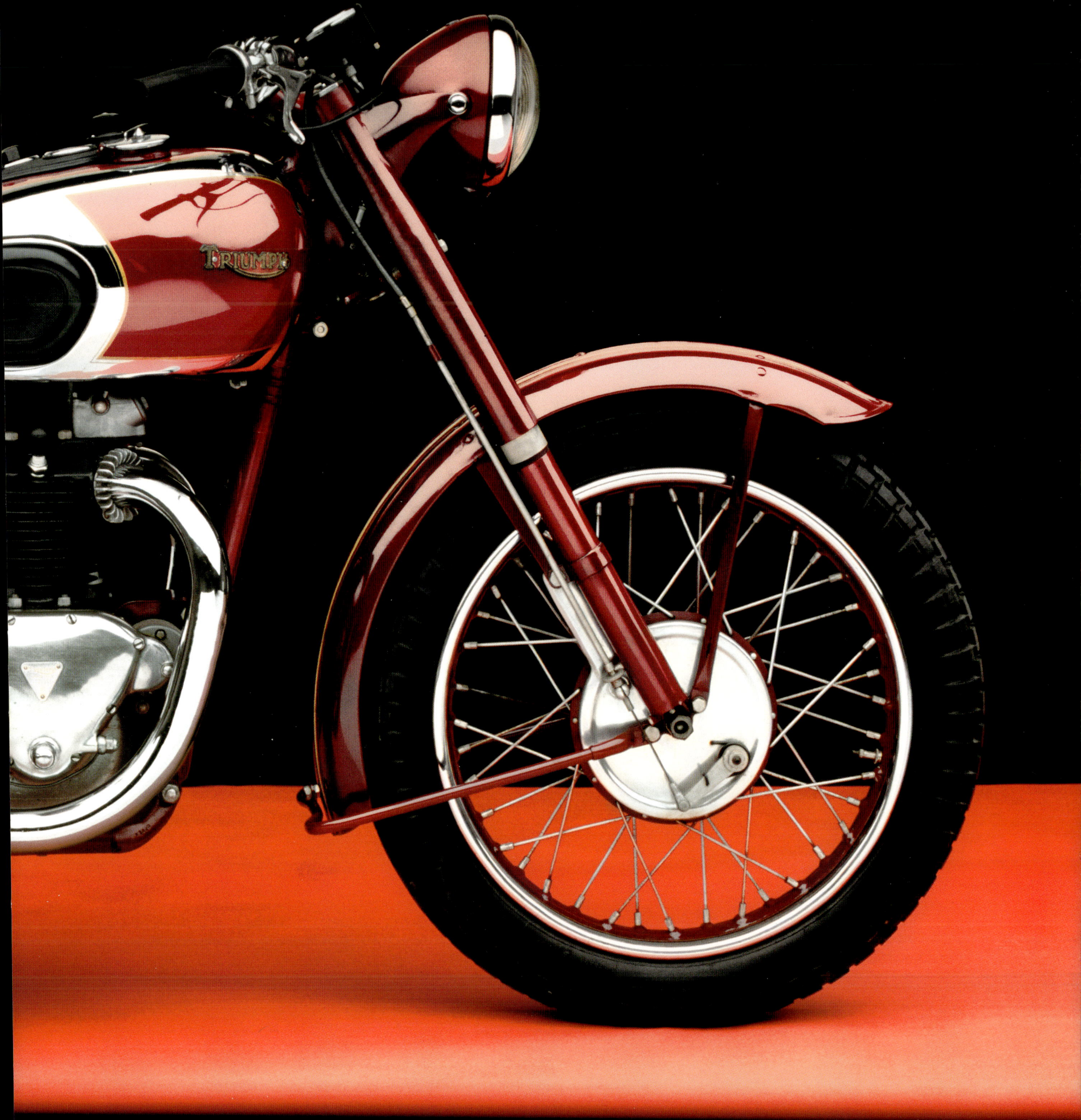
TRIUMPH

1910/1929

DIE ZIERLICH GEBAUTEN MOTORISIERTEN FAHRRÄDER WICHEN ZUSEHENDS ROBUSTEREN MOTORRÄDERN, DIE VIELE FASZINIERTEN, ABER IHREN FAHRERN ALLES ABVERLANGTEN.

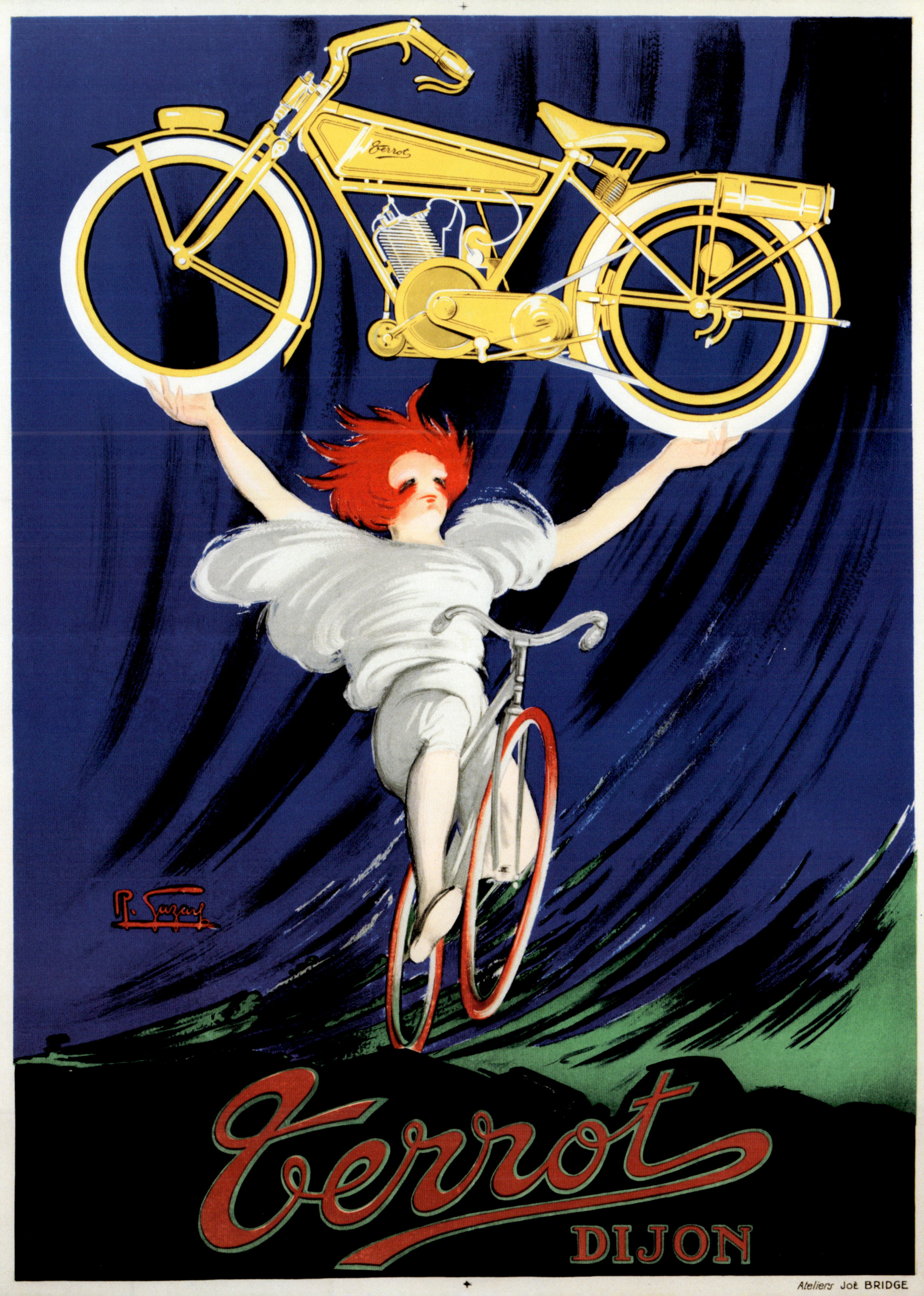
Terrot
Terrot
DIJON
Ateliers Joë BRIDGE

Die Geschichte des Motorrads ist in vielerlei Hinsicht merkwürdig. Es gab Jahre, in denen die Entwicklung in kürzester Zeit Riesenschritte machte, die sich mit Perioden abwechselten, in denen die Zeit – und mit ihr die Innovationen – scheinbar stillzustehen schien. Ausschlaggebend dafür waren in erster Linie die Kriege und Wirtschaftskrisen, infolge derer technische Ideen verflachten und Entscheidungen im industriellen Sektor hintangestellt wurden. Technisch interessante Lösungen der Motorradindustrie zu Beginn des 20. Jahrhunderts kamen mit dem Ausbruch des Ersten Weltkriegs quasi zum Stillstand. Motorräder wurden nicht mehr nur als ideale fahrbare Untersätze für den Zeitvertreib angesehen, sondern als krude Vehikel, die sich für den Transport von Proviant, Waffen und Soldaten eignen mussten. Insbesondere Seitenwagenmaschinen wurden von den Armeen eilends in Dienst gestellt.

Gemeinhin waren diese Motorräder alles andere als komfortabel; zum Einsatz kamen nach wie vor starre, fahrradähnliche Rahmen. Allein das Anlassen verlangte höchste Konzentration: Der Motor war entsprechend vorzuglühen und die mit dem Treibstoff zu mischende Menge an Luft ebenso zu beachten wie die Drehzahl. Während der Fahrt musste alle zehn bis 15 Sekunden Öl in den Schmierkreislauf gepumpt werden. Hände und Füße des Fahrers waren ständig damit beschäftigt, kleinere und größere Hebel für Schaltung (zumeist Dreiganggetriebe), Gas, Bremsen und Sonstiges mehr zu betätigen.

23 Viele Künstler versuchten sich als Werbegrafiker. Im Vordergrund standen die Motorräder, aber auch Frauen oder Tiere. Angereichert wurde dies mit lebhaften Farben, schwungvollen Strichen und Jugendstilelementen, wofür dieses Plakat der Firma Terrot von 1906 ein schönes Beispiel ist.

24–25 Der Erste Weltkrieg ist vorbei: Auf ihren Motorrädern stehend, beobachten Soldaten die Ankunft der Delegationen in Versailles zur Unterzeichnung der Friedensverträge.

25 oben Ein französischer Pilot auf der Rennstrecke (1910). Motorrad und Temporausch – eine unauflösliche Wortpaarung. Das Streben nach neuen technischen und menschlichen Grenzen führte zu den ersten Wettbewerben.

25 Mitte Eine mobile Werkstatt, errichtet 1916 im Zuge der Strafexpedition der amerikanischen Armee in Mexiko auf der Jagd nach dem Revolutionär Pancho Villa.

25 unten Ein Pfadfinder auf einer Harley-Davidson von 1914. Die Motorräder haben ihre eigene Physiognomie und beginnen, die Städte zu erobern.

26 OBEN PRINZ ALBERT, DER SPÄTERE KÖNIG GEORG VI. VON ENGLAND, MIT DEM MOTORRAD AUF DEM WEG NACH CAMBRIDGE ZU EINER VORLESUNG (1920).

26–27 DIE POLIZEI VON LOS ANGELES 1922 MIT IHREN NEUEN INDIANS VOR DEM LADEN EINES HÄNDLERS DER GLEICHNAMIGEN MOTORRADMARKE.

27 OBEN FRAUEN, MOTOREN UND FREIHEIT: DREI IN DER WERBUNG HÄUFIG VERWENDETE ELEMENTE, UM POTENZIELLE KÄUFER TRÄUMEN ZU LASSEN – IN DIESEM FALL VON EINER BRITISCHEN BSA. PLAKAT AUS DEM JAHR 1926.

Mit dem Ende des Kriegs begann eine neue Ära der Entwicklung, nicht nur in technischer, sondern auch in ästhetischer Hinsicht. Dank der Erfahrungen mit Triebwerken für die Luftfahrt, die nicht nur Leistung, sondern auch Zuverlässigkeit garantieren mussten, wurden die Motoren – zumeist Viertakter – weiter verbessert und immer stärker. Es wurde nun mehr Sorgfalt auf Details gelegt, und die Fertigungstoleranzen schrumpften. Die Ölpumpen, die je nach Art der gefahrenen Strecke dann und wann händisch bedient werden mussten, wurden automatisiert. Das Schmieröl selbst, bis dahin ein „Einwegöl", wurde in einer Art Druckkreislauf gesammelt und wiederverwendet. Besonders die Rahmen, vormals Fahrradrahmen aus einfachen Rohren, erfuhren eine radikale Veränderung. Die Beanspruchungen wuchsen, und es bedurfte robusterer Fahrwerke, da auch die Motoren immer schwerer wurden. Mit zunehmendem Gewicht stieg auch die Leistung, sodass die Hinterbremse alleine, mit der das Gros der Motorräder ausgerüstet war, nicht mehr ausreichte. In Sachen Komfort kamen nun immer häufiger Scheinwerfer auf, die bis dahin Extraausstattung waren.

Eine weitere wichtige Innovation, die Fahrkomfort und Straßenlage verbesserte, waren die Vorder- und Hinterradfederungen, die in mehr oder weniger originellen Ausführungen von sämtlichen großen Herstellern eingeführt wurden. Bis auf wenige Ausnahmen kam es auch bei den Tanks zu Änderungen: Waren es anfänglich kantige, flache Stecktanks, wurden sie mit der Zeit runder und über dem Oberträger des Rahmens positioniert.

Das Motorrad änderte also sein Aussehen und entwickelte sich von einem komplizierten, zuweilen unbequemen und langsamen Transportmittel zu einem immer komfortableren, schnelleren und leistungsstärkeren Zweirad. Bestärkt wurde dies durch die Einführung des Vierventilmotors durch die französischen Hersteller Alcyon und Peugeot oder die US-amerikanische Firma Indian, durch den elektrischen Anlasser (Indian Hendee Special, 1914), die Erfindung der Schwungmagnetzündung (durch Frank H. Farrer, einem versierten Techniker der Motorenfabrik Villiers), den Einsatz der Kardanwelle (Nimbus, 1919) anstelle des an sich schon fortschrittlichen Kettenantriebs, der den Riemen ersetzt hatte. Die Einführung der Kühllamellen gegen Ende der 1920er-Jahre (zuerst auf der österreichischen Titan 350, dann auf der DKW 350 UB) brachte auch für Zweitaktmotoren Verbesserungen. Und mit der Velocette 350 kam schließlich die Fußkupplung mit Schaltautomat (1929), eine Innovation, die den Niedergang der umständlichen Handschaltung einläutete.

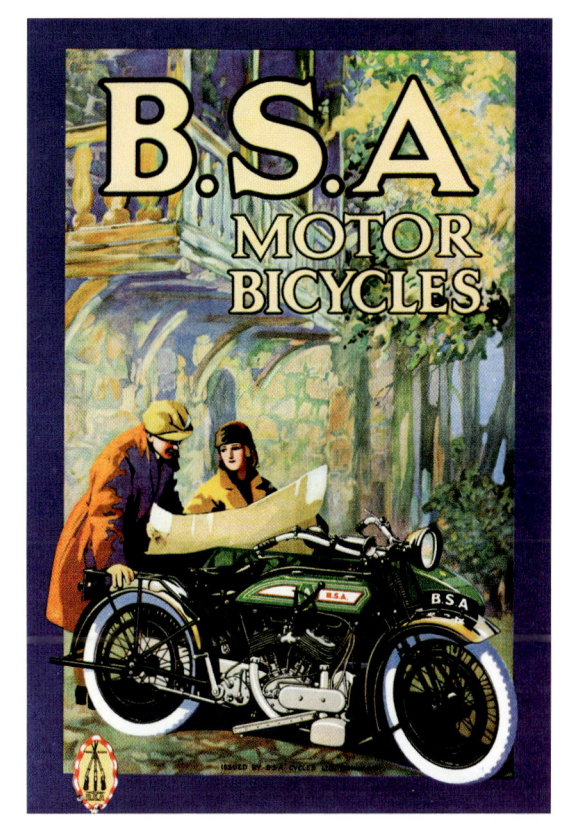

27 UNTEN DIESES WERBEPLAKAT FÜR GRIFFON WURDE 1904 VOM BEKANNTEN FRANZÖSISCHEN KÜNSTLER HUGO D'ALESI GESTALTET.

GARGOYLE

Mobiloil
& Greases

S

A grade for each type of motor.

28 Eine Krankenschwester der Royal Air Force auf einer Maschine mit Beiwagen, in dem ein Offizier sitzt. Die Illustration glorifiziert die Rolle der Frau im Ersten Weltkrieg.

28–29 Diese Werbung für Motoröl und Schmiermittel aus den 1920ern fand sich in den Werkstätten vieler Automobil- und Motorradhändler.

HARLEY-DAVIDSON TWIN 1000

1913

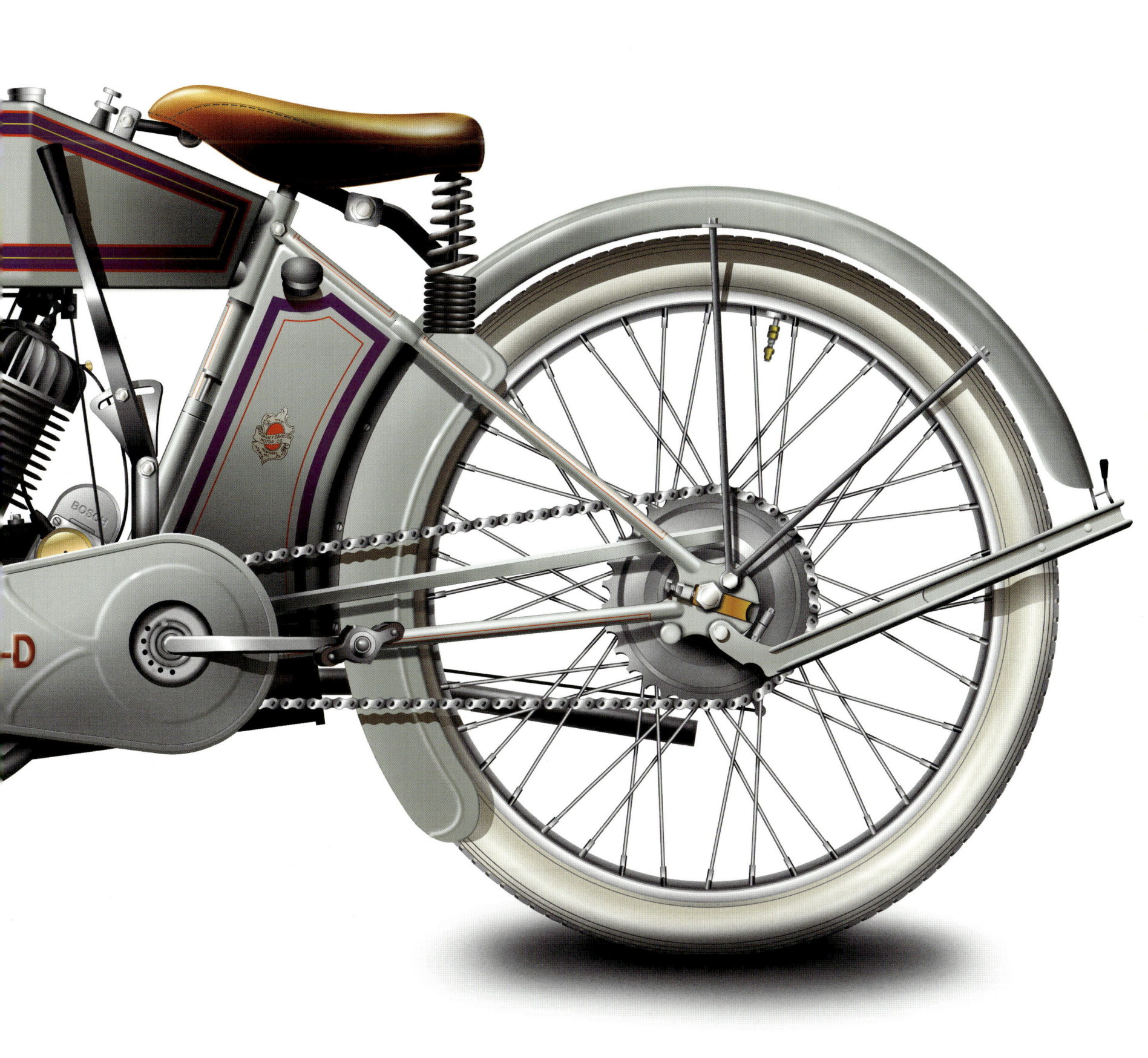

H arley-Davidson. Ein noch immer lebendiger Yankee-Mythos. Die in den USA entstandene und gewachsene, längst legendäre Motorradfirma ist nach ihren Gründern benannt. Ihre weltweite Bekanntheit verdankt sie dem Zweizylinder-V-Motor: Robust, zuverlässig, nicht besonders leistungsstark, aber von uriger Kraft, vermittelt er noch heute ein einzigartiges Fahrgefühl. Viele versuchten sie nachzubauen, doch alleine die Harley ist und bleibt das American Bike par excellence, das berühmteste Custombike und das Nonplusultra für viele Fans. Ihre Geburt ist William Harley und Arthur Davidson zu verdanken, die Nachbarn, Schulkameraden, Freunde und Arbeitskollegen waren. Beide arbeiteten bei Barth Manufacturing in Milwaukee – William als Designer, Arthur als Modellbauer. Vor allem aber waren beide Motorradfreaks. Diese Leidenschaft ließ sie ihre Kräfte und Fähigkeiten bün-

32 OBEN DANK DES GROSSZÜGIGEN, UNGEMEIN ELASTISCHEN UND ROBUSTEN TRIEBWERKS WAREN HARLEY-DAVIDSONS IDEALE BEIWAGENMASCHINEN.

32–33 1913 WURDE DER RIEMEN- DURCH EINEN KETTENANTRIEB ERSETZT UND DER HUBRAUM VON 810 AUF 1000 CCM ERHÖHT; KURZ DARAUF WURDE DAS DREIGANGGETRIEBE EINGEFÜHRT. DIE UMSÄTZE SCHOSSEN IN DIE HÖHE.

deln, um ein paar Motoren zu entwickeln, die sie mit ebenso vielen Fahrrädern kombinierten. Die „Operation", die in einer Holzhütte in Davidsons Garten stattfand, gelang, doch noch waren etliche Probleme zu lösen: Die Triebwerke mussten verbessert werden, und man brauchte geeignetere Rahmen. Also baten die beiden Ole Evinrude (der später mit seinen Außenbordmotoren bekannt wurde) und den deutschen Einwanderer Emil Krüger, der in Frankreich bei De Dion gearbeitet hatte, um Hilfe. Auch Arthurs Bruder Walter, ein Mechaniker und Schmied, der bei der Eisenbahn angestellt war, wurde ins Boot geholt.

1903 erblickte das erste Motorrad mit Namen Harley-Davidson das Licht der Welt. Es war der Beginn eines Abenteuers. Die für 200 Dollar auf den Markt gebrachten Maschinen hatten einen 400-ccm-Einzylindermotor und erreichten dank einer Leistung von etwa 3 PS an die 40 km/h. Bald darauf kam das zweite Modell heraus, die Silent Grey Fellow. Indessen wurde dem jungen Harley bewusst, dass es für die Fertigung guter Produkte nicht ausreichte, Designer zu sein und Erfahrung zu haben. Es bedurfte auch solider theoretischer Grundlagen, die ihm abgingen. Daher belegte er an der nahen Universität einen Ingenieurlehrgang.

Damit sind wir im Jahr 1907, das für die Motorradschmiede aus Wisconsin einschneidende Bedeutung hatte. Am 17. September wurde die Harley Davidson Motor Company gegründet, in die auch Arthurs zweiter Bruder, William Davidson, einstieg. Zur selben Zeit begann William „Bill" Harley mit dem Entwurf des legendären Zweizylinder-V-Motors mit 45 Grad Zylinderwinkel, der noch heute die Bikes aus Milwaukee charakterisiert. Die ersten Exemplare mit diesem Antrieb kamen 1909 in den Verkauf. Sie hatten 810 ccm Hubraum, gegenüberliegend angeordnete Ventile und kein Getriebe; die Übertragung erfolgte mittels Riemen. Die Leistung war im Vergleich zum bis dahin gefertigten Einzylinder mehr als doppelt so hoch, wodurch man locker auf 90 km/h kam.

Nach Lösung einiger anfänglicher Zuverlässigkeitsmankos, die auf unzulängliche Schmierung und beträchtliche Vibrationen zurückzuführen waren, begann der Harley-Davidson-V-Twin zu wachsen: 1912 betrug der Hubraum 1000 ccm. Elastisch, stark und robust wie er war, gelangte der Zweizylinder-V-Motor nicht nur deshalb zu Glanz und Ruhm, weil er sich als perfektes Aggregat für Gespanne erwies, sondern auch, weil er bei Rennen immer wieder mit guten Leistungen überraschte.

Die noch mit Pedalen ausgerüstete Twin 1000 des Jahres 1913 bekam eine Antriebskette anstatt des obsolet gewordenen Riemens. Bald darauf kam das Dreiganggetriebe heraus.

Weniger als zehn Jahre nach der Konstruktion des ersten Motorrads war der Umsatz von Harley-Davidson enorm gestiegen. In den Büchern wurde die beachtliche Zahl von 12 966 Einheiten vermerkt.

33 OBEN AUCH IN EUROPA FASSTE HARLEY-DAVIDSON RASCH FUSS. DIESES FOTO, DAS 1916 VOR DER NEU ERÖFFNETEN ENGLISCHEN FILIALE ENTSTAND, ZEIGT DIE DAMALS IN DEN TYPISCHEN HOLZKISTEN VERPACKTEN MOTORRÄDER.

33 UNTEN EIN BLICK IN DIE MONTAGEABTEILUNG VON HARLEY-DAVIDSON ZU BEGINN DES 20. JAHRHUNDERTS. JEDER ARBEITER MONTIERTE EIN KOMPLETTES MOTORRAD.

FRERA 570
GRANDE TURISMO

1914

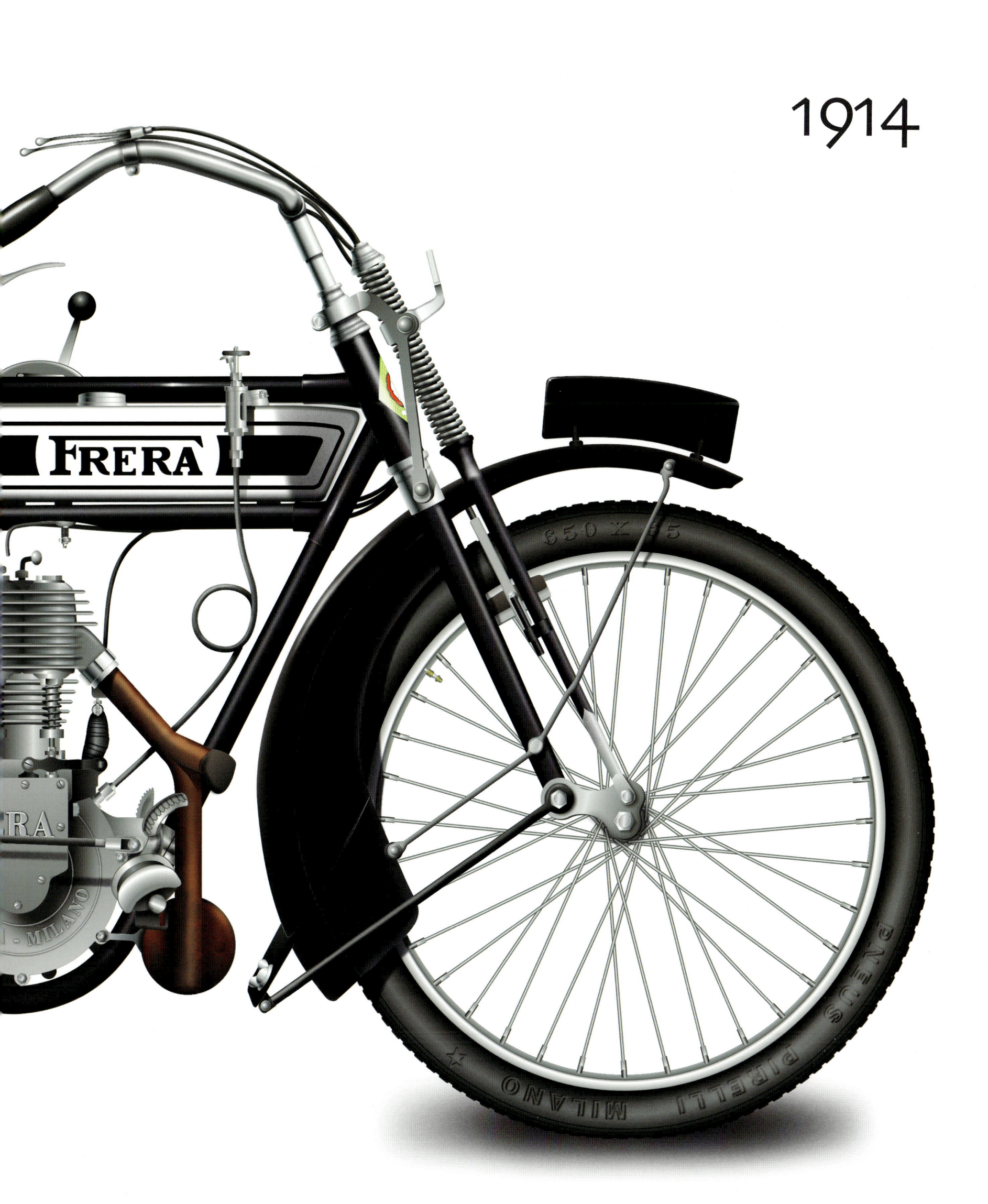

"Sie fährt nicht, sie fliegt", lautete zu Beginn des 20. Jahrhunderts der Werbeslogan der glorreichen italienischen Firma Frera mit Sitz in Mailand und Werkanlagen in Tradate. Dem seit etlichen Jahrzehnten verschwundenen lombardischen Motorradhersteller war es seinerzeit gelungen, sich auf dem facettenreichen Zweiradsektor zu behaupten und die Herzen der Fans mit Detailsorgfalt und Zuverlässigkeit zu erobern.

Gegründet wurde das Unternehmen vom im damals preußischen Kreuznach 1859 geborenen Corrado Frera. Auf seine Übersiedelung nach Mailand 1885 folgte eine kurze Erfahrung als Spielzeugverkäufer, bis er sich schließlich Fahrrädern widmete. Die Hinwendung zu motorisierten Zweirädern erfolgte, als Frera begann, Motorräder nach Kundenwünschen aufzubauen, und den Vertrieb für einige Marken, darunter die Modelle des Schweizer Herstellers Zedel, übernahm.

Die S.A.F. (Società Anonima Frera) wurde 1905 mit dem Zweck gegründet, Fahrräder und Motorräder zu konstruieren. Den Sitz hatte das Unternehmen in Mailand, produziert wurde in Tradate, einem kleinen Ort in der lombardischen Provinz. Die Verlegung der Fertigung hinaus aufs Land schien gewagt, doch Corrado hatte klare Vorstellungen. Ebenso klar war ihm die weltweit wachsende Bedeutung des Motorrads. Tradate lag zwar „ab vom Schuss", aber in einer Gegend, in der es die Menschen gewohnt waren, gut und viel zu arbeiten. Außerdem war der Ort an die Eisenbahnlinie Mailand–Saronno angeschlossen. So begann Frera sein Abenteuer als Motorradhersteller, wobei er die Produktion von Anfang an industriell auslegte. Wenn man etwas gut machen will, muss man hohe Stückzahlen produzieren und vor allem ständig Kontrollen vornehmen, so die Philosophie des Gründers.

Die ersten Motorräder, die das Werk verließen, waren mit Zedel- und NSU-Motoren ausgerüstet. Später ging man dazu über, dieselben Triebwerke in Lizenz zu bauen. Aufgrund der guten Qualität der Motorräder mangelte es nicht an Nachfrage. 1908 wurde Frera offizieller Lieferant des Königlichen Italienischen Heeres.

36 „SIE FÄHRT NICHT, SIE FLIEGT", HEISST ES AUF DIESER WERBETAFEL, DIE DER KÜNSTLER PLINIO CODOGNATO IN DEN 1920ER-JAHREN FÜR DIE RENOMMIERTE NORDITALIENISCHE MOTORRADFIRMA FRERA GESTALTETE.

37 OBEN UND UNTEN LINKS DIE MEISTEN FRERA-MODELLE WAREN AUCH ALS MILITÄRVERSION LIEFERBAR. DIESE WAR NICHT NUR ANDERS LACKIERT, SONDERN AUCH DIE TECHNISCHE AUSSTATTUNG WURDE DEN JEWEILIGEN ERFORDERNISSEN ANGEPASST.

37 UNTEN RECHTS DIE GRANDE TURISMO 570, HIER IN DER VERSION MIT DREHKURBEL UND DREIGANGGETRIEBE, HATTE EINEN EINZYLINDERMOTOR MIT SEITLICHEN VENTILEN UND EINEM 25-MILLIMETER-VERGASER DER ENGLISCHEN FIRMA SENSPRAY.

Dank dieses Auftrags, der 1910 zu mehr als 1000 Einheiten und zu beachtlichen 3000 Einheiten im Jahr 1915 führte, wurde Frera zur wichtigsten italienischen Motorradfabrik. Hatte das Unternehmen 1906 knapp 300 Beschäftigte, so waren es gegen Ende des Kriegs bereits doppelt so viele.

Aus dieser starken Position heraus durfte man nicht tatenlos bleiben, sondern musste aktiv mitmischen. So entstand 1914 der erste, zur Gänze von Frera entworfene und gebaute Motor: ein 570-ccm-Einzylinder mit langem Hub (Bohrung mal Hub 85 x 100 mm) und Seitenventilen, der in der Grande Turismo 570 Platz fand. Die Maschine erreichte 90 km/h und war für 1760 Lire zu haben. In Sachen Ausstattung nahm Frera das Beste, was auf dem Markt zu bekommen war: Für die Gemischaufbereitung sorgte ein englischer Senspray-Vergaser; die Zündung erfolgte mittels eines Ruthardt-Hochspannungsmagneten; die Kupplung war in einer Schaltnabe von Sturmey-Archer untergebracht, ebenso das Dreiganggetriebe.

Der Schalthebel befand sich gut bedienbar links am Tank, auf der anderen Seite war die manuell zu betätigende Ölpumpe von Best & Lloyd montiert. Beim hinten starren Fahrgestell handelte es sich um einen Einschleifenrahmen. Vorne hingegen war eine Aufhängung mit einer einzelnen Zentralfeder verbaut. Die 26-Zoll-Räder waren mit Felgenbremsen ausgestattet, für die Übertragung sorgte ein Riemen. Das Basismodell sah noch Pedale vor, was sich beim Starten und bei Pannen als nützlich erwies. Die besser ausgestattete Version hingegen verfügte über eine Drehkurbel.

ABC 400

1919

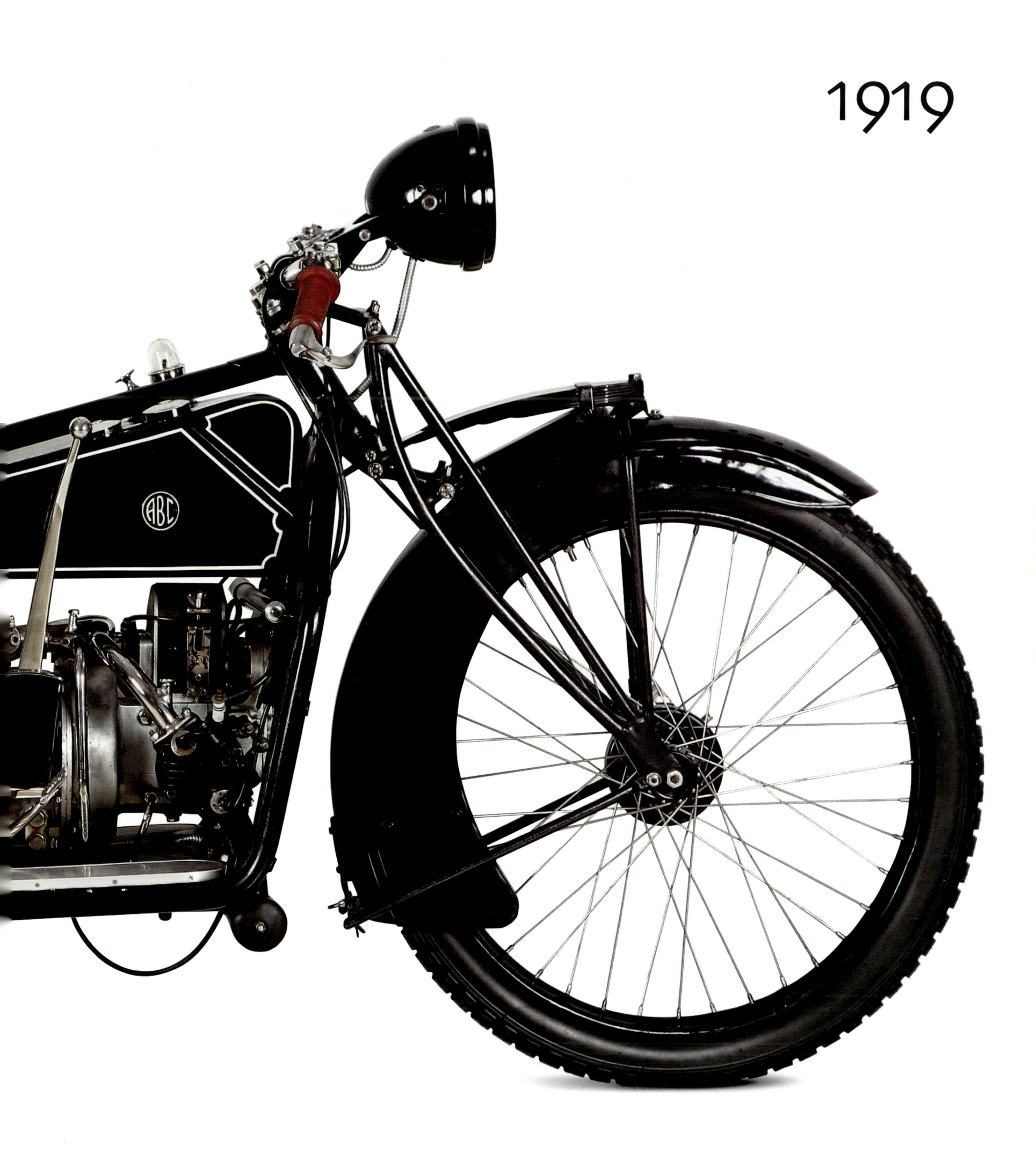

Auf den ersten Blick könnte man meinen, es mit einem zierlichen, ziemlich unauffälligen Motorrad mit ebenso einfallslosem Namen zu tun zu haben. Bei näherer Betrachtung entdeckt man indes, dass das Gefährt zahlreiche originelle, zuweilen einzigartige Lösungen aufweist.

Der Motor war ein Zweizylinder-Boxer mit 400 ccm, kurzem Hub (Bohrung mal Hub 68,5 x 54 mm) und im Zylinderkopf hängenden Ventilen. Das Fahrgestell, ein schöner Doppelschleifenrahmen, verfügte im Unterschied zu vielen anderen Motorrädern dieser Zeit über Vorder- und Hinterradaufhängungen; gebremst wurde mit Scheibenbremsen. Dem nicht genug, hatte diese Maschine bereits ein Vierganggetriebe, als beim Großteil der Konkurrenz drei Gänge das Nonplusultra waren. Außerdem war die Beleuchtung von Anfang an in der Grundausstattung inbegriffen. Konstruiert wurde dieser „Unruhestifter" in der an sich schon abwechslungsreichen Motorradwelt des frühen 20. Jahrhunderts im traditionell konservativen England. Der geniale Entwurf stammte von Granville Bradshaw.

Der kleine, sanft wirkende Mann war eine Art Daniel Düsentrieb, die Ideen sprudelten geradezu aus ihm heraus. Doch Bradshaw, der viel erfand, musste auch viele Niederlagen einstecken, was ihn aber nie weiter kümmerte. Die ABC 400 (All British Engine Company) mit Boxermotor war ein revolutionäres Motorrad, das der Konkurrenz weit voraus war, dem jedoch wegen einiger nie gelöster Mängel der Erfolg verwehrt blieb.

Ausschlaggebend dafür waren die Eile, mit der es auf den Markt gebracht wurde, als es noch nicht ausgereift war, und der hohe Pries infolge der Abwertung des Pfunds. Von 1920 bis 1924 wurde die ABC in Lizenz von Gnôme & Rhône auch in Frankreich gebaut. Doch trotz Verbesserungen wollte sich der erhoffte Erfolg nicht einstellen: Sie war zu teuer. Insgesamt wurden, die französischen und britischen Modelle zusammengerechnet, etwa 3000 Stück gefertigt.

40–41 ABC verbuchte etliche sportliche Erfolge. Auf einer ABC schraubte J. Emerson auf der Rennstrecke von Brooklands 1920 den Rekord im Einstundenrennen auf ein Mittel von 113,45 km/h.

40 Blick in die Halle, in der die ABC 400 montiert wurde – laut Hersteller „The World's Best Motorcycle".

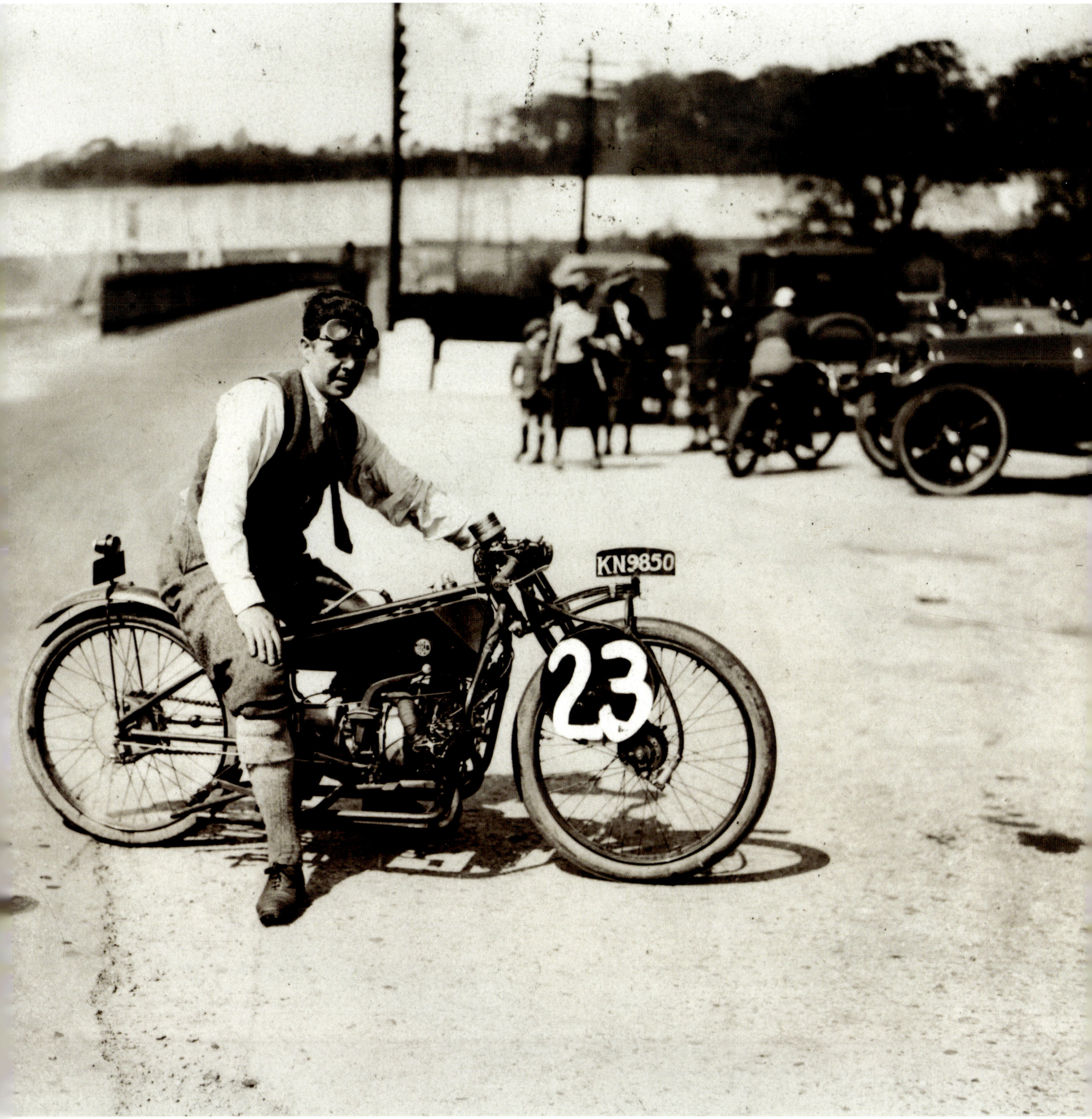
KN9850
23

MOTO GUZZI NORMALE 500

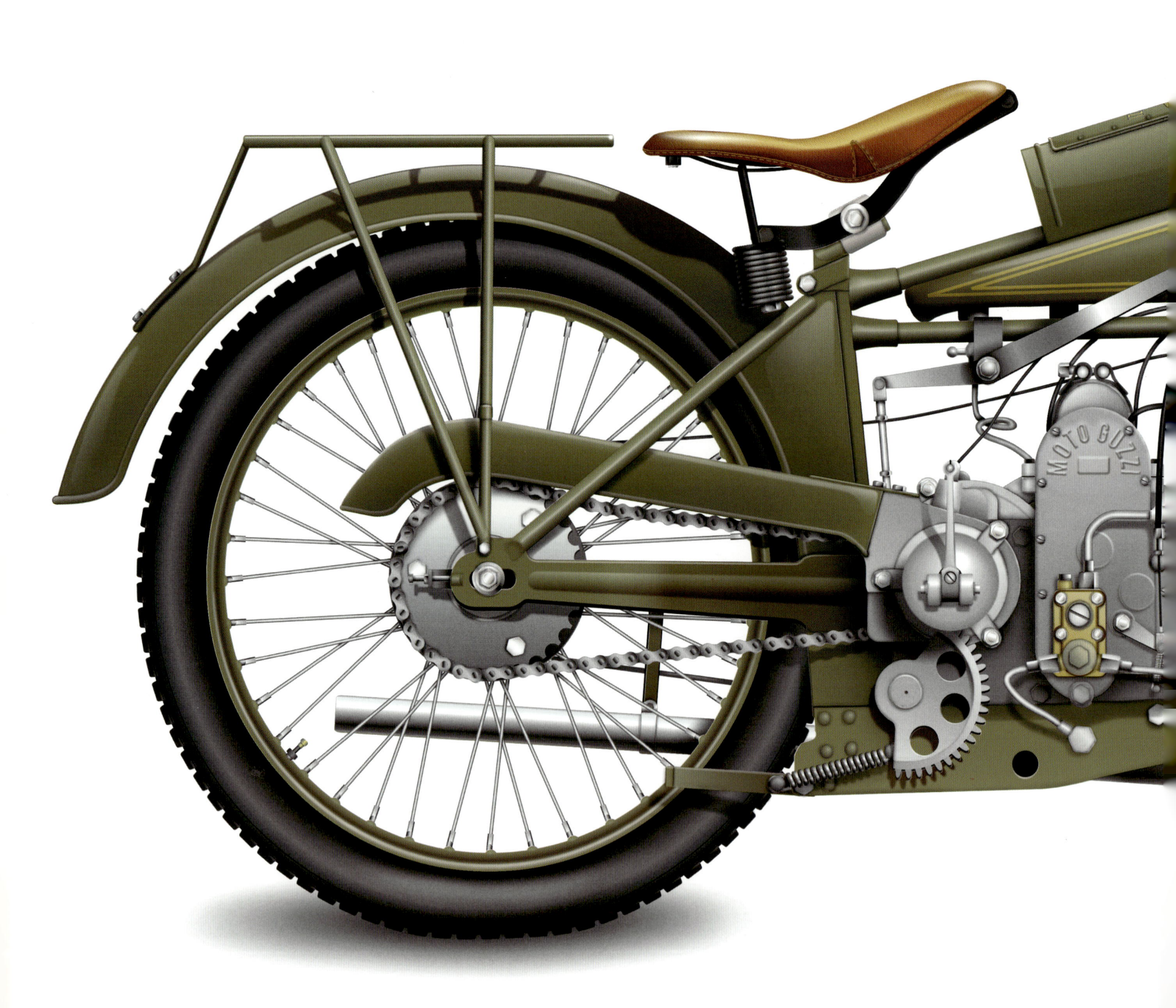

1921

Moto Guzzi hat eine lange, bedeutende Geschichte, die noch heute weitergeschrieben wird, denn an Fans hat es der italienischen Marke nie gemangelt. Bei kaum einem anderen Hersteller war und ist die Historie ein so wesentlicher Bestandteil des Motorrads selbst. Die Gründerväter haben zwar längst das Zeitliche gesegnet, doch in den Räumen des Werks in Mandello am Comer See wird man das Gefühl nicht los, als sei ihr Geist immer noch präsent. Begonnen hat alles nach dem Ersten Weltkrieg in jenem Städtchen, das durch den Roman „Die Verlobten" von Alessandro Manzoni berühmt wurde.

Die erste Maschine hieß GP und war von zwei jungen Männern konstruiert worden, die sich während des Kriegs bei der Luftwaffe angefreundet hatten. Der eine war der in Mailand geborene Carlo Guzzi (1889–1964), ein findiger Techniker mit einer fixen Idee: Er wollte seine eigene Maschine bauen – eine ohne die typischen Mängel der Motorräder jener Epoche. Der andere war der aus einer bekannten Genueser Reederfamilie stammende Giorgio Parodi. Anfänglich gab es noch einen Dritten im Bunde, Giovanni Ravelli aus Brescia, der sich als Motorradrennfahrer einen Namen gemacht hatte.

In den langen Stunden des Wartens, die der Krieg mit sich brachte, konnten die drei ihrer Fantasie freien Lauf lassen. Schon damals legten sie den Grundstein ihres Unternehmens. Guzzi, der vor dem Krieg bei Isotta Fraschini gearbeitet hatte, würde für die Entwürfe zuständig sein, Ravelli sollte mit den Maschinen Rennen fahren. Letzterer starb jedoch bei einem Flugzeugabsturz kurz nach Kriegsende. Ihm zu Ehren verwendete Moto Guzzi später als Firmenzeichen ein Symbol aus der Luftfahrt: einen Adler mit ausgebreiteten Schwingen. Trotz Ravellis Tod beschlossen die beiden Freunde, ihren Traum in die Tat umzusetzen; für das erste Experiment stellte Giorgios Vater 2000 Lire zur Verfügung. Im Keller des Hauses Guzzi in Mandello – die Familie war in der Zwischenzeit an den Comer See gezogen – entstand der erste Prototyp. Die auffallend niedrige Maschine bekam die Bezeichnung „GP" (Guzzi Parodi) und hatte Erstaunliches zu bieten: liegender Motor (zwecks verbesserter Kühlung des Kopfs, die Achillesferse der damaligen Motorräder); kurzer Hub (Bohrung mal Hub 88 x 82 mm, Gesamthubraum 498,4 ccm); vier von einer oben liegenden Nockenwelle („Monoalbero") betätigte Ventile; Primärantrieb mittels Zahnrad; Dreiganggetriebe. Der Prototyp schien geglückt.

Giorgios Vater, Emanuele Vittorio Parodi, war übrzeugt und nahm die Herausforderung an. Am 15. März 1921 kam es zur offiziellen Gründung der „Aktiengesellschaft Moto Guzzi" mit Sitz in Mandello. Noch im selben Jahr verließen die ersten seriengefertigten Motorräder die kleine Schmiede: Es war das Modell „Normale 500", anfänglich auch „Königin der Einzylindermaschinen" genannt. Viertaktmotor, liegender Zylinder, Einzelkettenantrieb, drei Gänge, extrem niedriger Rahmen und Dunlop-Reifen lauteten die technischen Merkmale dieses Motorrads, auf die das junge Unternehmen nicht ohne Stolz verwies.

Nachdem man aus Kosten- und Robustheitsgründen von den vier Ventilen und der oben liegenden Nockenwelle abgekommen war, wurde auf die „Normale" die Lösung mit zwei gegenüberliegenden Ventilen angewandt. Trotz der geringen Verdichtung von 4:1 leistete der Motor etwa 8 PS, was eine Geschwindigkeit von 90 km/h erlaubte. Charakteristisch für die „Normale" war das links angeordnete große äußere Schwungrad, das auch dazu diente, Vibrationen zu verringern und den Durchzug bei niedriger Drehzahl zu erhöhen.

Bis 1924 wurden von diesem Modell etwas mehr als 2000 Stück gebaut.

44 Carlo Guzzi und der Rennfahrer Enrico Lorenzetti mit der „Quattro Cilindri" (500 ccm), die mit einer glockenförmigen Verkleidung versehen war.

45 oben Im Vergleich zum Prototyp namens GP wies die Moto Guzzi Normale einige Unterschiede auf: zwei gegenüber angeordnete Ventile und den an einigen Stellen geschweissten anstatt vernieteten Rahmen.

45 unten Die Normale hatte einen sehr robusten Doppelschleifenrahmen aus Rohren und Stahlblech. Nicht zuletzt dank des kompakten Motors war sie niedrig, stabil und wendig. Die Beleuchtung war als Extraausstattung erhältlich.

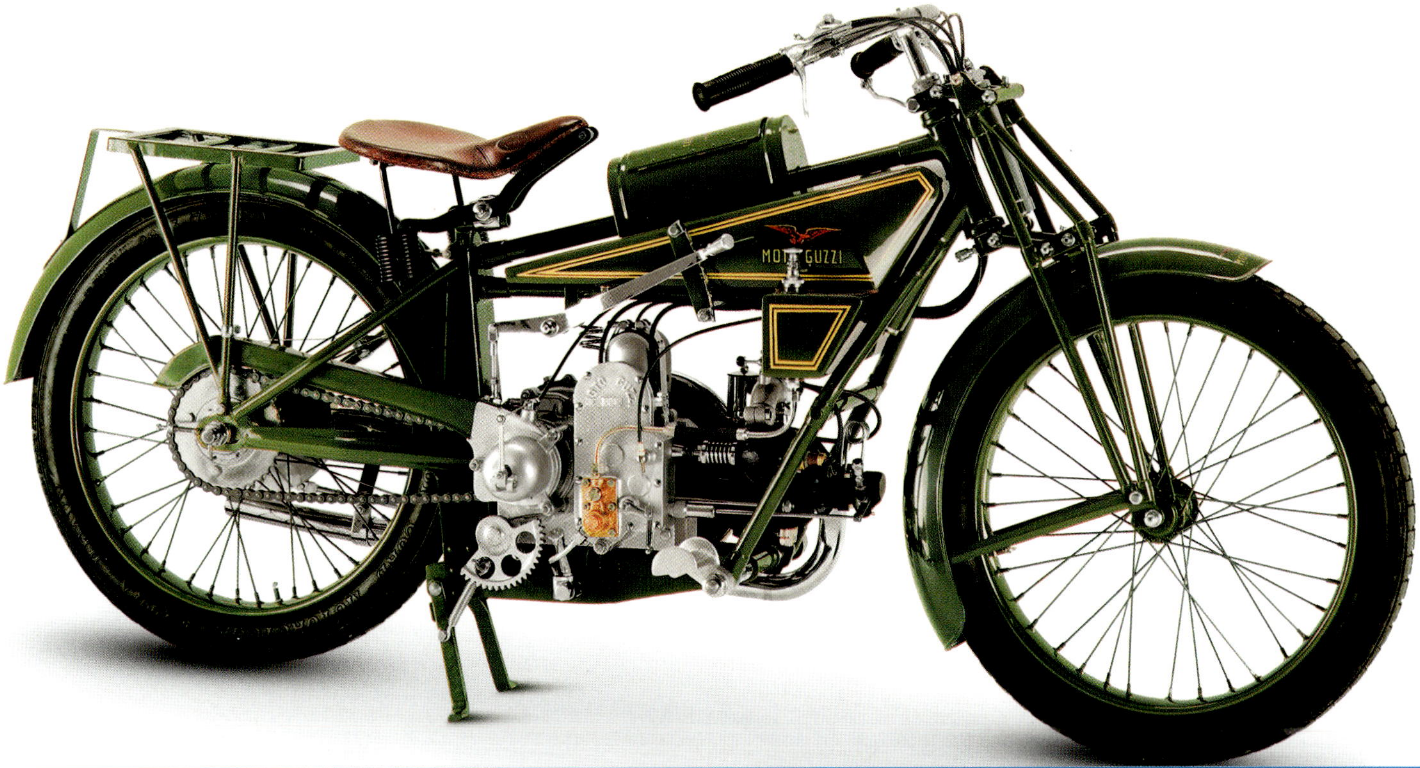
MOTO GUZZI

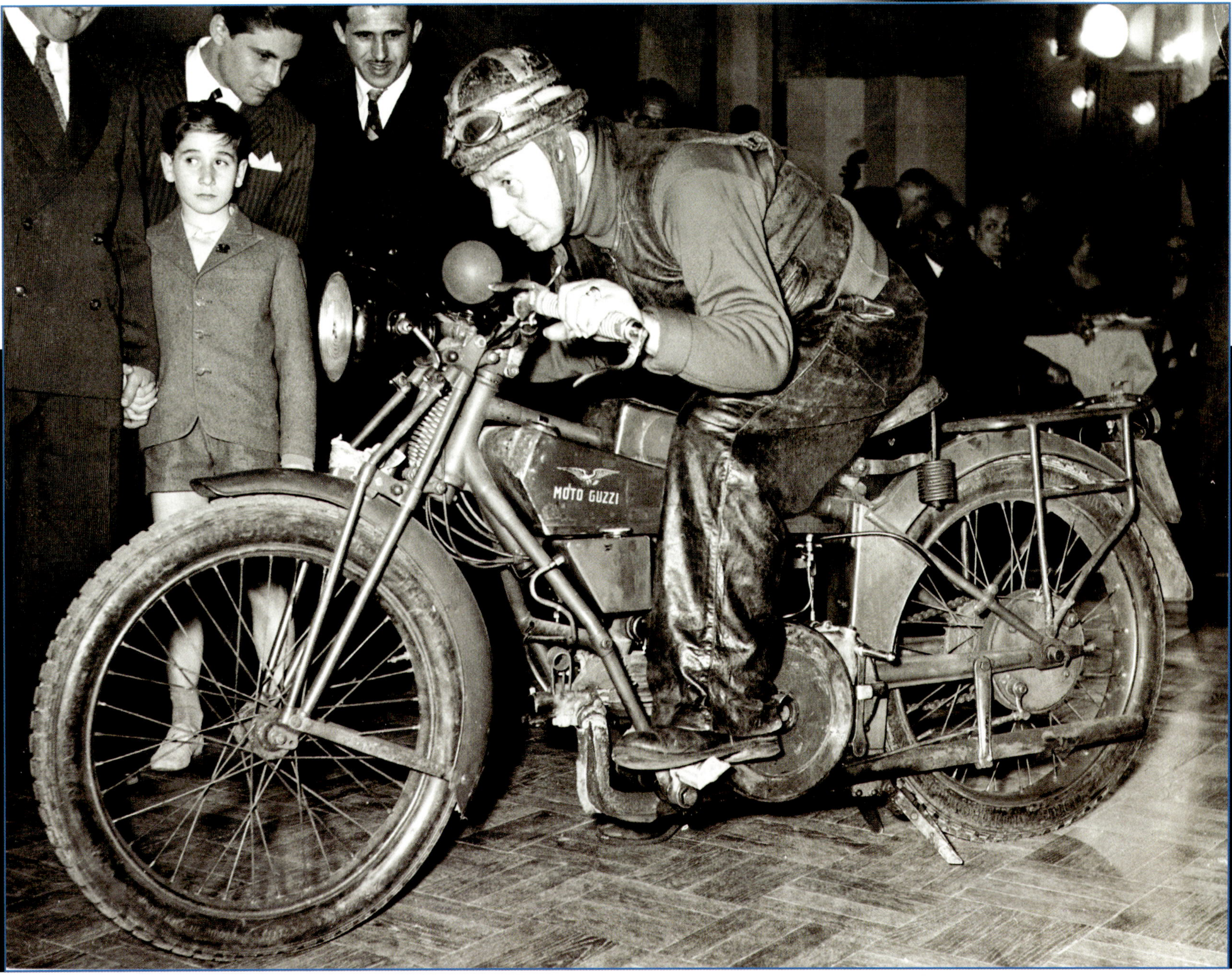
MOTO GUZZI

MEGOLA

1922

Eine ebenso einzigartige wie merkwürdige Maschine. Es lässt sich schwer sagen, was mehr an ihr fasziniert: der Sternmotor im Vorderrad oder der Gesamteindruck, der dem eines Motorrollers nicht unähnlich ist. Für ihre Zeit, die frühen 1920er-Jahre, in denen alles als Novität angesehen werden konnte, es jedoch nur wenige verstanden, sich hervorzutun, war die Megola etwas Unkonventionelles und gleichzeitig Revolutionäres.

Der Entwurf ist Friedrich Cockerell zu verdanken. Nach dem Technikstudium und ersten Berufserfahrungen wechselte der 1889 geborene Münchner zu den Rapp-Werken, wo er Sternmotoren für Flugzeuge entwickelte. Dabei gelangte er zu der Überzeugung, dass sich solche Triebwerke auch für Motorräder eignen könnten bzw. für etwas ganz Neues: ein handliches, bequemes und sicheres Leichtkraftrad. So entstand die Megola, deren Name sich aus den Nachnamen Meixner (der Geldgeber des Projekts), Cockerell (der sich ursprünglich mit „G" schrieb) und Landgraf (er konstruierte das Chassis) zusammensetzte.

Das Ergebnis war ein niedriges Motorrad mit einem tief nach unten gekrümmten Lenker und einem bequemen Sesselsitz.

48 Die Megola, hier das Sportmodell, fuhr 1923 und 1924 bei diversen Geschwindigkeits- und Geländerennen gute Ergebnisse ein.

49 Bei den ersten Prototypen der Megola befand sich der Sternmotor im Hinterrad. Später versetzte ihr eigenwilliger Konstrukteur den Antrieb ins Vorderrad, um die Kühlung zu verbessern. Vor und nach der Megola haben sich noch andere mit der Entwicklung von Krafträdern versucht, bei denen der Motor ins Rad integriert war. Ein Gefährt mit Umlaufmotor entwickelte z. B. 1892 der Franzose Felix Millet, von den Modellen mit Standmotor in Sternbauweise erwähnt sei die Honda P von 1966.

Das Chassis, das den Fahrer vor aufspritzendem Schmutz und Wasser schützte, bestand aus selbsttragenden Stahlblechen und hatte ein geradezu futuristisches Design. Eine weitere Besonderheit war der erwähnte Umlauf-Sternmotor, ein Fünfzylinder-Viertakter mit 640 ccm Hubraum, der zwecks verbesserter Kühlung ins Vorderrad integriert wurde, jedoch weder Schaltgetriebe noch Kupplung hatte. Mit der Serienfertigung wurde 1922 begonnen. Trotz des nicht gerade volksnahen Preises und ihres ungewöhnlichen Erscheinungsbilds, das ebenso revolutionär war wie ihr Innenleben, füllten sich die Auftragsbücher. 1923 wurde die Sportversion mit stärkerem Motor, herkömmlichem Sattel, niedrigem Lenker und einem kürzeren und steiferen Rahmen herausgebracht. Obwohl der Antrieb sehr elastisch war und das Verkehrsaufkommen damals noch gering, erwiesen sich die fehlende Schaltung und Kupplung bald als Probleme. Die Nachfrage ging zurück, und 1925 musste das Unternehmen schließen.

BMW R 32

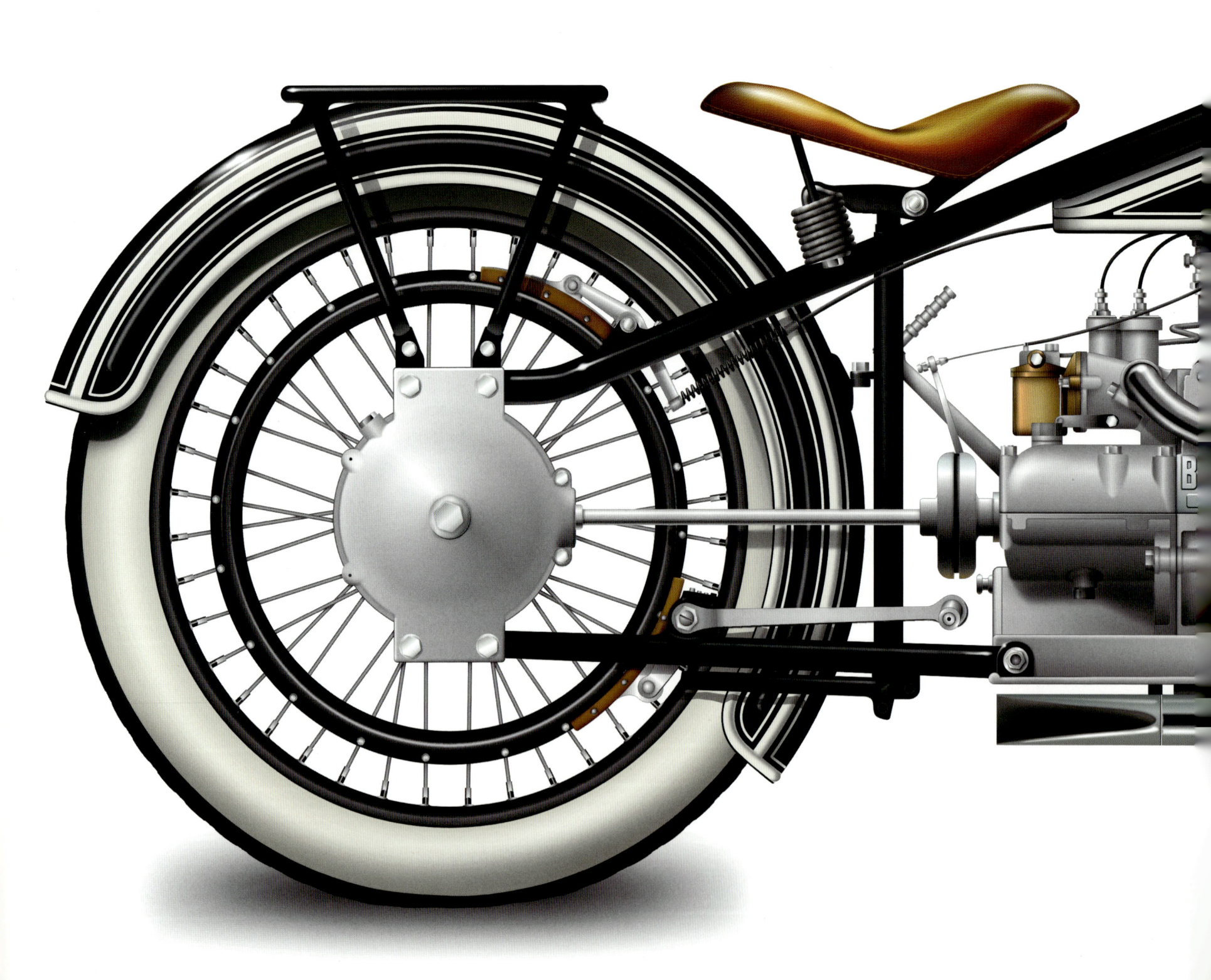

1923

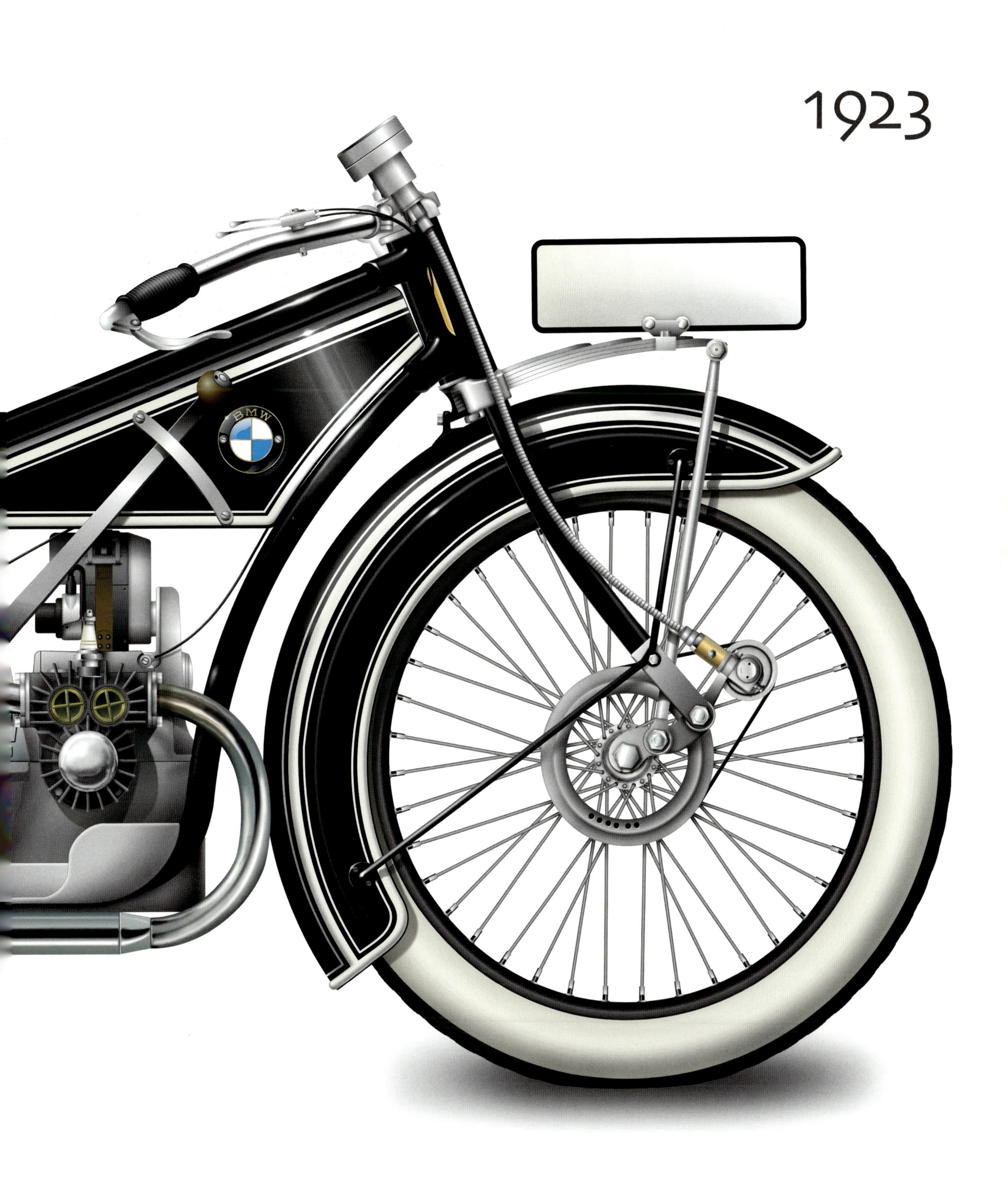

Er war nicht der Erste, ist aber zweifellos der bekannteste. Die Rede ist vom Zweizylinder-Boxermotor von BMW, der anno 1923 konstruiert wurde und noch heute, nach mehr als 80 Jahren, als Symbol des deutschen Herstellers gilt.

Die Geschichte der Bayerischen Motoren Werke begann ein paar Jahre davor mit dem Bau von Flugzeugmotoren. Das Unternehmen machte sich innerhalb kurzer Zeit einen sehr guten Namen (man denke an die Fokker des legendären Roten Barons). Doch das Ende des Kriegs brachte die Notwendigkeit mit sich, mit neuen Produkten neue Wege einzuschlagen, um nicht bankrottzugehen. So reifte die Idee, Motorräder zu bauen, die sich damals als günstiges Fortbewegungsmittel zu verbreiten begannen. Der Vorstand des Unternehmens, dem Franz Josef Popp, Karl Rapp und Max Friz angehörten, war darüber nicht gerade begeistert, doch es gab kaum andere Optionen.

So begann man mit der Entwicklung und dem Bau von Motoren mit kleinem und mittelgroßem Hubraum; es entstanden unter anderem ein 150-ccm-Einzylinder und ein 500-ccm-Motor nach Vorbild von Douglas mit zwei längs angeordneten Zylindern, die in den Modellen Flink und Helios verbaut wurden. Der als M2B15 bezeichnete Zweizylinder wurde außerdem an den Motorradhersteller Victoria verkauft, der ihn in seine KR 1 einbaute.

Bei all diesen Antrieben war jedoch noch das Problem der Kühlung des hinteren Zylinders zu lösen, an den logischerweise weniger Luft gelangte.

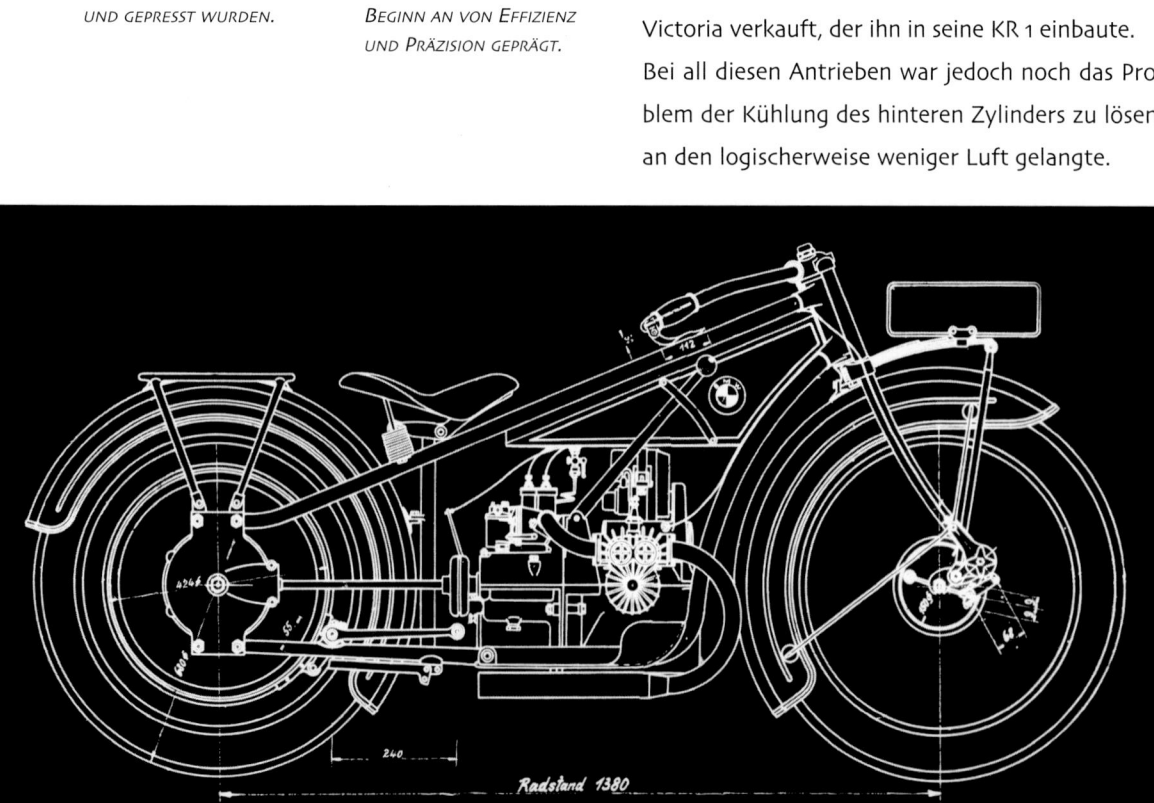

52 OBEN DIESES FOTO VON 1923 ZEIGT DIE HALLE, IN DER DIE BLECHTEILE FÜR DIE NEUE BMW R 32 ZUGESCHNITTEN UND GEPRESST WURDEN.

52 MITTE ARBEITER BEIM SCHWEISSEN DER RAHMEN FÜR DIE R 32. DIE GESAMTE BMW-FERTIGUNG WAR VON BEGINN AN VON EFFIZIENZ UND PRÄZISION GEPRÄGT.

52 UNTEN ORIGINALZEICHNUNG DER „TYPE R 32" IM MASSSTAB 1:5.

52–53 Emsiges Treiben in der Münchener Fabrik im Jahr 1924. Von der BMW R 32, Kostenpunkt 2200 Reichsmark, wurden bis 1926 etwas mehr als 3000 Stück gebaut.

53 unten Der Gesamthubraum des Motors betrug 494 ccm (Bohrung mal Hub 68 x 68 mm). Aus Kosten- und Platzgründen entschied man sich für die als zuverlässiger geltenden Seitenventile.

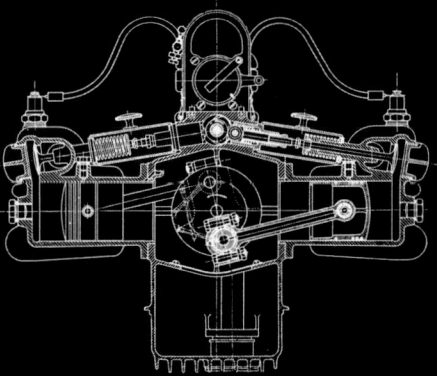

54 OBEN *Die erste Reklame für die BMW R 32 erschien 1923 in der Dezemberausgabe der „Münchener Illustrierten Presse".*

DAS NEUE

B.M.W.=RAD

DER

BAYER. MOTOREN=WERKE

A.=G.

MÜNCHEN

Im Winter 1922 kam es zur Wende. An jenen kalten Tagen besorgte sich Friz einen Ofen und schloss sich in sein Büro ein, um dieses erst wieder zu verlassen, wenn der Entwurf für ein Motorrad fertig war, das dem Münchener Unternehmen eine glorreiche Zukunft verheißen sollte.

Dem Ingenieur schwebte ein Motor mit gegenüberliegenden Zylindern vor, ähnlich dem der britischen ABC, der dank der Queranordnung eine perfekte Kühlung beider Zylinder gewährleistete. Friz nahm den bereits bestehenden Boxermotor, den M2B15, zur Hand, änderte ihn ab und drehte ihn um 90 Grad. Um Kosten und Bauzeiten gering zu halten und das Gefährt nicht zu breit ausfallen zu lassen, entschied er sich für eine seitliche Ventilanordnung.

In Sachen Antrieb griff der findige Techniker weder auf den als veraltet geltenden Riemen noch auf den von ABC verwendeten Kettenantrieb zurück. Vielmehr setzte er auf eine Lösung, mit der die Münchner Geschichte schreiben sollten: die Kardanwelle. Das Fahrgestell war ein Doppelschleifen-Rohrrahmen – schlicht, robust und ausreichend steif. Zum Bremsen sah Friz lediglich hinten eine Keilklotzbremse vor; für die Vorderradgabel fand eine über dem Schutzblech positionierte doppelte Auslegefeder Verwendung. Das dank der tiefen Einbauposition des Motors kompakte und stabile Motorrad hatte einen kantigen Stecktank, wie er noch heute gebräuchlich ist, und eine rechts angeordnete Dreigang-Handschaltung.

Vor allem aber war die Maschine exzellent verarbeitet. Nichts wurde dem Zufall überlassen, was bei der offiziellen Präsentation auf dem Salon d'Automobile 1923 in Paris auch gleich auffiel. Die R 32 entzückte jedoch nicht nur das Auge des Betrachters, sondern überzeugte auch, wenn man die Gelegenheit bekam, einmal aufzusitzen und sie anzulassen. Alles lief wie geschmiert, Präzision und Sorgfalt der Verarbeitung waren „mit Händen greifbar". Der gut dimensionierte, ebenfalls kompakte Antrieb beindruckte durch die klare Linie, seine Laufruhe und den geringen Wartungsaufwand.

Mit rund 8,5 PS bei gut 3 000 UpM war die R 32 nicht die stärkste Maschine, erreichte jedoch spielend 90 km/h. Von dem 2200 Reichsmark teuren Modell wurden bis 1926 etwas mehr als 3000 Stück gebaut. An Extras gab es Beleuchtungsanlage, Hupe, Drehzahlmesser und Soziussitz, der auf dem hinteren Gepäckträger montiert wurde.

54 UNTEN *Der Pilot Paul Heinemann auf einer R 32, umringt von Journalisten nach einem Motorradrennen im Jahr 1925.*

54–55 Dank der guten Reisegeschwindigkeit war die R 32 ideal für lange Touren, wie diese Werbung suggeriert, die 1923 in einer Münchener Illustrierten erschien.

55 unten Eine Gruppe von Fans und Fahrern mit ihren R 32 auf den Strassen einer deutschen Stadt (1925). Links im Bild ist eine R 37 zu erkennen.

INDIAN
BIG CHIEF

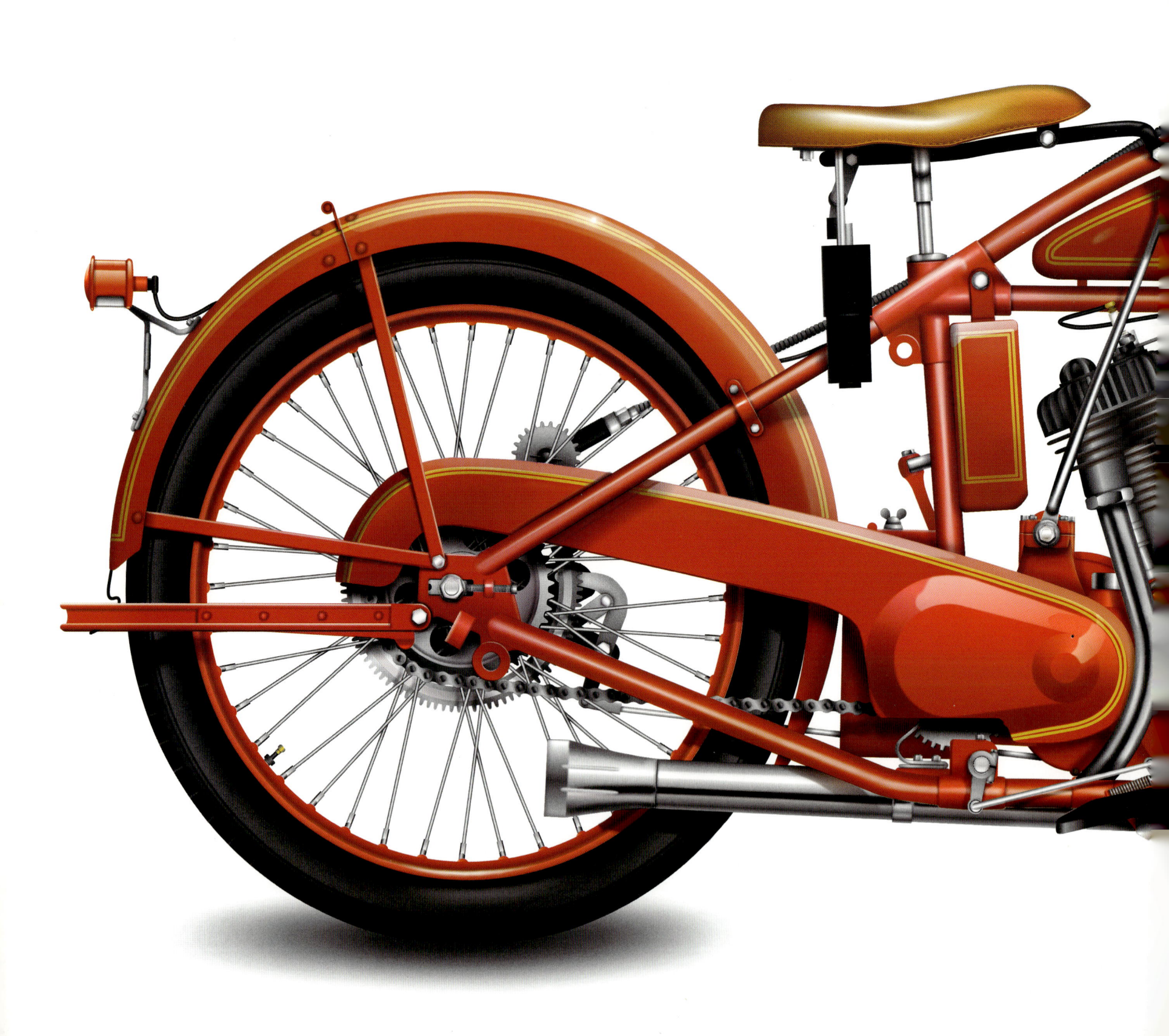

1923

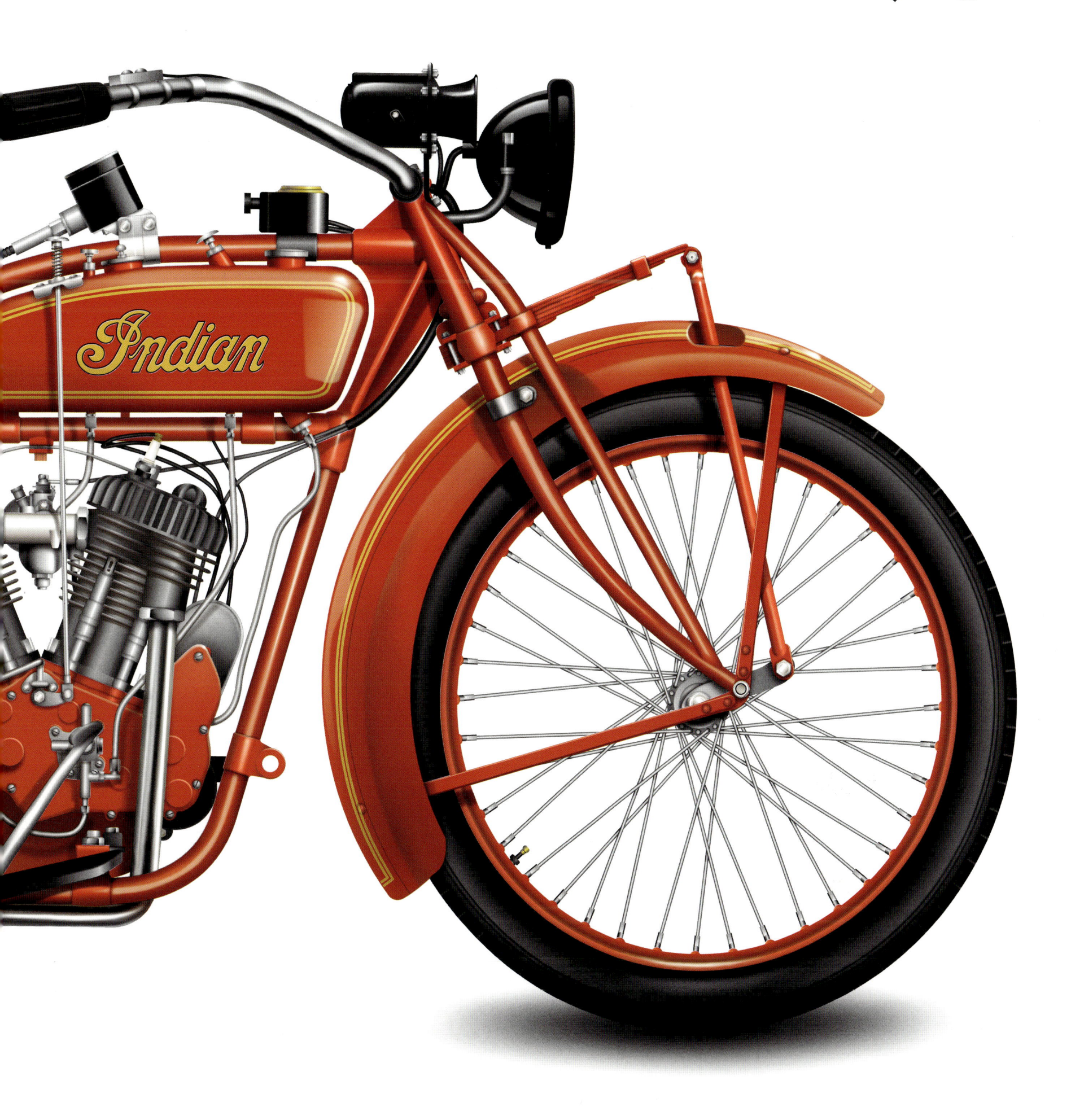

58 OBEN OSCAR GODFREY, DER
GEWINNER DER SENIOR TOURIST
TROPHY, MIT SEINER INDIAN AUF
DER ZIELGERADEN (ISLE OF
MAN, 5. JULI 1911).

58–59 AUS DER 1000-CCM-
CHIEF GING 1923 DIE BIG CHIEF
MIT 42-GRAD-ZWEIZYLINDER-
V-MOTOR UND EINEM AUF
1200 CCM ERWEITERTEN HUB-
RAUM HERVOR. IM SELBEN JAHR
FEIERTE INDIAN DAS 250 000.
GEFERTIGTE MOTORRAD.

Eine Frage von Zentimetern. Im Kubik, versteht sich. Die Rivalität unter den Motorradmarken ist im Lauf der Jahrzehnte nicht kleiner geworden. Stets wurde sie an der Preisfront ausgetragen, aber auch über die Breite der Palette, die Sonderausstattungen oder – wie im Fall von Indian und Harley-Davidson – über den Hubraum.

Die schweren US-Bikes gefielen seit je nicht nur den Amerikanern. Auch Europäer, die nach dem gewissen Etwas suchten, waren von den schweren Maschinen aus Übersee fasziniert. Im ersten Jahrzehnt des 20. Jahrhunderts gab es in den Vereinigten Staaten etwa 200 Motorradhersteller, doch nur wenige schafften es in die 1920er-Jahre.

Zu diesen gehörte Indian, dessen Modelle sich etliche Jahre als gute Alternative zur bekannteren Harley-Davidson-Zweizylindermaschine behaupten konnten. Da aber ein Motorrad wie die Indian Chief mit einem Liter Hubraum für den großen Durchbruch anscheinend nicht genug war, brachte man 1923 die Big Chief auf den Markt.

Ein Name, eine Garantie – um jeden Zweifel über die Rolle auszuräumen, die der „Große Häuptling" für Jahre spielen sollte. Der im 42-Grad-Winkel angeordnete Zweizylinder-V-Motor kam dank eines Bohrung/Hub-Verhältnisses von 80 x 112 mm auf gut 1200 ccm: ein Hubraum, der nur wenigen Motorrädern beschieden war, und das nicht nur damals. Sorgfältige Verarbeitung, edle Optik und hohe Zuverlässigkeit waren die Hauptmerkmale der Big Chief. Sie avancierte zum Topmodell des Herstellers, der sich durch Rennsporterfolge einen exzellenten Ruf verschafft hatte.

Die Manager des Unternehmens mit Sitz in Springfield (Massachusetts) hatten früher als viele ihrer Konkurrenten erkannt, wie wichtig es war, ihre Produkte nicht nur durch Werbung, sondern auch durch die Teilnahme an diversen Rennsportveranstaltungen bekannt zu machen. Von dieser Philosophie überzeugt waren der auf Steherrennen spezialisierte Radsportler Oscar Hedström und der Fahrradhersteller George Hendee, der auch Radrennen organisierte.

Ersterer hatte irgendwann genug von seiner tandemartigen De Dion, die so langsam war, dass sie von den Radfahrern überholt wurde. 1900 beschloss er, sich eine geeignete Schrittmachermaschine selbst zu bauen. Als Hendee diese sah, erkannte er, dass das Gefährt mit ein paar Änderungen auch für den Straßenverkehr geeignet sein würde. Da die Idee beiden gefiel, bündelten sie ihre Kräfte und gründeten die Hendee Manufacturing Company. 1901 wurde mit der Herstellung von Motorrädern begonnen, die als Hommage an die amerikanischen Ureinwohner „Indian" genannt wurden. Im selben Jahr stand dem jungen Unternehmen ein weiteres großes Ereignis bevor: Hendee beschloss, eines seiner ersten Motorräder auf der London Motor Show auszustellen. Man muss sich das vorstellen: Die neu gegründete Firma laborierte noch an ihrem ersten Geschöpf und war schon drauf und dran, die Welt zu erobern.

Auch im Rennsport ließ der Erfolg nicht lange auf sich warten: Bei der Isle of Man Tourist Trophy 1911 wurden zwar die ersten drei Plätze von englischen Piloten belegt, aber alle fuhren sie amerikanische Indians.

Das Ansehen des Unternehmens stieg weiter, bis in den frühen 1920ern mit der Chief bzw. der 1200er Big Chief der Höhepunkt erreicht wurde. Von den ersten drei, zu Beginn des Jahrhunderts gebauten Maschinen hatte man bis 1912 fast 20 000 Stück verkauft, und 1920 war die historische Zahl von 40 000 gefertigten Einheiten erreicht.

59 Dank der Robustheit der Motoren und Fahrwerke gab es die Indians häufig auch als Gespanne, um Personen oder Waren zu befördern.

EXCELSIOR SUPER X
750/1000

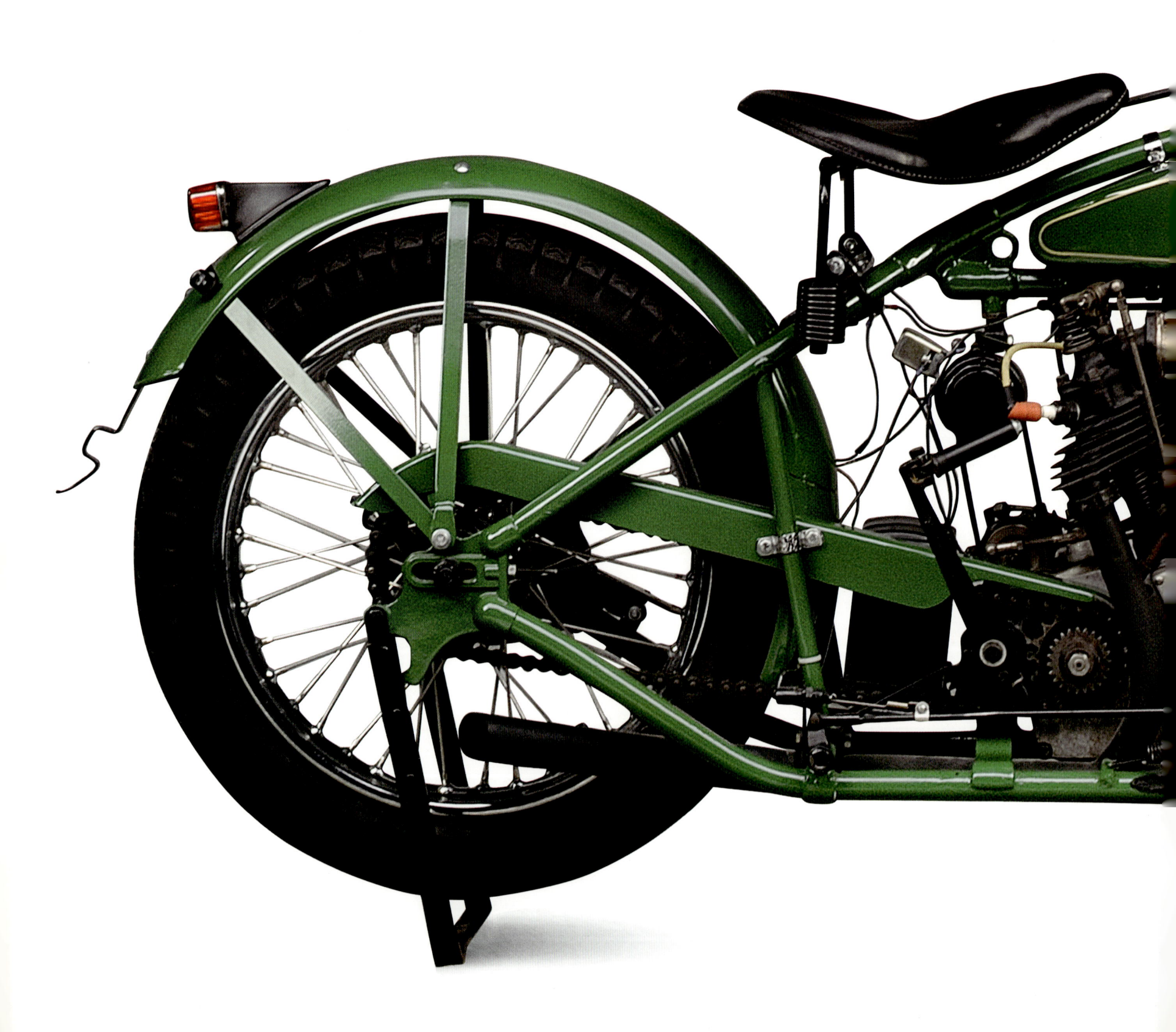

1924

Zu Beginn des 20. Jahrhunderts entstanden in den Vereinigten Staaten zahlreiche Unternehmen, die sich der Konstruktion von Motorrädern widmeten. Die Nachfrage auf dem Markt war groß, viele Amerikaner wollten ihren eigenen Feuerstuhl. Die Firma Excelsior Motor wurde 1908 von Ignaz Schwinn in Chicago gegründet. Die ersten Maschinen, die vom Band liefen, waren weder besonders faszinierend noch innovativ, und Schwinn hatte Mühe, sich zu profilieren. Im Kielwasser des Erfolgs von Harley-Davidson baute man vor dem Ersten Weltkrieg eine Zweizylinder-V-Maschine mit 1000 ccm Hubraum, aber erst ab Mitte der 1920er-Jahre fand die Excelsior ihren Platz auf dem amerikanischen Markt. 1924 wurde mit der Serienfertigung der Super X begonnen. Dieses Modell – anfangs mit 750, später mit 1000 ccm Hubraum – erwies sich als recht erfolgreich und wurde auch nach Europa exportiert, wenngleich in geringen Stückzahlen. Da die Super X gut verarbeitet und nicht besonders teuer war, bot sie sich als Alternative zu den Zweizylinder-V-Maschinen amerikanischer Provenienz jener Zeit an. Ihre Existenz war jedoch – wie auch die der Marke – nur von kurzer Dauer. Die Krise an der Wall Street bereitete Schwinn, der mittlerweile die Marke Henderson übernommen hatte, große Sorgen. Die Befürchtung, man würde die schwierige Situation nicht heil überstehen, bewahrheitete sich: 1931 schloss Excelsior die Fabriktore.

W er bei Excelsior an die Marke denkt, die einen fahneschwingenden Bergsteiger als Logo verwendet, liegt völlig falsch. Dies ist die Geschichte der in Chicago gegründeten Firma, die schwere Zweizylinder-V-Triebwerke fertigte und mit ihren Motorrädern, wenn auch nur für kurze Zeit, den beiden großen amerikanischen Herstellern, Harley-Davidson und Indian, gehörig Konkurrenz machte.

62 OBEN MIT EINER HENDERSON K DE LUXE, DIE PRAKTISCH EINE SERIENMASCHINE WAR, STELLTE WELLS BENNETT HENDERSON 1922 AUF DEM SPEEDWAY VON TACOMA (WASHINGTON) DEN WELTREKORD IM 24-STUNDEN-RENNEN AUF: BEI EINER DURCHSCHNITTSGESCHWINDIGKEIT VON 104,6 KM/H LEGTE ER FAST 2513 KILOMETER ZURÜCK.

62 UNTEN DIE IMPOSANTE VIERZYLINDER, HIER MIT SEITENWAGEN, WAR NACH DER ÜBERNAHME VON HENDERSON DAS TOPMODELL DER FIRMA EXCELSIOR.

62–63 EINE DER ERSTEN EXCELSIOR-HENDERSON, FOTOGRAFIERT 1917 IN EINEM PARK IN CHICAGO, ILLINOIS, WO DER HERSTELLER SEINEN SITZ HATTE.

BROUGH SUPERIOR
1000 SS100

1928

70–71 Die Moto Guzzi GT 500, wegen Giuseppe Guzzis Norwegenreise besser bekannt als Norge, war das erste Motorrad des Herstellers aus Mandello, das über Vorder- und Hinterradfederung verfügte.

Als Moto Guzzi 2006 sein neues Flaggschiff auf den Markt brachte – einen vollverkleideten 1200er-Tourer – und ihn Norge nannte, schlugen die Herzen vieler Fans höher. Guzzi hatte diesen Namen nämlich schon einmal für einen Meilenstein seiner Produktion – die GT 500 – verwendet.

Die 1920er-Jahre waren, wie in diesem Kapitel erläutert, mehrheitlich von Motorrädern mit starrem Rahmen gekennzeichnet. Doch die damaligen Straßen waren alles andere als eben. Auf den unasphaltierten und von Schlaglöchern übersäten Pisten konnten selbst die komfortabelsten Sitze wenig ausrichten. Dieses Problem bereitete Giuseppe Guzzi, Carlos Bruder, schlaflose Nächte. Der junge Mann war ein brillanter Ingenieur, unternahm gern lange Reisen und arbeitete seit ein paar Jahren im Familienunternehmen mit. 1926 schaffte Naco, so Giuseppes Spitzname, dem leidigen Problem des mangelnden Komforts Abhilfe, indem er die erste Hinterradfederung in der Geschichte von Guzzi realisierte. Die geniale Lösung sah eine große Teleskopgabel vor, die mittels zweier Stangen ebenso viele Federn betätigte. Diese waren unter dem Motor in einem Gehäuse untergebracht, das in den Rahmen – einer Doppelschleife aus Stahlrohren und Blechteilen – integriert war. Der neue, mit dem Motor des Sportmodells ausgerüstete Einzylinder wurde 1928 der Öffentlichkeit präsentiert. Allerdings hielt sich die Begeisterung in Grenzen: Viele Motorradfans waren damals noch der Meinung, eine Hinterradfederung sei der Stabilität abträglich. Die ursprünglich GT 500 genannte Maschine erhielt in der Folge den Beinamen Norge, da Giuseppe Guzzi mit dem Prototyp eine Reise nach Norwegen, bis zum Polarkreis, unternahm. Die mehr als 6000 Kilometer, die er zurücklegte, stellten nicht nur den bereits umfassend erprobten und bewährten, bereits in andere Guzzi-Modelle eingebauten Motor auf eine harte Probe, sondern vor allem den nagelneuen Rahmen, der neben ausgezeichneter Stabilität einen noch nie da gewesenen Fahrkomfort bot.

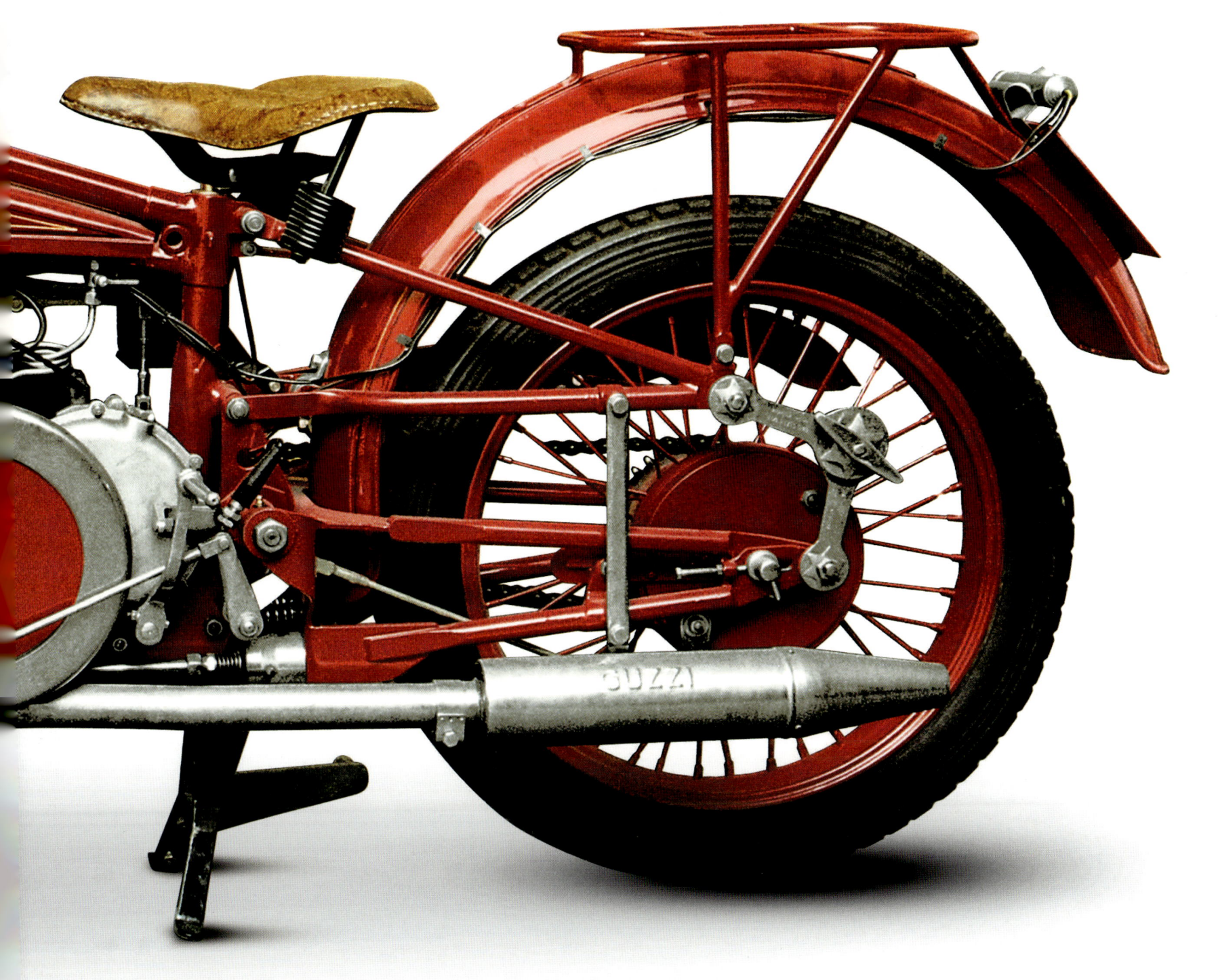

BIANCHI FRECCIA D'ORO 175

1929

Zum Kreis der italienischen Motorradhersteller, die in den 1920er- und 30er-Jahren an großen Rennen teilnahmen und diese für sich entschieden, zählte auch das Mailänder Unternehmen Bianchi.

Die von Edoardo Bianchi, einem jungen Mann bescheidener Herkunft, gegründete Firma produzierte nicht nur Fahrräder, sondern versuchte sich auch auf dem Motorradsektor. Der erste Schritt bestand klarerweise darin, ein Fahrrad mit einem Hilfsmotor auszurüsten. Doch schon bald startete Bianchi, der die Entwicklung und das Interesse am motorisierten Zweirad voraussahnte, mit seinem Freund und Partner Gian Fernando Tomaselli voll durch. In den ersten Jahren des 20. Jahrhunderts nahm er die Produktion von robusten, gut verarbeiteten und konkurrenzfähigen Motorrädern auf.

Anfangs waren es 350 und 500 ccm starke Einzylindersowie Zweizylindermaschinen mit 600 ccm Hubraum. 1924 wurde die legendäre Rennmaschine Freccia Celeste 350 gebaut, und im Jahr darauf kam ein Kleinmotorrad mit 175 ccm Hubraum auf den Markt, das mit einem Einzylinder-Viertaktmotor ausgerüstet war.

Bianchis und Tomasellis Ziel war es, ein alltagstaugliches Transportmittel zu konstruieren, das nicht nur für Fans mit schmaler Brieftasche erschwinglich war, sondern auch für all jene, die einfach nur ein motorisiertes Fahrzeug für den Weg zur Arbeit benötigten. Vier Jahre später war es so weit: Die Freccia d'Oro 175 kam in den Versionen Turismo und Sport heraus. Ein völlig neues Motorrad war geboren, in das alles gepackt war, was das Haus Bianchi bis dahin hervorgebracht hatte. Die Linie war modern, was auch dem schönen tropfenförmigen Tank geschuldet war, die Verarbeitung sorgfältig, die Materialien von bester Qualität, die Schweißnähte und sonstigen Verbindungen untadelig. Der Einzylindermotor mit langem Hub und oben liegenden Ventilen überzeugte wie sein Vorgänger als robustes und sparsames Triebwerk, war aber leistungsstärker: Die Turismo brachte es auf 80 km/h, mit der Sport konnte man gar die 100-km/h-Schwelle übertreffen: keine schlechten Werte, wenn man den kleinen Hubraum bedenkt. Einem so vollwertigen Produkt, das für 3750 bzw. 4250 Lire für die Sportversion zu haben war, konnte jedoch auch ein Misserfolg beschieden sein, wenn sich der Gesetzgeber querlegte. Doch in diesem Fall stellte sich genau das Gegenteil ein – zumindest in Italien, wo die Regierung Mussolini die Massenmotorisierung vorantreiben wollte. Es wurden Gesetze verabschiedet, die der Verbreitung von Kleinmotorrädern bis 175 ccm Vorschub leisteten. Für diese Gefährte waren weder Nummernschild noch Kfz-Steuer oder Führerschein erforderlich, und im Hause Bianchi flatterten die Bestellungen nur so herein.

1929 konstruiert, im Januar 1930 bei der Mostra Motociclistica in Mailand präsentiert und gleich danach in den Verkauf gebracht, wurde die Freccia d'Oro Jahr für Jahr kontinuierlich verbessert. Man nahm kleine Änderungen an Motor und Vergaser vor, ersetzte unter anderem die Amal-Vergaser durch Bauteile von Gurtner und Binks. Auch das Fahrwerk wurde optimiert, und 1932 wurde die erste Spritzgussgabel verbaut.

Einen Beitrag zum Erfolg der Freccia d'Oro leistete Mussolini in persona, der zu mehreren Anlässen auf dem kleinen „Goldpfeil" zu sehen war. Trotz allem sollte die Popularität der 175er-Baureihen und die der kleinen Bianchi-Maschinen nicht lange währen: Die neue italienische Straßenverkehrsordnung des Jahres 1935 führte die Nummernschildpflicht und somit auch die Kraftfahrzeugsteuer für Kleinmotorräder wieder ein. Dadurch fielen die Gründe weg, die viele Käufer dazu veranlasst hatten, sich für diesen ungewöhnlichen Hubraum zu entscheiden.

74 BENITO MUSSOLINI FUHR ZU MEHREREN ANLÄSSEN DIE KLEINEN BIANCHI-MOTORRÄDER, DIE ZUR MASSENMOTORISIERUNG BEITRAGEN SOLLTEN. DER ENTWURF FÜR DIE NEUE 175ER AUS DEM HAUSE BIANCHI STAMMTE VON MARIO BALDI, DER SEINE FÄHIGKEITEN BEREITS MIT DEM 350ER-RENNMODELL, DER FRECCIA CELESTE, UNTER BEWEIS GESTELLT HATTE.

75 OBEN PARADE DER FASCHISTISCHEN JUGEND-ORGANISATION IN ROM: DIE KLEINEN BIANCHI-MASCHINEN DURFTEN DANK EINIGER AD HOC VERABSCHIEDETER GESETZE OHNE FÜHRERSCHEIN GEFAHREN WERDEN.

75 UNTEN LUFTANSICHT DES MAILÄNDER BIANCHI-WERKS IM JAHR 1917. DER ITALIENISCHE HERSTELLER SETZTE – IM UNTERSCHIED ZU MANCHEM KONKURRENTEN – VON ANFANG AN AUF HOCHQUALITATIVE WERKSTOFFE.

1930/1949

DIE MOTORRÄDER WURDEN IMMER SCHÖNER
UND SCHNELLER UND WAREN NICHT MEHR
NUR WENIGEN PRIVILEGIERTEN VORBEHALTEN.
DOCH DER KRIEG STAND BEVOR ...

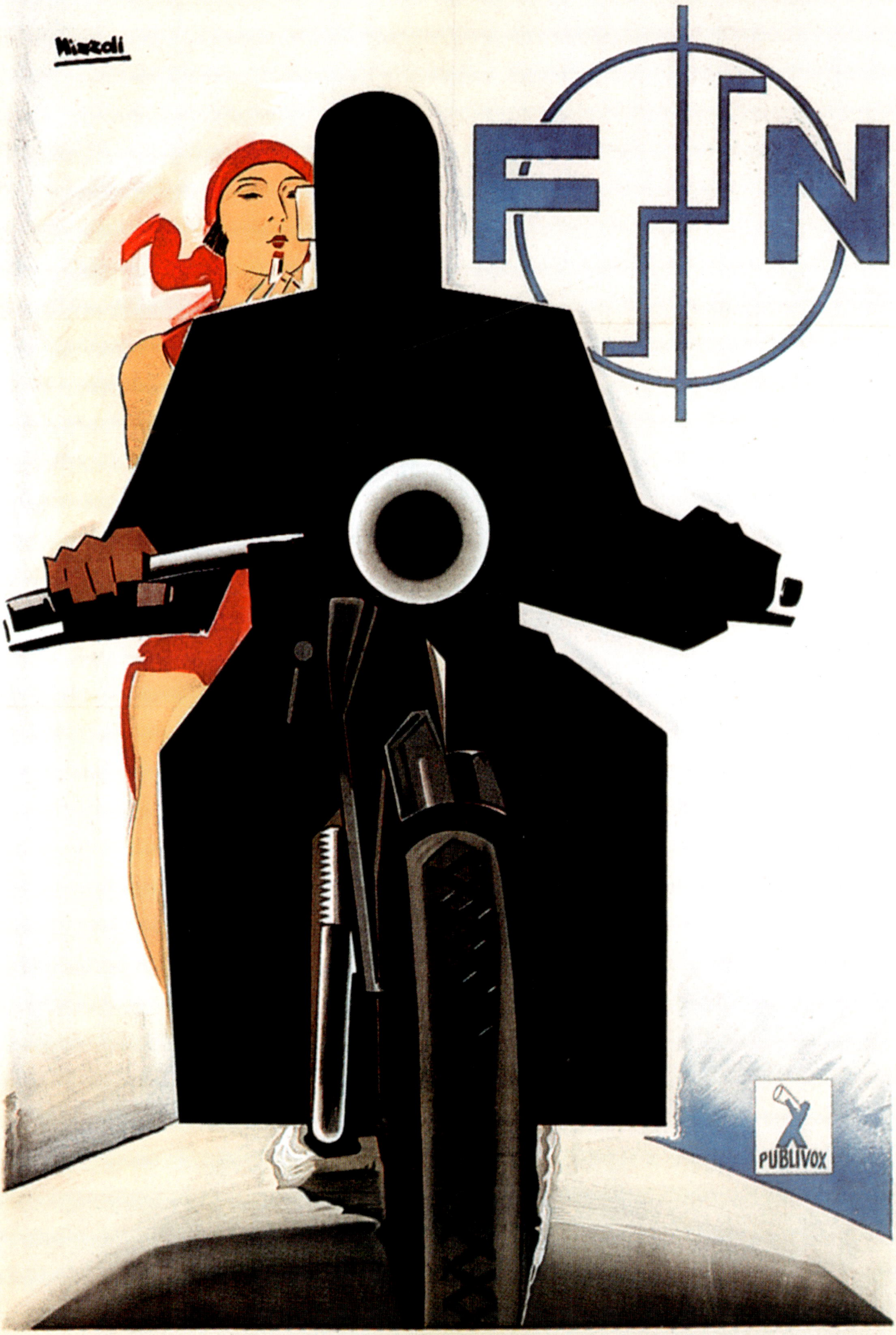

FN
PUBLIVOX

GROSSER PREIS DER SCHWEIZ 15.–16. AUG. BERN 1931

Die Motorradwelt rüstete sich für zwei wichtige Jahrzehnte. Zuvor waren etliche Unternehmen entstanden, die auf der Welle der Innovationen mitritten. Doch infolge der Wirtschaftskrise Ende der 1920er-Jahre verschwanden viele – vor allem kleinere Manufakturen – vom Markt.

Wer überlebte, verdankte dies einer soliden Unternehmensstruktur, treffsicheren Investitionen und gelungenen Motorrädern. Zur prekären Lage auf dem Zweiradsektor trug nicht zuletzt die Verbreitung erschwinglicher Kleinwagen bei – allen voran das T-Modell von Ford. Diese vierrädrigen Fahrzeuge waren viel komfortabler als Krafträder und oftmals sogar billiger. Doch das Motorrad blieb das Symbol der Freiheit, von dem eine unbeschreibliche Faszination ausging, und wer eines fuhr, galt als Teufelskerl und Abenteurer. Die Hersteller waren bemüht, ihren Fans ständig neue Modelle zu präsentieren, die schneller und besser gefedert waren. Starre Fahrwerke wichen diversen Erfindungen, die zu mehr Komfort und zu einer besseren Straßenlage beitragen sollten.

Stand man in den frühen 1930er-Jahren der Nützlichkeit einer Hinterradfederung noch skeptisch gegenüber, so änderte sich nun das allgemeine Credo. An der Vorderachse gab es ebenfalls bald

77 Die belgische Firma FN, die von Waffen- auf Motorradproduktion umgestiegen war, setzte für ihre Werbung im Jahr 1925 auf diese spezielle Symbolik: schwarz die Einheit Mann-Maschine, farbig die Sozia.

78 Dieses rasante Plakat entwarf Ernst Ruprecht, um den Grossen Preis der Schweiz des Jahres 1931 zu bewerben.

79 Da sie im Vergleich zu früher einfacher zu fahren, aber auch leiser waren, begann sich auch das sogenannte schwache Geschlecht für Motorräder zu interessieren. Dieses Foto entstand 1932 in Grossbritannien.

Neues: 1935 setzte BMW die erste Teleskopgabel mit integrierten hydraulischen Stoßdämpfern für die Modelle R 12 und R 17 ein.

Auch die Rahmen änderten sich. Gemeinhin blieb es beim Rohrrahmen, doch man versuchte es auch (indes nicht immer erfolgreich) mit Profilbauweise (man denke an die dänische Nimbus) oder mit aus Blechen gepressten Rahmen (zum Beispiel BMW, DKW, Vespa und Lambretta).

Und die Tanks? Die häufig kantigen Stecktanks wichen solchen mit runderen, sanfteren Formen, die über dem Oberrohr angebracht wurden. In Sachen Mechanik hatte man die Qual der Wahl: Sollte man weiter auf die robusten Seitenventile setzen oder doch auf oben liegende Ventile, die mehr aus dem Motor herausholten, aber (noch) störungsanfällig waren?

Die Zahl der Motorradrennen auf der Bahn wie auf der Straße und im Gelände verdoppelte, ja verdreifachte sich. Die Rennen wurden immer härter, immer länger … und Siege infolgedessen immer ruhmreicher. Hinter all diesen Neuheiten drohte jedoch der Zweite Weltkrieg, der sich auch auf die Produktion von Motorrädern auswirken sollte. Jedes Land rüstete auf. Einige Marken passten sich an und kombinierten ihre bestehenden Modelle mit Seitenwagen. Diese Gespanne wurden von den Armeen geschätzt, da sie Platz für einen zweiten, unter Umständen mit Maschinengewehr bewaffneten Soldaten boten. Andere wiederum – als Modell stellvertretend erwähnt sei die BMW R 75 – konstruierten neue Beiwagenmaschinen, die eigens für Kriegszwecke ausgelegt waren.

In England setzten sich Marken wie Ariel, BSA, Norton oder Triumph durch, in Italien Bianchi, Gilera, Guzzi und Sertum, in Frankreich René Gillet und Gnôme & Rhône. Und in den Vereinigten Staaten sicherten sich weiterhin Harley-Davidson und Indian den Löwenanteil.

Auf den Trümmern des Kriegs lief 1946 die Produktion mühsam wieder an. Als ideale Gefährte zur Motorisierung der wirtschaftlich angeschlagenen Massen kamen die ersten erschwinglichen Kleinkrafträder heraus. Und zwei großartige Roller feierten ihr Debüt.

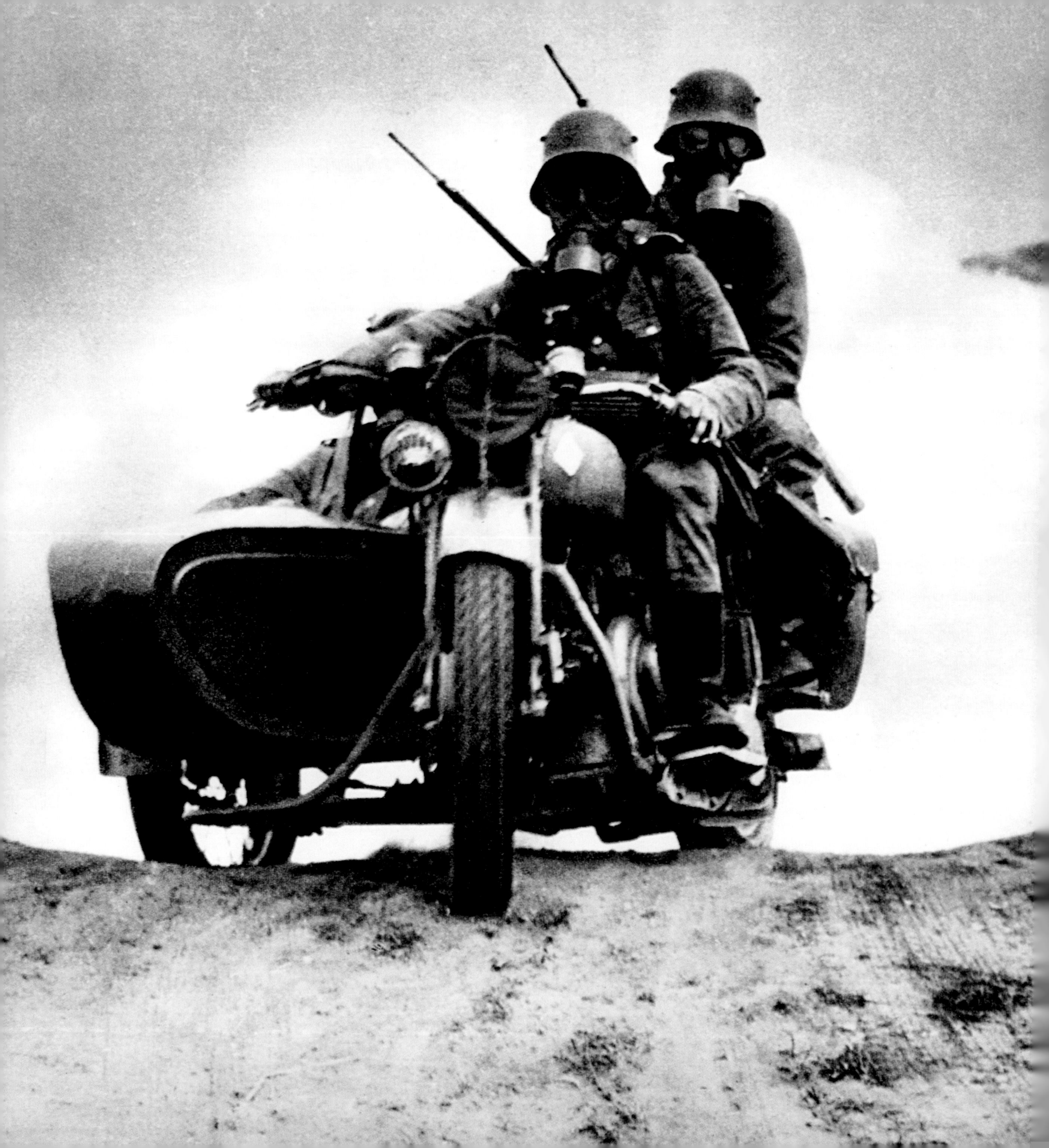

80-81 Mit dem Ausbruch des Zweiten Weltkriegs begannen Gespanne als schnelle Transportmittel eine wichtige Rolle zu spielen. Das Foto zeigt deutsche Soldaten mit Gasmasken in Aktion.

81 oben links Anlässlich des 27. Jahrestags der Gründung des Polizeikorps salutieren die mit Maschinen von Moto Guzzi motorisierten Einheiten Mussolini.

81 oben rechts Deutsche Soldaten auf BMW-Maschinen an der Spitze einer Kolonne von Panzer- und Raupenfahrzeugen. Zweiter Weltkrieg.

81 unten Anfänglich wurden Motorräder für den Waffentransport eingesetzt. In der Folge gewannen sie als Beförderungsmittel für „Meldegänger" oder spezielle Einheiten, bei denen rasches Handeln gefordert war, an Bedeutung. Das Bild zeigt eine mit Harley-Davidson-Bikes motorisierte Einheit des US-amerikanischen Heeres in den 1940er-Jahren.

ARIEL SQUARE FOUR

1930

ARIEL
The Modern Motor-Cycle

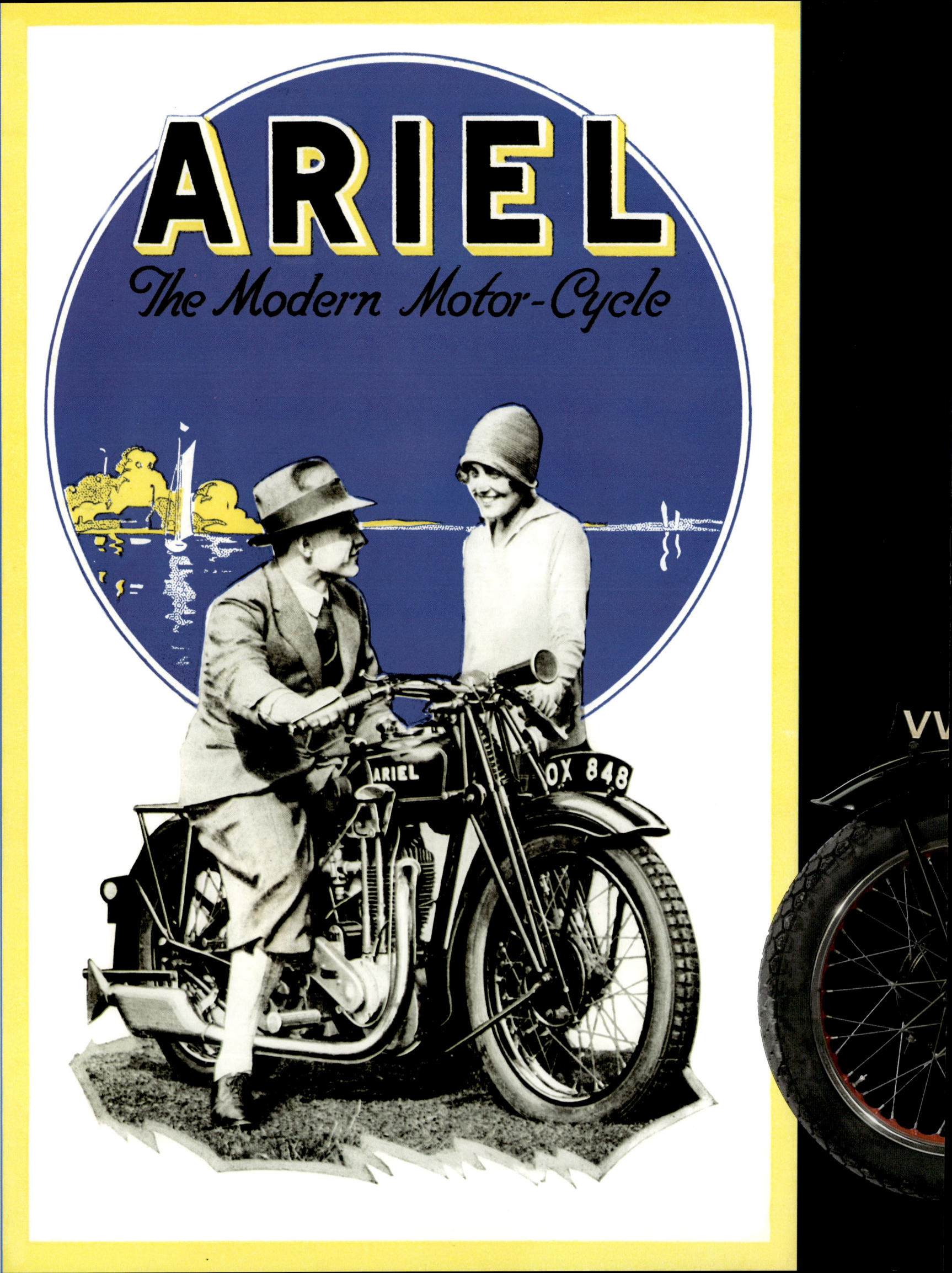

84 In der Werbung setzte Ariel auf romantische Inhalte. Wie unschwer zu erkennen ist, wandte sich der englische Hersteller an die Upper Class.

84–85 Der Motor der Square Four war dank der „im Quadrat" angeordneten Zylinder ausgesprochen kompakt und elastisch – Charakteristika, die nicht nur anspruchsvolle englische Gentlemen zu schätzen wussten.

Laufruhig, geschmeidig, exklusiv und kompakt wie eine Einzylindermaschine. Die Ariel Square Four war all das: ein Motorrad der Spitzenklasse, mit dem sich lange, wenn auch eher gemächliche Touren stilvoll bewältigen ließen. Nicht dass ihr Vierzylinderantrieb leistungsarm oder langsam gewesen wäre, doch die Maschine war mit der Zielsetzung gebaut worden, ein einzigartiges, exklusives Fahrerlebnis zu bieten. Den Einfall, einen Motor mit vier „im Quadrat" angeordneten Zylindern zu konstruieren, hatte ein junger Autodidakt namens Edward Turner.

Der Motorradfan war vom Konzept des „Square Four" felsenfest überzeugt: Im Vergleich zu den gängigen Antrieben mit mehreren Zylindern in Längsanordnung versprach diese Konfiguration verbesserte Kühlung sowie eine nie da gewesene, der eines Einzylinders ähnliche Kompaktheit.

Von dieser Überzeugung bestärkt, legte der junge Mann seinen Entwurf mehreren Motorradherstellern vor, stieß jedoch auf taube Ohren. Turners Idee galt als zu gewagt und unsicher. Einer nahm schließlich die Herausforderung an: Charles Sangster, der Eigentümer der historischen englischen Motorradfirma Ariel mit Sitz in Birmingham, musste neue Modelle auf den Markt bringen, und er konnte auch seinen Chefingenieur Valentine Page von Turners Konzept überzeugen. Die Umsetzung des Projekts verlief nicht ohne Schwierigkeiten, bis schließlich die Square Four 1930 auf der London Motor Show präsentiert wurde.

Das wegen der Zylinderanordnung originelle und aufgrund des Preises (etwas mehr als 75 Pfund Sterling) wie auch der hochwertigen Verarbeitung prestigeträchtige Motorrad stieß bei gut situierten Motorradnarren sofort auf Beifall. Ursprünglich mit 500 ccm Hubraum ausgestattet, wurde das Modell über die Jahre reichlich mit technischen und mechanischen Finessen optimiert. Motortechnisch gesehen, erreichte die Square Four 1936 mit dem Einbau des Einliter-Vierzylinders ihren Höhepunkt. 1959 wurde die Produktion der Square-Four-Baureihe eingestellt.

RENÉ GILLET
L 1000

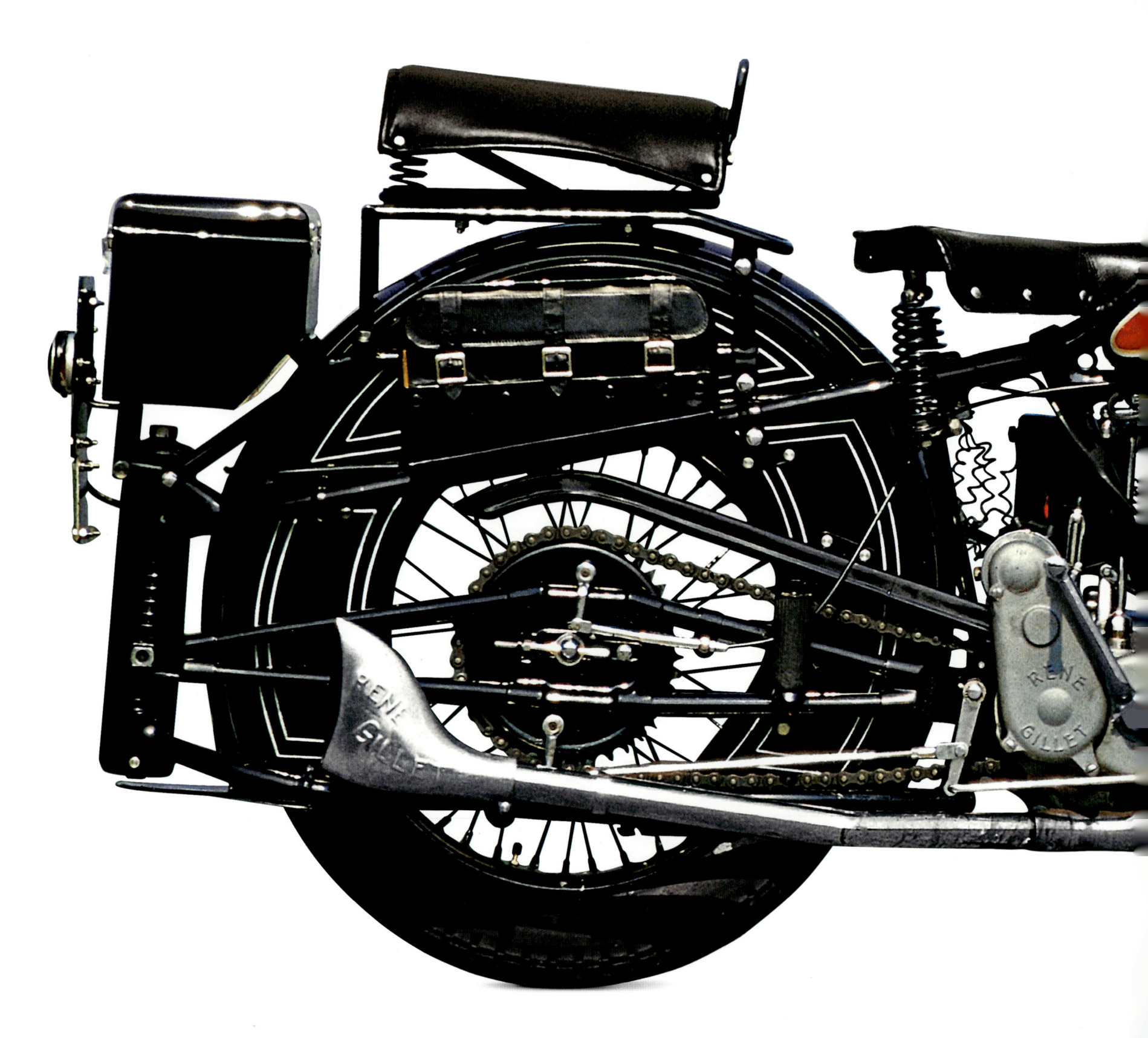

1932

Imposant, mit ausgeprägter Persönlichkeit, speziell und ungewöhnlich. An dieser französischen Zweizylindermaschine, die wegen des 45-Grad-V-Motors auch gerne als europäische Harley-Davidson bezeichnet wurde, kam kein Motorradfan vorbei. Entweder sie faszinierte einen, oder sie ließ einen völlig kalt – aus zweierlei Gründen, die beide legitim erscheinen.

Der erste, auf dem Tank verewigt, hatte mit der Marke zu tun: Der Name René Gillet sagte den meisten Motorradfans herzlich wenig, denn er war außerhalb des Herstellerlands kaum bekannt. In der Heimat aber war der Schriftzug in den 1920ern und 1930ern berühmt, da er die Krafträder der Armee zierte. Der zweite Grund war technischer Natur und betraf die Hinterradfederung. Wenn man sie nicht auf den ersten Blick als unnützes Anhängsel verwarf, war die Lösung faszinierend.

Das nach seinem Gründer René Gillet benannte Unternehmen, das anfänglich in Paris, später etwas außerhalb, in Montrouge, ansässig war, entstand gegen Ende des 19. Jahrhunderts. Im Unterschied zu anderen begann Gillet nicht mit dem Bau von Fahrrädern, sondern versuchte sich von Anfang an als Motorradkonstrukteur. Nachdem Gillet, der aus bescheidenen Verhältnissen stammte, die ersten technischen und finanziellen Schwierigkeiten überwunden hatte, arbeitete er Tag und Nacht, um seinen ersten Motor zu entwickeln – bis das erste Motorrad dastand, das mit interessanten Lösungen aufwartete. Ständige Verbesserungen und die Präsenz auf französischen Rennstrecken führten dazu, dass sich der Name etablierte. Mehr noch als die Einzylinder konnten sich die robusten Zweizylinder mit 500 bzw. 750 ccm Hubraum hervortun. Diese lieferten eine recht ordentliche Leistung, vor allem aber über ein bulliges Drehmoment, das sich für Gespanne als ideal erwies. Bei Rennen schlugen die Gillet-Seitenwagenmaschinen häufig Konkurrenten wie BSA, Indian oder New Hudson.

88 Die ersten Motorräder in der französischen Armee waren bei den Offizieren der Kavallerie nicht gern gesehen, da der Motorenlärm die Pferde scheuen liess.

89 Das Militärmotorrad mit Seitenwagen verdankte seinen „Tod" dem Aufkommen des Jeeps, der einfacher zu fahren und als Transportmittel besser geeignet war.

In der Zwischenkriegszeit standen Gillets Zweizylindermaschinen mit Beiwagen im Dienst der französischen Armee. An Neuheiten mangelte es nicht in jenen Jahren, doch die Grundphilosophie seiner Motorräder blieb unverändert.

Von den wichtigsten Innovationen erwähnt seien die definitive Abkehr von den Stecktanks zugunsten der Satteltanks sowie die Einführung des Zweizylinders mit 1000 ccm. Dieser war im Grunde kein neuer Motor, sondern ein aufgebohrter 750er, was voll der Politik des Herstellers entsprach: besser weniger, aber dafür hochwertige Produkte, als Massen schlampig gefertigter Einheiten. Deshalb gab es einen Einheitsrahmen, der Aufbau des Motors war bei Ein- und Zweizylindermaschinen identisch, und unterschiedliche Hubräume kamen durch Verringern oder Erweitern der Bohrung zustande. Diese Entscheidungen erwiesen sich als goldrichtig, denn auch das 1000-ccm-Aggregat erwarb sich als robuster und für die Kombination mit Seitenwagen perfekter Motor rasch einen guten Ruf.

Als Gillet das Modell optional mit Schwingrahmen anbot, setzte er eine ebenso spezielle wie gewagte Lösung in die Tat um, die er selbst ersonnen hatte: Eine Teleskopgabel mit einer Stoß- und einer Rückstoßfeder, die hinter dem Hinterrad angebracht waren. Der Federweg war zwar nicht sehr lang, für die damalige Zeit jedoch mehr als komfortabel und dem Handling und der Kurvenlage nicht abträglich: Das hohe Gewicht des weit hinten positionierten Systems hatte zur Folge, dass die Maschine hervorragend geradeaus lief.

Große sportliche Ambitionen legten die Produkte des Hauses Gillet jedoch nicht an den Tag. 1932 kam es zur letzten technischen Modifizierung, mit der die amerikanisch anmutenden, seitenventilgesteuerten Zweizylindermaschinen ihre volle Reife erlangten: ein Vierganggetriebe – für damalige Zeiten eine echte Finesse.

BMW R 17

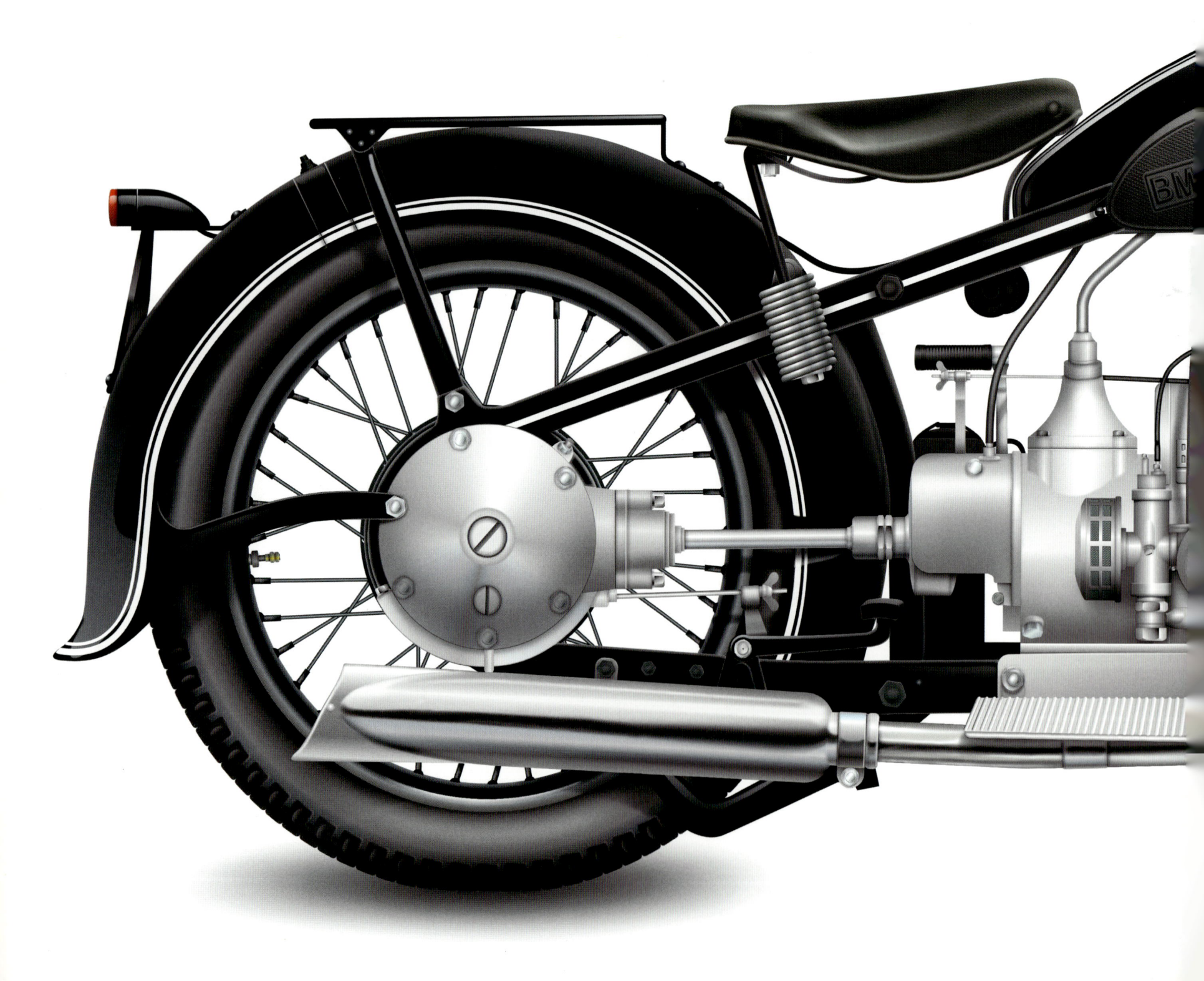

1935

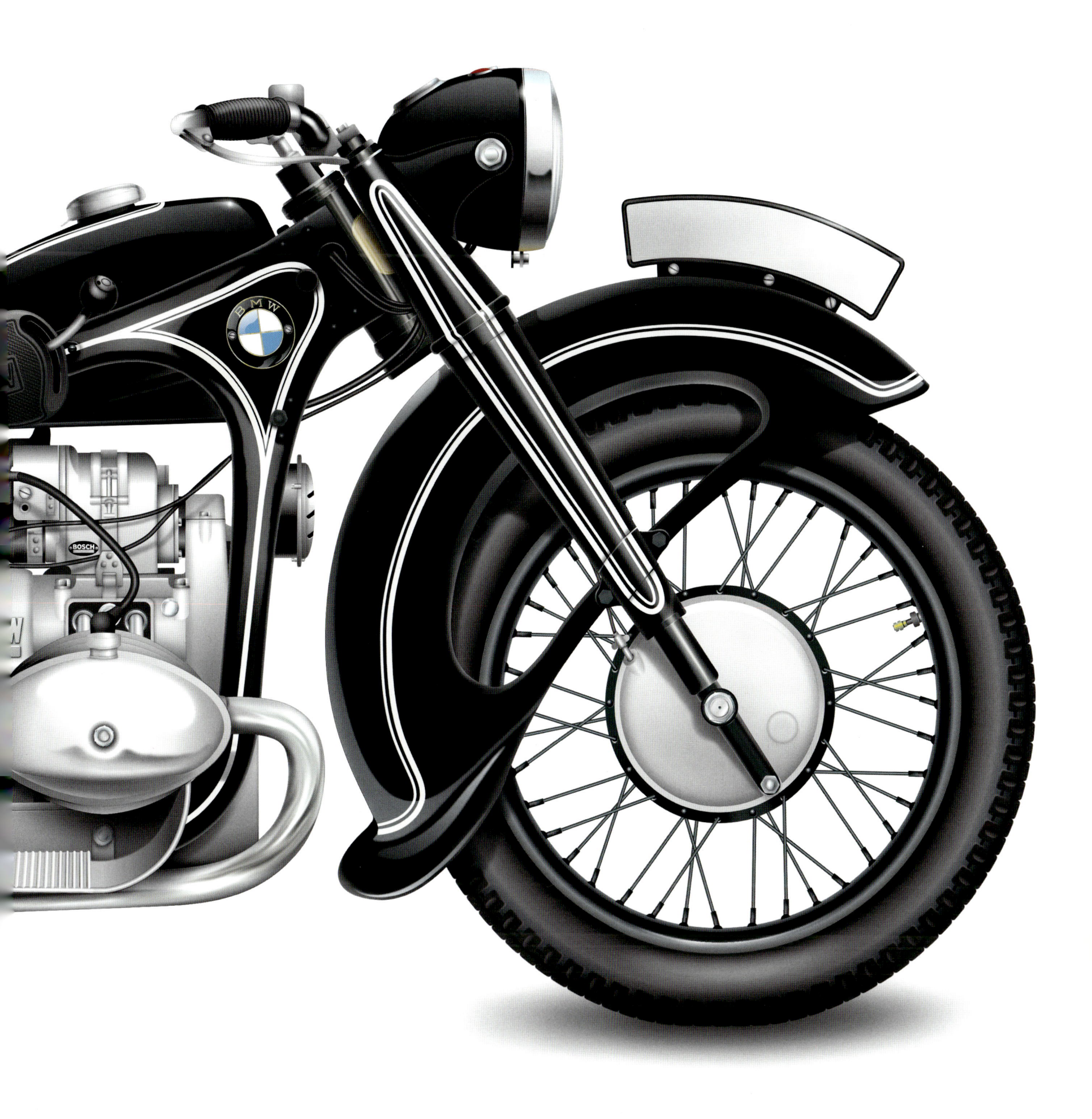

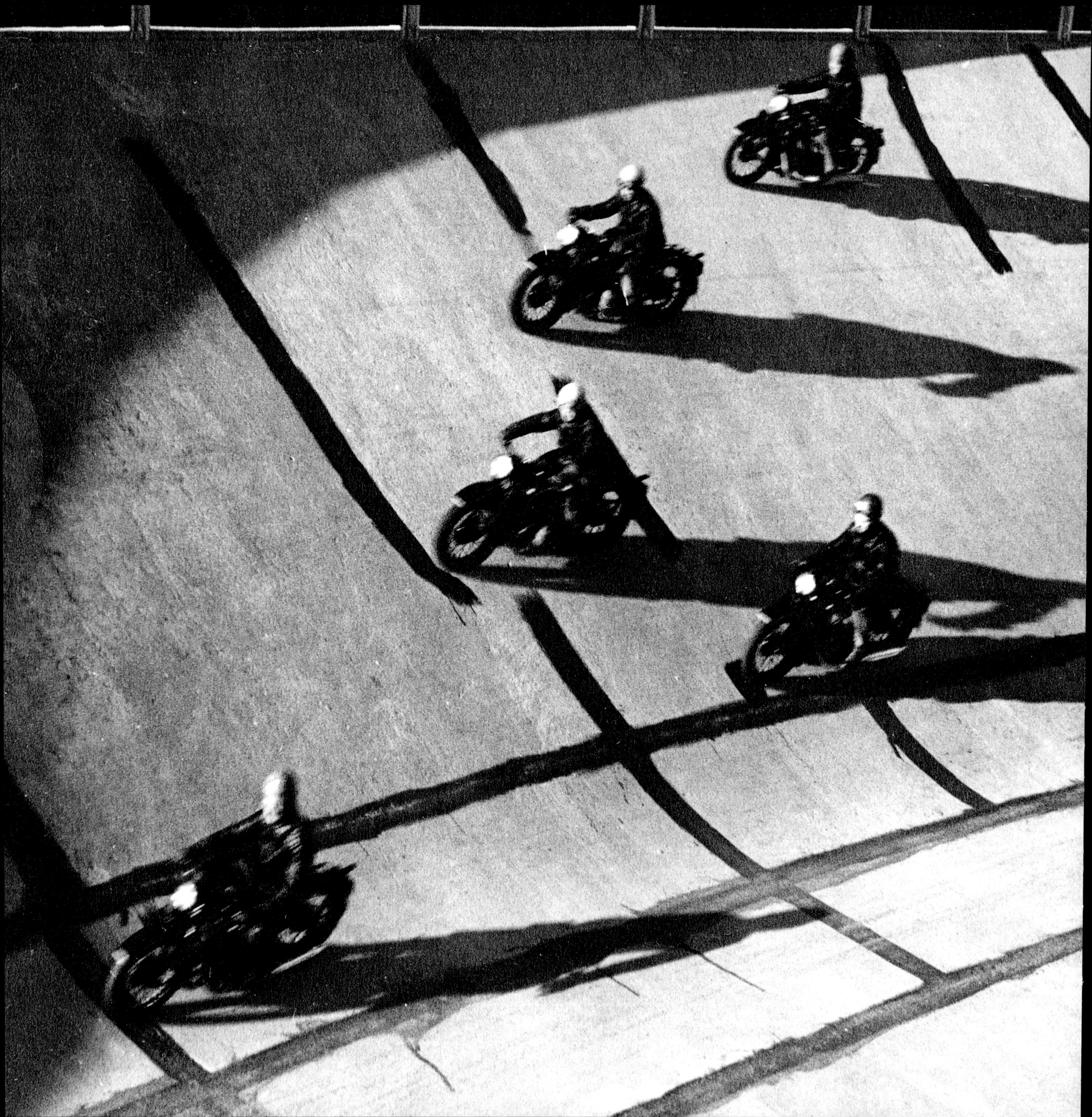

Abgesehen von respektablen Leistungen, zeichneten sich die sportliche BMW R 17 und ihr Schwestermodell, die R 12, durch die erste Teleskopgabel mit hydraulischer Dämpfung aus – eine Weltneuheit, die die diversen, bis dahin angewandten Lösungen schlagartig alt aussehen ließ.

Streng genommen, war dieser Gabeltyp keine wirkliche Neuheit, denn bereits Anfang des Jahrhunderts hatte Scott etwas Ähnliches entwickelt. Es war jedoch das Verdienst der Bayern, den Entwurf komplett zu überarbeiten und lange, innen liegende Federn und hydraulische Dämpfer einzusetzen, die das Fahrverhalten deutlich verbesserten. Die Lösung war technisch aufwendig und alles andere als kostengünstig, doch sie sorgte für außerordentlichen Fahrkomfort und eine ebensolche Straßenlage. Nach den ersten Experimenten erprobte der Münchener Hersteller 1934 diese originelle, effiziente telehydraulische Gabel, die von Rudolf Schleicher konstruiert und patentiert worden war, auf der R 7 (das Modell kam über das Prototypenstadium nicht hinaus) und auf der R 11. Im Jahr darauf wurden die neuen 750-ccm-Maschinen auf den Markt gebracht, die die Baureihen R 11 und R 16 ablösten. Die Rahmen waren noch immer aus Pressstahlprofilen, die Motoren die bekannten und bewährten Zweizylinder-Boxer – mit Seitenventilen für die ruhigere R 12 und OHV-Steuerung für die sportliche R 17.

Die eigentliche Neuheit war aber die Telehydraulikgabel oder Tauchgabel, wie sie anfangs genannt wurde. Dank ihr wurde die R 17 zu einem der gefragtesten Motorräder ihrer Zeit, eine Art Superbike der 1930er-Jahre. Sie war stabil, komfortabel und robust, aber auch blitzschnell, denn ihrem Triebwerk entsprangen 33 PS – fast doppelt so viele wie dem des Parallelmodells mit den seitlich gesteuerten Ventilen. Unterstrichen wurde die Exklusivität der R 17 nicht zuletzt durch den Preis von 2040 Reichsmark und die limitierte Stückzahl: 434 Einheiten zwischen 1935 und 1937.

92–93 Die BMW-Modelle R 4 und R 17 auf der hauseigenen Teststrecke (München, 1935).

93 Aufgrund ihrer ausserordentlichen Zuverlässigkeit wurden BMWs gerne für lange Touren, auch auf unwegsamem Terrain, eingesetzt. Dieses R-17-Gespann diente 1936 als Vehikel für eine Jagdpartie in Zentralafrika.

TRIUMPH SPEED TWIN 500

1937

Von den Hunderten Herstellern, die es zu Beginn des Jahrhunderts gab, konnten sich nur wenige halten. Viele mussten schließen, andere versuchten nach schwierigen Zeiten vergebens einen Neuanfang. Die für ihre exzellenten Produkte bekannte englische Firma Triumph geriet nach ihren goldenen Jahren, die von den 1940ern bis in die 1960er andauerten, in eine Reihe von Schwierigkeiten, aber es war nicht nur die Konkurrenz aus Japan, die Triumph in die Knie und 1983 zur Schließung zwang. Anfang der 1990er-Jahre kam es jedoch zur Neugründung des Unternehmens, das bald wieder einen wichtigen Platz in der Motorradwelt einnahm.

Die Geschichte der Marke begann 1902, als Siegfried Bettmann und Mauritz Schulte beschlossen, nicht mehr nur Fahrräder, sondern auch Motorräder zu bauen. Ihr erster Streich bestand darin, ein Fahrrad mit Motor auszurüsten. Dazu wandten sich die beiden an die belgische Firma Minerva, die ihnen einen Antrieb mit 300 ccm lieferte. Bald darauf wurde das Projekt überarbeitet und ein neuer seitengesteuerter Einzylindermotor mit 240 ccm eingesetzt. So entstand die Triumph-Minerva, die im Kreis der Motorradfreunde viel Beifall fand.

1904 war ein weiteres wichtiges Jahr für das Unternehmen mit Sitz in der Much Park Street im englischen Coventry. Früher als viele Mitbewerber baute Triumph einen eigens für Motorräder entwickelten Rahmen. Im Jahr darauf beschloss der Hersteller, dass die Zeit reif war, alles selbst zu konstruieren, einschließlich des Motors. Diese Aufgabe wurde Charles Hathaway anvertraut, der einen Einzylinder-Viertakter mit 360 ccm entwarf. Fortan wuchs die Firma rasch, und auch ihr Engagement im Motorsportbereich nahm stetig zu. Neue Motoren kamen heraus, man denke an den ersten 600-ccm-Twin von 1909 oder an den 500-ccm-Vierventilantrieb mit oben liegenden Ventilen, der 1921 erstmals getestet wurde. Vor allem aber wurden bei prestigeträchtigen Rennen im In- und Ausland immer wieder Erfolge erzielt. Die Verkaufszahlen schossen nur so in die Höhe und waren bereits Mitte der 1920er-Jahre beeindruckend: 3000 Mitarbeiter bewerkstelligten eine Produktion von 30 000 Stück.

Trotz der Wirtschaftskrise von 1929 blieb das Engagement von Triumph ungebrochen. 1932 wurde der versierte Konstrukteur Val Page eingestellt, der sich an der Entwicklung von 650-ccm-Twinmotoren mit parallel angeordneten Zylindern versuchte. Vier Jahre später wurde Triumph von Jack Sangster übernommen. Dieser brachte Edward Turner ins Unternehmen, den er bei Ariel kennen- und schätzen gelernt hatte. Turner machte sich alsgleich ans Werk und schuf einen Motor und ein Motorrad: Die Speed Twin 500 wurde für den englischen Hersteller zum Markstein. Was an ihr besonders positiv auffiel und die gesamte Fertigung von Triumph jahrzehntelang prägen sollte, war der nagelneue Zweizylinder. Turner baute auf Pages Twin auf, doch seine Twin war viel kompakter und leistungsstärker. Die Leistung betrug am Ende 27 PS bei 6300 U/min – nicht schlecht, wenn man bedenkt, dass man das Jahr 1937 schrieb. Zudem hatte der Motor auch im unteren Bereich ein exzellentes Drehmoment. Ansonsten war die Maschine von herkömmlicher Bauweise: starrer Einschleifenrahmen und Parallelogrammgabel. Die elegante Linie, das dank des geringen Gewichts von 160 kg gute Handling, die Leistung (V-max 145 km/h) und der erschwingliche Preis taten ihr Übriges. Wem dies nicht genügte, der musste bis 1938 warten, als mit der Tiger 100 eine noch sportlichere Version erschien. Nach dem Krieg bekam die Speed Twin im neuen Werk in Meriden (das alte war im Krieg zerstört worden) eine Teleskopgabel und etwas später einen gefederten Rahmen.

96 Elegant, kompakt, leicht: Die Speed Twin 500 wurde für Triumph zum Meilenstein. Die erste Version dieses bemerkenswert handlichen und schnellen Motorrads kam für 74 britische Pfund in den Handel.

97 Das Herzstück des Motorrads war der von Edward Turner entworfene Zweizylinder: kompakt, robust, schlicht und doch ungemein leistungsfreudig.

MOTO GUZZI CONDOR

1939

Eine echte Rennmaschine – mit Beleuchtung, Nummernschild und Ständer für den täglichen Einsatz auf der Straße. Die Condor 500 von Moto Guzzi ist noch heute eines der begehrtesten Modelle des Motorradherstellers aus Mandello.

Das Licht der Welt erblickte sie 1939, wenige Jahre nach der Erfindung der Rennen, zu denen nur Serienmotorräder zugelassen waren. Dieser Weg war einerseits eingeschlagen worden, um den immer höheren Kosten für Rennmotorräder entgegenzuwirken, andererseits sollten dadurch allen Teilnehmern die gleichen Bedingungen gegeben werden. Bei Moto Guzzi, wo man traditionell besonderes Augenmerk auf den Rennsport legte, war man darauf vorbereitet. Anfänglich adaptierte man bereits bestehende Modellreihen und realisierte, ausgehend von der robusten V-Serie, deren Produktion 1933 aufgenommen wurde, die schöne Gran Turismo Corsa (GTC) mit den originellen hohen Auspuffrohren. Als man erkannte, dass ein spezifischeres Produkt vonnöten war, das noch leistungsstärker und leichter sein sollte, wurde die Condor entwickelt.

Auf den ersten Blick schien das Motorrad nichts Neues zu bieten, doch dem aufmerksamen Expertenauge entgingen die zahlreichen wichtigen Änderungen, die der Hersteller mit dem Adlerlogo vorgenommen hatte, keineswegs. Das Fahrwerk war eine Weiterentwicklung aus der 250er, die auf Rennstrecken keine Unbekannte war. Der Motor war der übliche liegende Einzylinder; allerdings war das Gehäuse aus Elektron (eine Magnesiumlegierung), die Motorwelle aus Sonderstahl, und das Kupplungsgetriebe hatte Dauereingriffsräder; zudem war beim Primärantrieb die Schrägverzahnung durch geradverzahnte Zahnräder ersetzt worden. In Zahlen bedeutete dies: 140 kg Gewicht für die Straßenversion mit Beleuchtung und allem, was sonst laut Straßenverkehrsordnung vorgeschrieben war, 28 PS bei 5000 U/min und etwa 160 km/h Höchstgeschwindigkeit. Einziger Schmerzpunkt für die damaligen Sportmotorradfans: der Preis von 11 000 Lire – fast das Doppelte dessen, was man für eine gute Halblitermaschine bezahlte.

100–101 Geringes Gewicht, gutes Handling, aber auch Tempostärke und Robustheit zeichneten die Moto Guzzi Condor aus. Die Lackierung war im klassischen Guzzi-Rot gehalten, die Tankverkleidungen in Amarant.

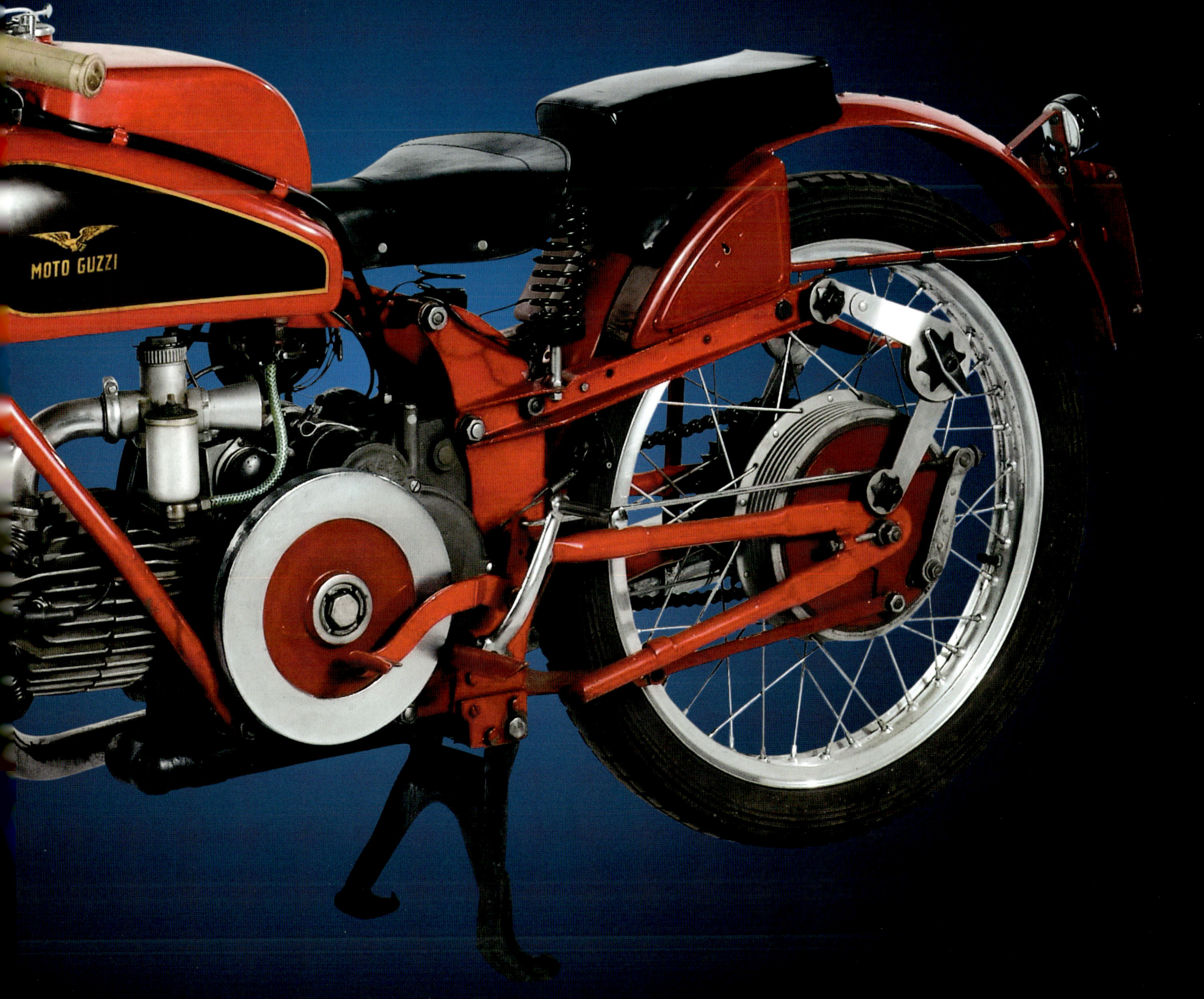
MOTO GUZZI

DKW RT 125

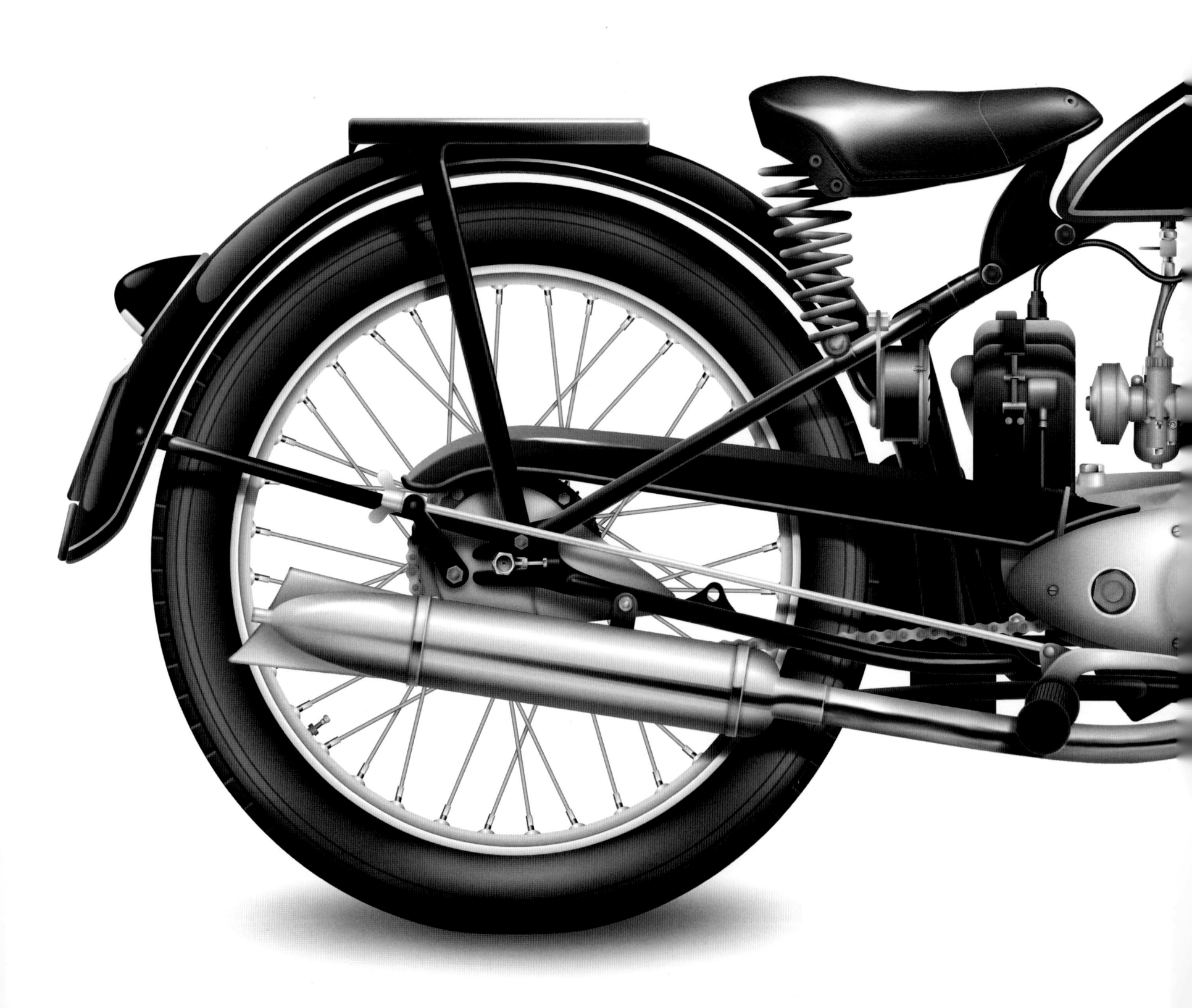

1939

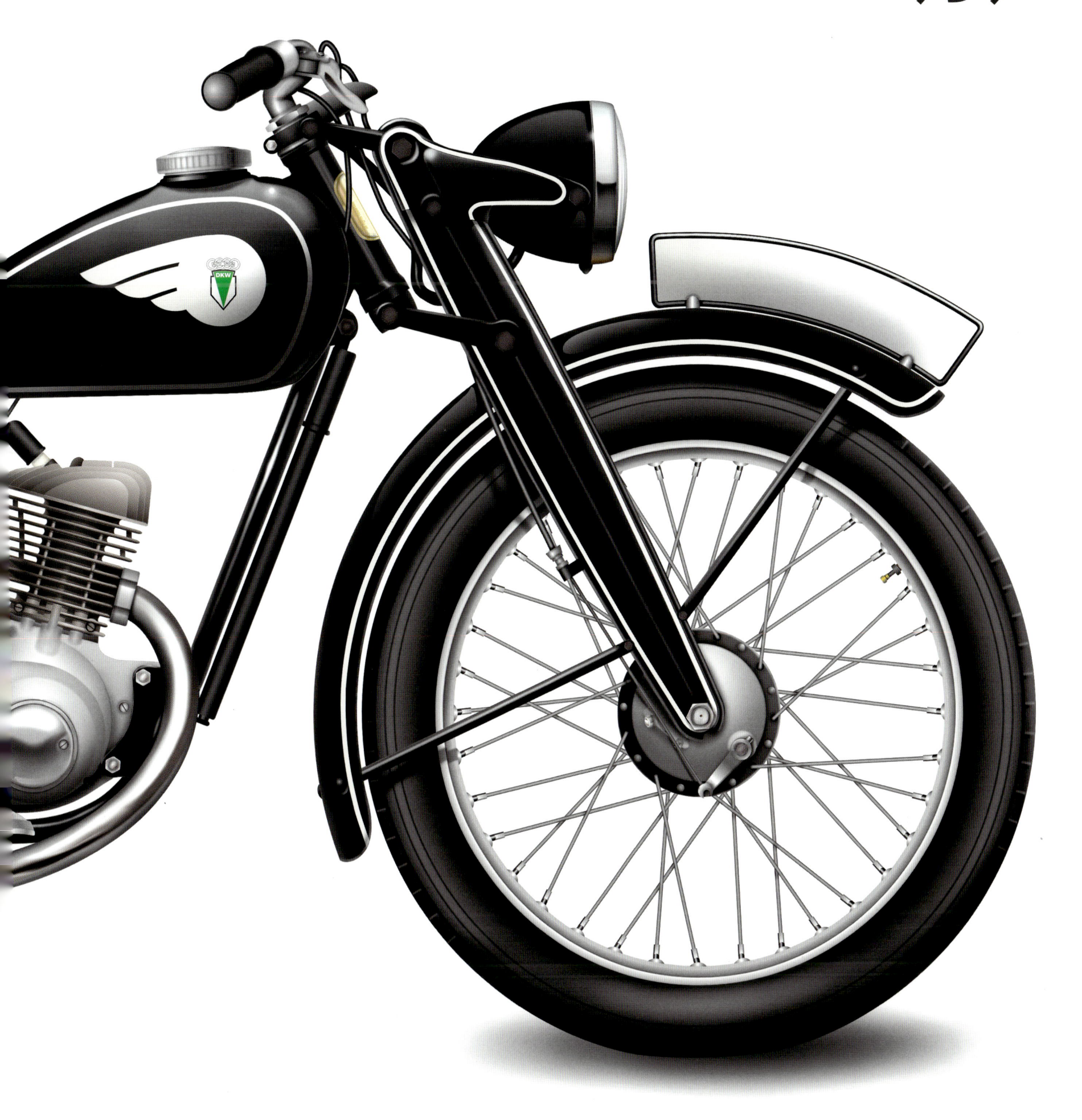

Die kleine 125er von DKW kann zu Recht als das meistkopierte Zweitaktmotorrad der Welt angesehen werden. Italiener, Briten, Amerikaner und viele andere bauten Kleinmotorräder, die entweder regelrechte Kopien der DKW oder dieser zumindest nachempfunden waren. Das ebenso schlichte wie robuste und ökonomische Gefährt inspirierte etliche Konstrukteure, die auf dem Zweiradsektor mit etwas Kleinem, aber Solidem und Sicherem, Fuß fassen wollten. Der Motor der DKW wurde unzählige Male ausgebaut und von den Experten unter die Lupe genommen, um gleich (bzw. leicht modifiziert, aber selten optimiert) nachgebaut zu werden.

Untrennbar verbunden war und ist der Name DKW mit dem Zweitaktmotor, denn der deutsche Hersteller glaubte stets felsenfest an diese Art der Motorisierung. Und das von Anfang an – sprich: seit dem Jahr 1919, als DKW begann, Motorräder zu bauen. Im Vergleich zu einem Viertakter war der Zweitaktmotor kostengünstiger in der Fertigung, hatte weniger Gewicht und bot bei gleichem Hubraum mehr Leistung, sofern er fachgerecht ausgeführt war. Es stimmt zwar, dass er qualmte und mehr Sprit verbrauchte, doch da er einfacher konstruiert war, genügte ein Mindestmaß an Mechanikkenntnissen, um ihn zu reparieren.

Jörge Skafte Rasmussen, der Gründer von DKW, erkannte intuitiv die Notwendigkeit, ein Kleinmotorrad mit diesen Merkmalen zu schaffen, das für die breite Masse erschwinglich war. In der zweiten Hälfte der 1930er-Jahre gab er den Startschuss für die Entwicklung der RT 125. Chefkonstrukteur war Hermann Weber. 1939 kam die RT 125 auf den Markt und überzeugte als ausnehmend einfaches, funktionelles, effizientes und vor allem günstig gefertigtes und dadurch auch preiswert angebotenes Motorrad. Man hatte die Zielsetzung erreicht, und der Erfolg ließ nicht auf sich warten.

Da das DKW-Werk in der sowjetischen Zone lag, wurde es nach dem Zweiten Weltkrieg zum Teil abgebaut: Anlagen und Techniker wurden nach Russland verfrachtet, womit das Phänomen der „Klone" auch in die Sowjetunion gelangte.

104 OBEN VERGNÜGLICHE AUSFAHRTEN SIND AUCH ZU ZWEIT MÖGLICH, SO DIE BOTSCHAFT DIESER SYMPATHISCHEN WERBUNG AUS DEM JAHR 1940.

104–105 DKW, DEREN ZWEITAKTMOTOREN JAHRELANG DAS MASS DER DINGE WAREN, ZÄHLTE ZU DEN PIONIEREN IM EINSATZ VON EINLASSSCHLITZEN FÜR DIE SERIENMODELLE UND VON DOPPELKOLBEN FÜR DIE RENNMASCHINEN.

105 DIESE DKW-WERBUNG VON 1925 WURDE VON DEM GRAFIKER UND MALER LUDWIG HOHLWEIN GESTALTET.

GILERA SATURNO 500

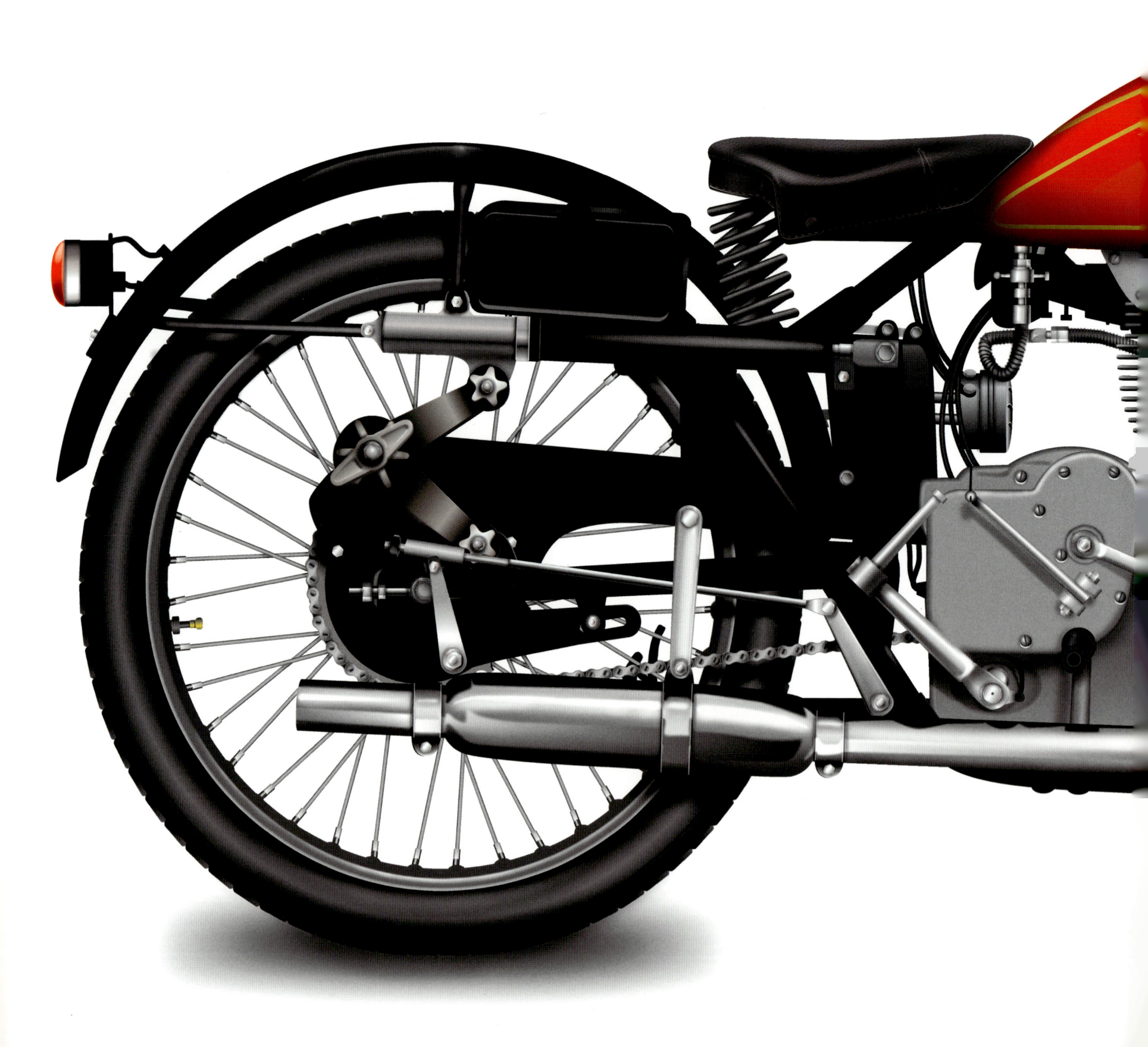

1940

108 OBEN BESCHLEUNIGUNGSVERMÖGEN, HANDLICHKEIT UND STABILITÄT WAREN DIE HAUPTMERKMALE ALLER SATURNO-VERSIONEN (TOUREN-, MILITÄR-, SPORT-, RENN- UND GELÄNDEMODELLE). DIESES FOTO ZEIGT DIE SCHEINWERFERLOSE RENNMASCHINE.

Bei einem unverkleideten Motorrad wird ein Gutteil der Ästhetik vom Design des Motors bestimmt. Aus genau diesem Grund war die Gilera Saturno für viele ein Gefährt von erhabener Schönheit, ein klassisch-schlichtes Motorrad, das faszinierte und imponierte. Außerdem galt die Saturno in den 1940er- und 1950er-Jahren bei vielen Rennen als kaum zu schlagender Gegner, denn sie war obendrein schnell, vor allem in der Sportversion.

Eine solche durfte in der Produktpalette des Herstellers nicht fehlen, da Firmengründer Giuseppe Gellera selbst Rennfahrer war. Der in der lombardischen Tiefebene geborene Gellera entdeckte schon früh sein Faible für Mechanik. In die Branche stieg er ein, indem er Motorräder verschiedener Marken präparierte und mit diesen Rennen fuhr. Dank zahlreicher Siege konnte er eine beträchtliche Summe zur Seite legen. 1909 beschloss er, sich selbstständig zu machen und in seiner Werkstatt in Mailand Motorräder zu bauen. Gleichzeitig änderte er seinen Familiennamen von Gellera auf Gilera, was seiner Ansicht nach schöner klang.

Sein erster Entwurf war eine 317-ccm-Einzylindermaschine, deren zahlreiche Merkmale sich in sämtlichen nachfolgenden Modellen wiederfinden sollten, etwa der mittig im Rahmen montierte Motor oder die breite Berippung des Zylinders. Das kleine Meisterwerk brachte Gilera die ersten

Lorbeeren ein, und mit wachsendem Erfolg kamen immer neue Modelle heraus, die alle den Prinzipien des Firmengründers treu blieben: Sein Credo lautete Schlichtheit, denn schlichte Dinge sind schön und außerdem leicht zu reparieren.

Bald reichte der Platz in der kleinen Mailänder Werkstatt nicht mehr, und Gilera musste umziehen. Als neuen Standort wählte er das Dorf Arcore, in der Nähe von Monza, der Stadt mit dem Motodrom. Dort entstanden die ersten 500-ccm-Einzylinder (anfangs mit Seitenventilen, später mit OHV-Steuerung) und die ersten Rennmaschinen, die dem Hersteller Renommee und Ruhm einbrachten. Kurz vor dem Zweiten Weltkrieg wurde eine der besten Gileras für den Endverbrauchermarkt gebaut, die Saturno 500. Der Ingenieur Giuseppe Salmaggi hatte in Gileras Auftrag ein klassisches, konventionelles Motorrad von betörender Schönheit entwickelt. Die Saturno wurde eine von Giuseppe Gileras Lieblingsmaschinen, obwohl sie ein anderer entworfen hatte.

Doch erst die Nachkriegszeit brachte der schweren Maschine aus Arcore die größten Erfolge. Abgesehen von ihrer faszinierenden Gesamterscheinung, lag das Geheimnis der Saturno in ihrem „Wesen": Der Einschleifenrahmen konnte ebenso überzeugen wie die Bremsen und die Aufhängungen, die mit den Jahren immer besser wurden (ab 1950 wurde eine Teleskopgabel montiert, 1951 wich die Hinterradaufhängung mit horizontalen Federn einer herkömmlicheren Schwinge mit hydraulischen Dämpfern). Das Glanzstück blieb jedoch der Motor, eine Art mechanisches Kunstwerk: Mit seinem langen Hub (Bohrung mal Hub 84 x 90 mm), dem knappen halben Liter Hubraum und den oben liegenden Ventilen war er eine Weiterentwicklung des 500-ccm-Bravourstücks, das als „Otto Bulloni" bekannt geworden war. Neu war das Vierganggetriebe in Blockbauweise, das sich durch exzellente Bedienbarkeit auszeichnete.

Die Gilera Saturno 500 bewährte sich und wurde über die Jahre in zahlreichen Varianten gebaut. Von den bekanntesten Versionen erwähnt seien die Tourenmaschine, das Rennmodell und die Geländemaschine.

108–109 Die Linie der Saturno war ausgesprochen sauber, harmonisch, sanft und ausgewogen. Eine klassische Schönheit. Zu Ruhm und Erfolg gelangte die vor dem Zweiten Weltkrieg entwickelte Maschine ab 1946.

PIAGGIO VESPA 98

1946

Als der Zweite Weltkrieg vorüber war, stand Enrico Piaggio vor zwei Problemen: Die Fabrik in Pontedera musste wiederaufgebaut und die Produktion auf etwas umgestellt werden, das der Allgemeinheit diente und gut verkäuflich war.

Der Name Piaggio war in der italienischen Industrie damals schon gut bekannt. Enricos Vater Rinaldo, ein renommierter Genueser Reeder, hatte in den Jahren davor ein florierendes Unternehmen aufgebaut, das sich zuerst auf den Schiffbau konzentrierte, dann den Schwerpunkt auf Eisenbahnwagen und Flugzeuge legte. Nach dem Tod des Vaters 1938 musste der 1905 geborene Enrico das Erbe antreten und nach dem Krieg die erwähnten Zukunftsentscheidungen treffen. Seine Marktanalyse ergab, dass in Italien Bedarf an einem sparsamen Transportmittel bestand, welches der Nation half, sich wieder aufzurappeln.

Es musste ein Fahrzeug her, das eine breite Zielgruppe – Männer, Frauen, ältere Leute – ansprach, aber kein Motorrad sein sollte. Letzteres galt nämlich als zu „selektiv": Frauen, falls sie überhaupt Motorrad fahren wollten, hatten mit den Röcken Probleme beim Aufsteigen, und auch Menschen, die aufgrund ihres Alters in ihrer Mobilität eingeschränkt waren, hatten Schwierigkeiten, in den Sattel zu kommen. Außerdem waren Motorräder, zumindest solche ohne Seitenwagen, selbst für den Transport von kleineren Gegenständen ungeeignet, was in der Nachkriegszeit indes häufig als Notwendigkeit angesehen wurde. Das neue Beförderungsmittel musste daher ein Roller sein. Etwas Ähnliches hatte man in der Zwischenkriegszeit schon gesehen, doch hatte sich der Erfolg aufgrund diverser Faktoren nicht eingestellt.

Allerdings lagen bereits einige überzeugende Lösungen vor, etwa die geschützte Position des Fahrers, das einfache Handling oder das problemlose Aufsitzen. Diese Inputs gab Enrico Piaggio an den genialen Ingenieur Corradino d'Ascanio weiter, der in den frühen 1930er-Jahren bei Piaggio Aero Industries tätig gewesen war.

Der „Moto-Scooter 98 cc", so die Bezeichnung, nahm 1945 Gestalt an. Im Jahr darauf wurde mit der Serienfertigung des Rollers mit dem Namen Vespa begonnen. Die selbsttragende Karosserie bestand aus Stahlblech; der Motor, ein Zweitakter mit einem liegenden Zylinder, war zur Gänze verbaut und rechts am Hinterrad montiert; so konnte die Bewegung direkt, ohne Kette oder Welle, vom Getriebe auf das Rad übertragen werden.

Nicht zuletzt aufgrund der kleinen Räder war der Roller niedrig. Da sich vor dem Sitz kein Rahmenteil oder Tank befand, fiel das Aufsteigen leicht, und dank des großen Schilds saß man geschützt. Hatte man sich mit der links angeordneten Dreigang-Handschaltung einmal vertraut gemacht, wurde das Fahren zum Kinderspiel. Eine weitere Finesse waren die einfach und rasch zu wechselnden, untereinander austauschbaren Reifen.

Das für 55 000 Lire in den Verkauf gebrachte Gefährt verzeichnete einen unglaublichen Erfolg, da es sich nicht nur als praktisch, sondern auch als robust und sparsam erwies. Außerdem konnte man die Vespa mit allem Möglichen beladen; zwischen den Beinen war Platz genug für Säcke mit Mehl, Zement und anderem mehr. Und hinter der Sitzbank konnte man einen zusätzlichen Sitz für einen Beifahrer bzw. Gepäckstücke montieren.

Ein weiterer Faktor, der maßgeblich zum Erfolg der Vespa beitrug, war das flächendeckende Händler- und Werkstättennetz, das anfangs in ganz Italien und mit zunehmender Verbreitung auch im Rest der Welt aufgebaut wurde. Der Siegeszug war gewaltig: 1956, nur zehn Jahre nach der Geburt des Rollers par excellence, lief bei Piaggio die millionste Vespa vom Band.

112 Dieses Foto wurde 1950 in der Karosserie-Abteilung von Piaggio aufgenommen. Man beachte die riesigen Pressen und Scheren zum Biegen und Schneiden der Bleche.

113 oben Ein Piaggio-Werksfahrer beim Testen des ersten dreirädrigen Fahrzeugs, das sich aus der Vespa entwickelte, auf einer Treppe. Wir schreiben das Jahr 1947.

113 unten Einfach genial. Die erste Vespa hatte Achtzollreifen, die auf zerlegbaren Blechfelgen montiert und bei einer Reifenpanne einfach und rasch zu wechseln waren.

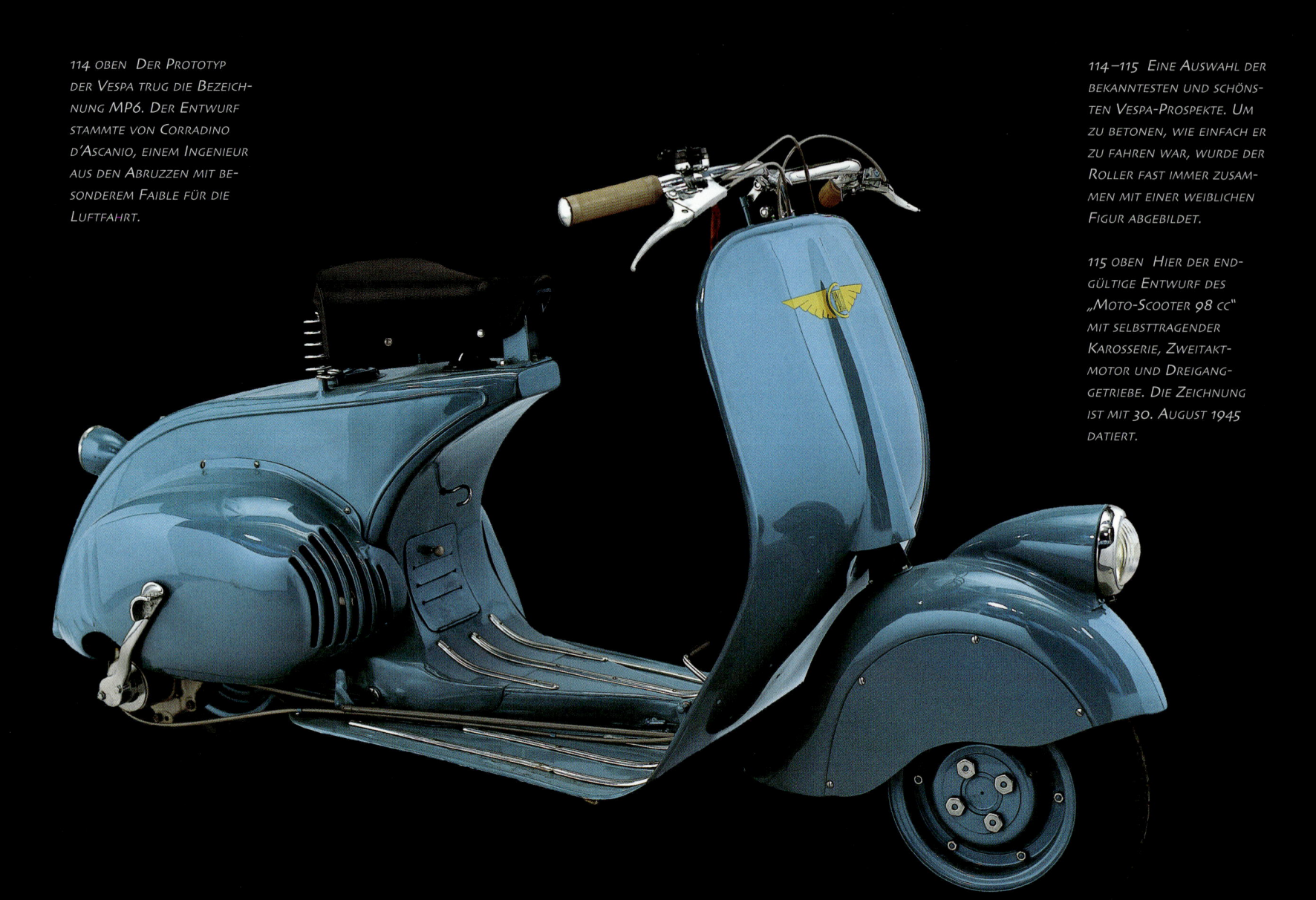

114 oben Der Prototyp der Vespa trug die Bezeichnung MP6. Der Entwurf stammte von Corradino d'Ascanio, einem Ingenieur aus den Abruzzen mit besonderem Faible für die Luftfahrt.

114–115 Eine Auswahl der bekanntesten und schönsten Vespa-Prospekte. Um zu betonen, wie einfach er zu fahren war, wurde der Roller fast immer zusammen mit einer weiblichen Figur abgebildet.

115 oben Hier der endgültige Entwurf des „Moto-Scooter 98 cc" mit selbsttragender Karosserie, Zweitaktmotor und Dreiganggetriebe. Die Zeichnung ist mit 30. August 1945 datiert.

Versatility...
VESPA... with side car... for taking the children to school... to parties or just a local turn for relaxation and fun.

Picnics...
VESPA — Yep... just grab a basket and m'lady rides astern... or perhaps takes her turn "Driving" to the favorite lake, mountain, or river picnic spot.

Shoppers...
VESPA for Shoppers! All over the world Vespa folks find they save time and trouble... going to market... parking there and getting back home too! Packages go "Inside" the trunk... on top of the back seat.

Sports...
VESPA... To the links... the lakes... the lagoon... golfers... fishermen, hunters too... pack your gear... any time of year, and off you go where you want to go via your wonderful Multi-Duty VESPA.

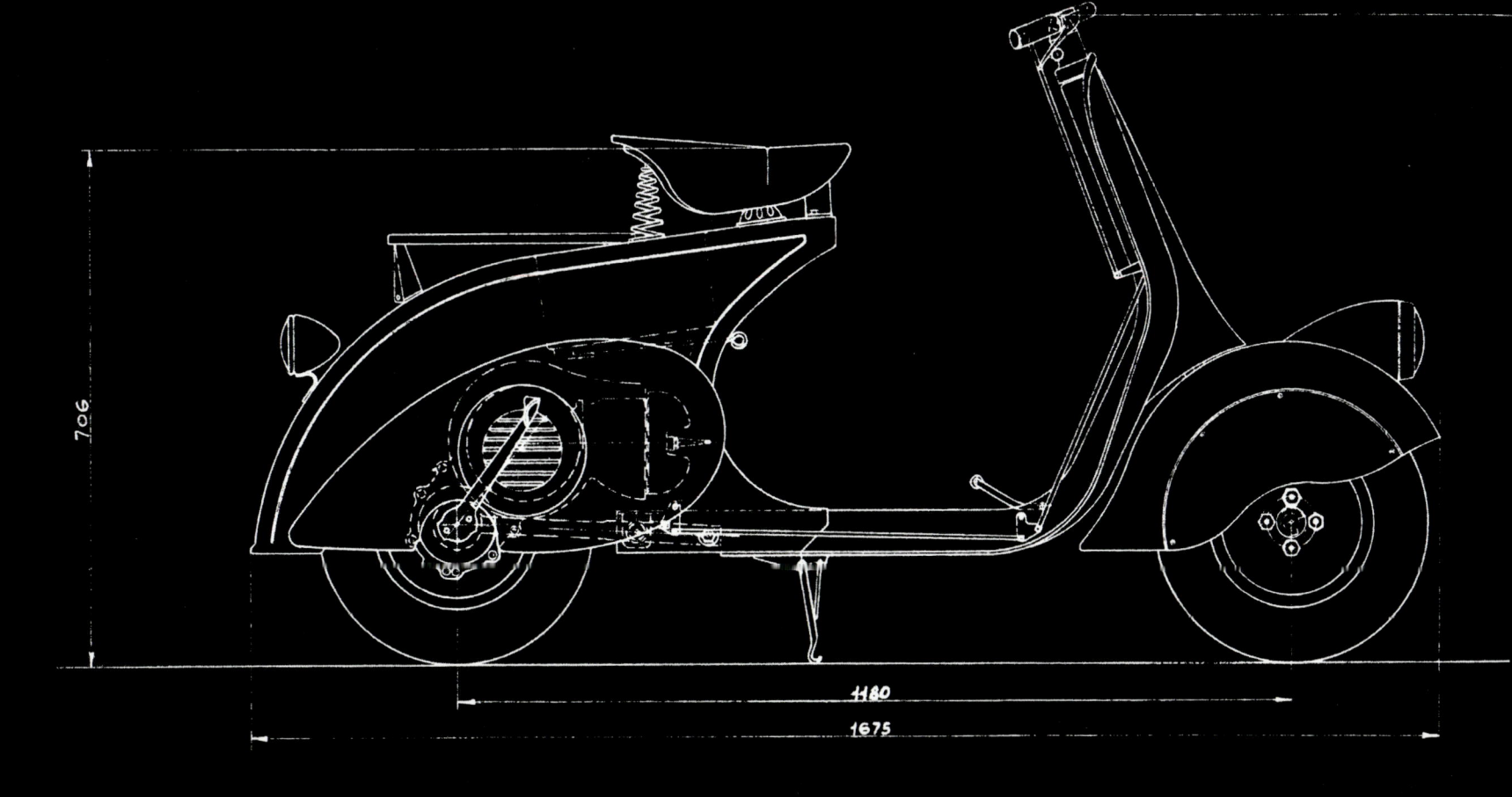

CARATTERISTICHE PRINCIPALI

TELAIO : — Scocca portante, a forma aperta e carenata; completata per funzione protettiva da uno scudo anteriore e da una pedana
— Sacche laterali per copertura motore e per vano porta-oggetti
— Parafango con faro

MOTORE : — A due tempi, da 98 c.c., con cambio a tre marce incorporato e trasmissione

30-8-45

PROGETTO DI MOTO-SCOOTER 98c

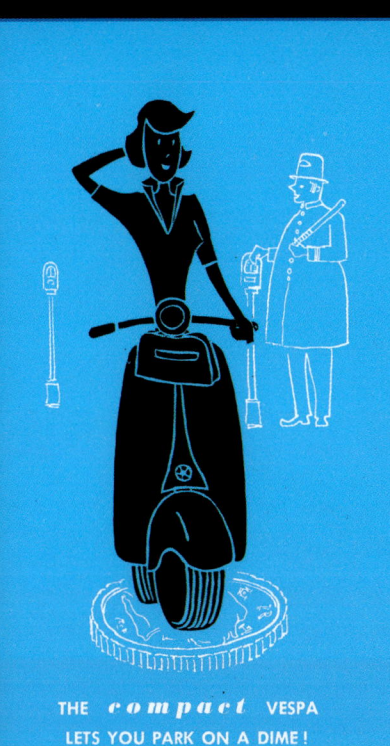

THE *compact* VESPA LETS YOU PARK ON A DIME!

Vespa SERVICE

And... We nearly forgot about maintenance, ...'cause your VESPA needs so little... IT'S SO SIMPLE!

VESPA MEANS...

COMFORTABLE RIDING
AMPLE SPEED (TO 50 MPH)
ECONOMY 100 MILES PER GAL.
LIGHT WEIGHT 198 LBS.
PEDAL & HANDLE BAR BRAKES

FOLKS ALL OVER THE WORLD KNOW THAT VESPA IS THE "BUY-WORD" FOR SIMPLIFIED MULTI-PURPOSE... FUN TRANSPORTATION.

SOLEX VELOSOLEX 49

1946

Einen ihrer ersten Auftritte hatte die französische Schauspielerin Brigitte Bardot im Film „Le trou Normand" von 1952. Eine weitere Hauptrolle spielte darin ein sympathisches Mofa namens Velosolex, das wie der Citroën 2 CV zu einem Symbol Frankreichs avancierte. Musiker wie Charles Aznavour und Sylvie Vartan und Filmstars wie Honor Blackman und Fernand Raynaud wurden mit diesem ungewöhnlichen Transportmittel verewigt, das noch heute Millionen Fans begeistert.

Das in seiner Schlichtheit geniale Mofa des Herstellers Solex entstand als Fahrrad mit Hilfsmotor, war einfach zu fahren und in Verbrauch und Erhaltung äußerst wirtschaftlich. Es hat sein Aussehen über die Jahre nie verändert, wurde weder größer noch zu einem Moped oder gar zu einem Motorrad aufgerüstet. Das Velosolex blieb das, was es sein wollte, und errang die Gunst eines Millionenpublikums. Entworfen von Marcel Mennesson und Maurice Goudard, kam es 1946 auf den Markt. Damals, kurz nach dem Krieg, war der Wunsch nach Mobilität groß, aber das Geld knapp. Italien reagierte darauf als eines der ersten Länder mit fahrbaren Untersätzen wie dem Cucciolo, dem Mosquito und anderen mehr. Diesen war jedoch kein so langes Leben und vor allem keine so flächendeckende Verbreitung beschert wie ihrem französischen Konkurrenten Velosolex. Das „Fahrrad, das von alleine fährt", wie es in der Werbung hieß, wurde in alle Welt exportiert (oder in Lizenz gefertigt), nach Indien, Japan und Brasilien.

Das Geniale an diesem Mofa war, wie erwähnt, das schlichte Design: In den Rahmen, im Grunde kaum mehr als ein herkömmlicher Fahrradrahmen, wurde vorne ein 49-ccm-Zweitaktmotor eingebaut; die ersten Modelle hatten gerade mal 0,5 PS und erreichten 25 km/h. Doch dieser Motor war unverwüstlich, und mit einem Liter Gemisch konnte man locker 70 km zurücklegen. Die Kraftübertragung erfolgte mittels einer Reibrolle auf dem Vorderreifen, wozu ein Hebel am Lenker gezogen werden musste.

118 Studenten und Arbeiter fuhren es täglich. Stars wie Brigitte Bardot drehten mit ihm Filmszenen. Das Velosolex machte Furore.

119 Dieses Szenenbild stammt aus dem französischen Film „Mon Oncle" (1958) mit Jacques Tati und Alain Becourt. Am Vorderrad des Velosolex ist der klassische Metallkanister mit Reservetreibstoffgemisch befestigt.

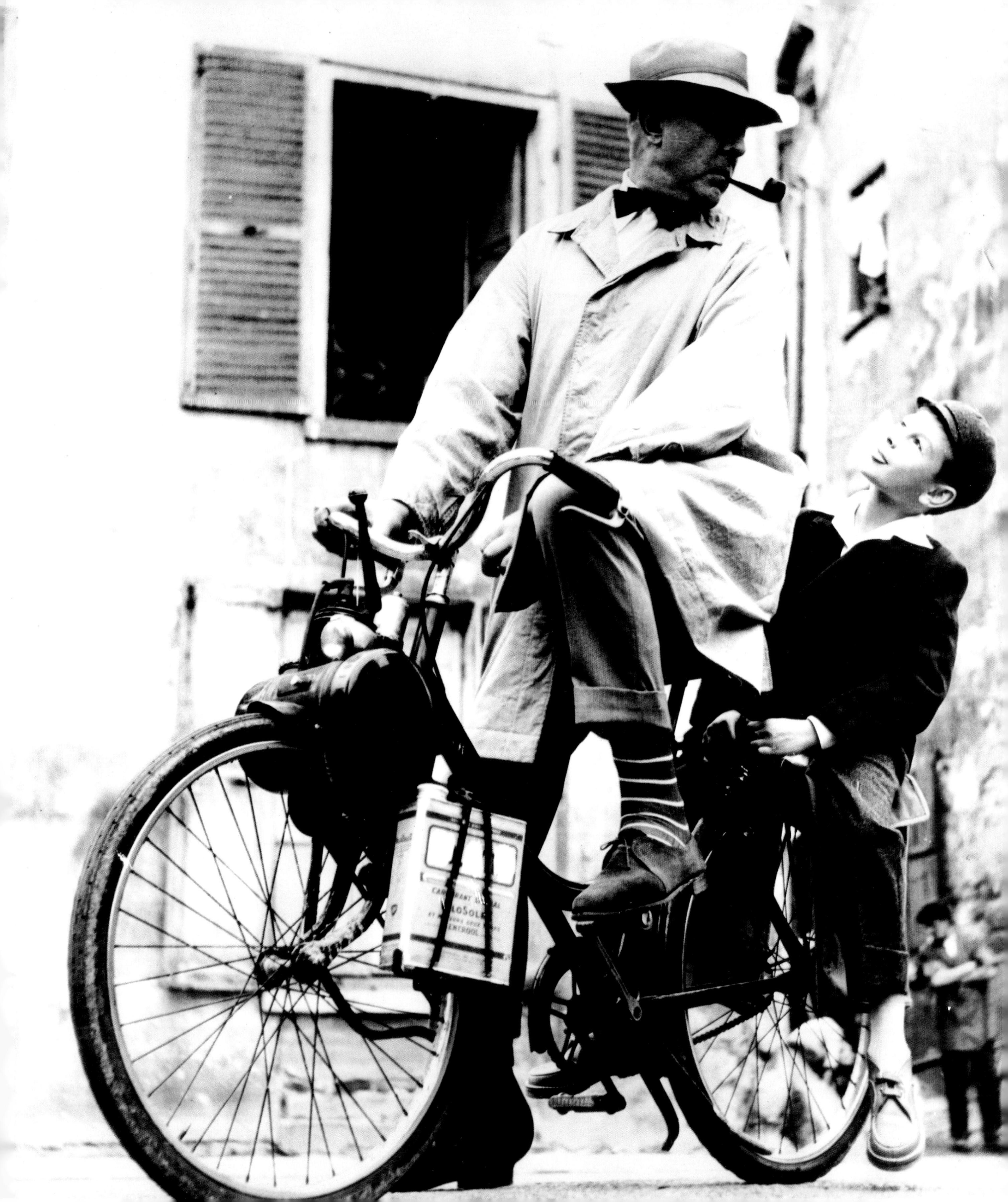

INNOCENTI LAMBRETTA 125 A

1947

Die beiden populärsten Motorroller der Nachkriegszeit standen jahrelang in Konkurrenz zueinander, sie hatten jedoch eine sehr ähnliche Entstehungsgeschichte. Wie die Vespa wurde auch die Lambretta nach dem Krieg entwickelt, weil die Produktion umgestellt und etwas Neues realisiert werden musste, das den Bedürfnissen der langsam zur Normalität zurückkehrenden italienischen Bevölkerung Rechnung trug.

Ferdinando Innocenti war ein fähiger Industrieller mit toskanischen Wurzeln, der sich in Rom als Hersteller von Rohren und Klemmen für Metallgerüste, die in der Baubranche Verwendung fanden, etablierte. Die Geschäfte liefen so gut, dass Innocenti Anfang der 1930er ein weiteres Werk im Mailänder Stadtteil Lambrate errichtete. Mit dem Ausbruch des Kriegs sattelte sein Betrieb von Stahlrohren auf die Erzeugung von Projektilen um.

Als findiger Unternehmer mit Weitblick dachte Innocenti bereits 1944 über den Krieg hinaus, denn allein mit der Herstellung von Stahlrohren für Gerüste würde der mittlerweile große Betrieb nicht aufrechtzuerhalten sein. So kam die Idee auf, ein erschwingliches Transportmittel zu konstruieren: einen Motorroller.

Anregung dazu gaben auch die vielen kleinen Mopeds, die von den amerikanischen und britischen Besatzungstruppen in Italien verwendet wurden. Besonders angetan war Ferdinando von dem in Nebraska gebauten Cushman-Scooter: Dieser war einfach und stabil gebaut, sparsam im Verbrauch, hatte kleine Räder und einen starken Motor.

Nachdem Innocenti die durch Bombenangriffe zerstörten Fabrikanlagen in Lambrate wiederaufgebaut hatte, betraute er Pier Luigi Torre mit der Realisierung eines Massentransportmittels. Der aus Rom stammende Ingenieur der Mechanik mit Spezialgebiet Flugzeugbau machte sich sogleich ans Werk und brachte seine langjährige Erfahrung in den Entwurf des Motorrollers ein, der 1947 Serienreife erlangte. Als er in Produktion ging, begannen die Jahre der mehr oder weniger manifesten Rivalität mit der Vespa.

Beide waren Scooter, beide boten aufgrund des Beinschilds Schutz, waren einfach zu fahren und zu beladen. Dennoch gab es eklatante Unterschiede. Die Lambretta war klein, aufgrund der Siebenzollräder niedrig und hatte keine Radaufhängung; ihr Rahmen bestand aus gepressten Blechteilen und Rohren; beim unverkleideten Motor handelte es sich um einen 125-ccm-Zweitakter, der im Unterschied zur Vespa nicht seitlich, sondern mittig, genau unter dem Sattel, positioniert war. Diese Lösung, die eine nahezu perfekte Gewichtverteilung garantierte, schürte unzählige Debatten zwischen den Verfechtern der beiden Roller. Sehr viel komplexer und teurer war auch der Sekundärantrieb der Lambretta, der eine Gelenkwelle vorsah. Außerdem wurden die drei Gänge des Getriebes mittels Fußschaltung betätigt.

Als der Roller Ende 1947 in den Verkauf gelangte, fand er anfänglich keinen großen Beifall. Die Verkaufszahlen stiegen jedoch, als im Jahr darauf die mit Radaufhängungen, breiteren Reifen und Handschaltung ausgerüstete Version B herauskam. Auf die erste vollverkleidete Lambretta musste man bis 1950 warten, als die Serie C erschien: Die neuen Roller hatten Stahlrohrrahmen und eine andere Vorderradaufhängung, waren leichter und sparsamer; vor allem aber waren sie wahlweise in der Luxusversion (LC) mit Vollverkleidung erhältlich. Der Wettkampf mit Piaggio hatte gerade erst begonnen, der Höhepunkt stand noch bevor. In der zweiten Hälfte der 1950er-Jahre kam das Sportmodell TV 175 auf den Markt. Es war zwar nicht so elegant und handlich wie die Vespa GS 150, aber stabiler und schneller.

122–123 1951 ENTWICKELTE SICH DER MAILÄNDER ROLLER NOCH EIN STÜCK WEITER. ES KAMEN DIE VERSIONEN D UND LD (LETZTERE MIT VOLLVERKLEIDUNG), DIE NEUE AUFHÄNGUNGEN UND STÄRKERE MOTOREN HATTEN.

123 FREIHEIT UND UNBESCHWERTHEIT VERMITTELT DAS BILD DIESES JUNGEN COWBOYS IM SATTEL EINER DER ERSTEN LAMBRETTAS. IN DER WERBUNG FÜR SEINE ROLLER SETZTE DER HERSTELLER AUS LAMBRATE HÄUFIG AUF FRAUEN UND KINDER.

124–125 Da sie viel Platz bot, war die Lambretta (wie auch die Vespa) nicht nur ein ideales Transportmittel zu Arbeitszwecken, sondern auch für sonntägliche Picknicks.

125 oben Dieses Foto, das in den 1950er-Jahren im Mailänder Innocenti-Werk entstand, zeigt die hochmoderne Montage der Lambretta, hier in der vollverkleideten Version.

125 unten Ab Anfang 1950 wurde neben der Baureihe C die erste vollverkleidete Lambretta LC mit Stahlrohrrahmen, neuer Gabel und einer kleineren Farbpalette in Serie gefertigt.

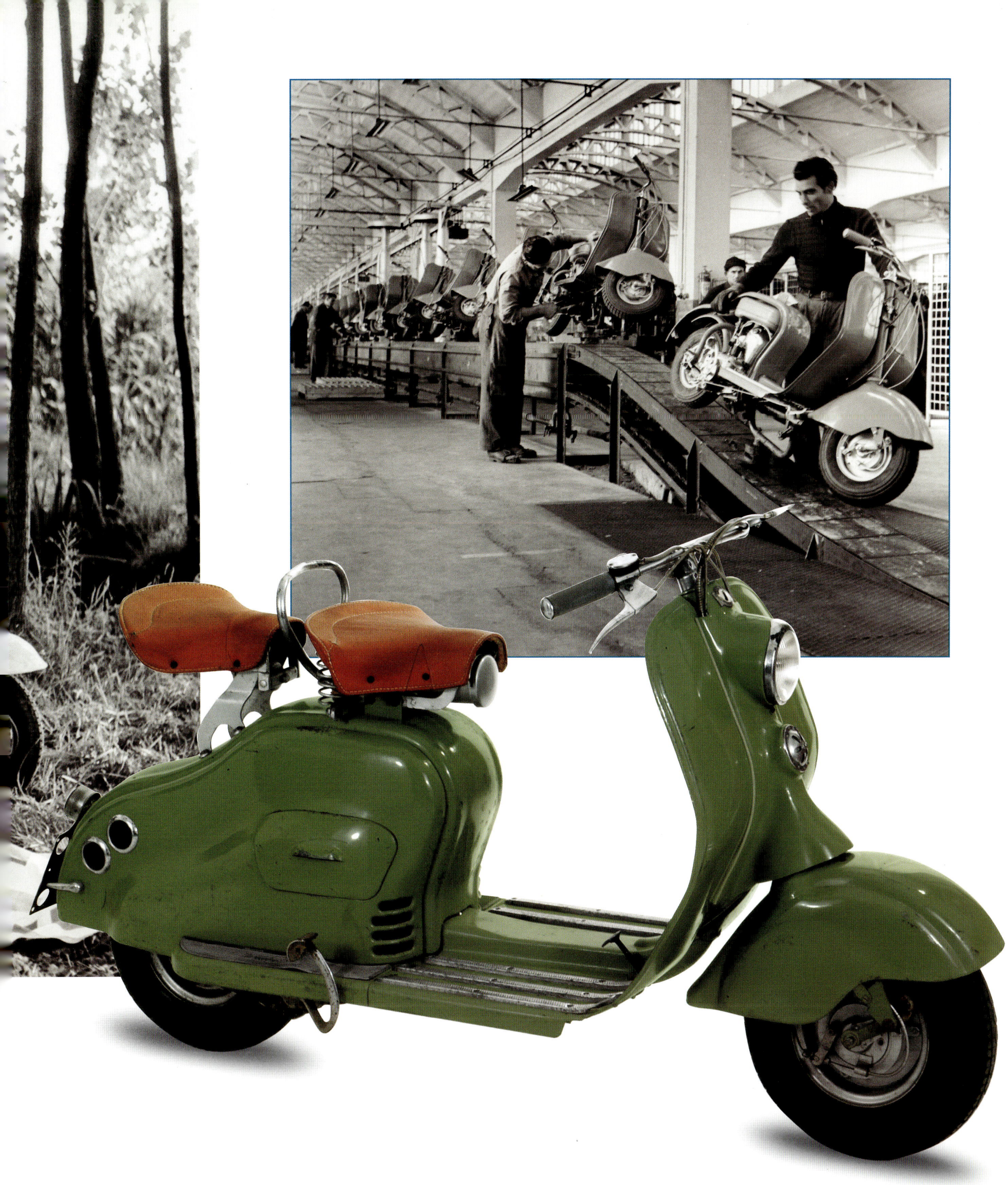

IMME R 100

1949

Originell wie wenige, innovativ wie keine andere, verdankte die kleine Imme ihre Popularität den technischen Kuriositäten, die ihr Erfinder Norbert Riedel anwandte. Popularität bedeutet jedoch nicht immer Erfolg. Dieser stellte sich für die Imme (wie für andere Motorräder, die ihrer Zeit zu weit voraus waren) nämlich nicht ein, zumindest nicht in dem vom Konstrukteur erhofften Maße.

Sie blieb jedoch in den Herzen vieler Fans, vor allem wegen einiger Finessen wie dem Einrohrrahmen und dem mitfedernden Motor, die Jahre später von anderen übernommen wurden. Die Geschichte der Imme begann mit Riedels Absicht, ein praktisches und einfaches, aber originelles Kleinmotorrad zu realisieren. Nachdem er für einige andere Hersteller gearbeitet hatte, machte sich der findige Techniker in Immenstadt (daher der Name Imme) selbstständig und begann 1949 in einer ehemaligen BMW-Lagerhalle, seine Ideen umzusetzen. Um Kosten und Gewicht zu sparen, entschied er sich für die einfache Einrohrrahmenbauweise – was im Grunde nichts Neues war.

Neu hingegen waren die einarmige Vorderradgabel und die ebenfalls einarmige Hinterradschwinge, was ein besonders rasches Wechseln der baugleichen und somit untereinander austauschbaren Räder ermöglichte.

Noch interessanter aber war der Mittelteil der Maschine: Der Motor war auf der langen Hinterradaufhängung verankert und bewegte sich folglich mit der Schwinge mit.

Letztere war innen hohl und diente gleichzeitig als Auspuffrohr. Einer der Vorteile dieser Lösung war, dass die Kette auch bei wechselndem Federweg ständig gespannt war. Entsprechend schlicht, aber keineswegs unoriginell war auch der kleine Zweitaktmotor mit einem liegenden Zylinder, kurzem Hub und 99 ccm Hubraum, der etwa 5 PS leistete und das Leichtkraftrad (das mit weniger als 60 kg wirklich leicht war) eine Spitzengeschwindigkeit von fast 80 km/h erreichen ließ.

128 Die kleine Imme R 100 zeigte trotz ihres grazilen Erscheinungsbilds nie Schwächen. Auch dann nicht, wenn ihre Besitzer sie bei Ausflügen ins Gelände über die Massen strapazierten.

129 links Von vorne betrachtet, ist die kompakte Bauweise der R 100 gut zu erkennen. In puncto Wendigkeit stand das Motorrad einem Moped in nichts nach.

129 RECHTS OBEN Der Motor mit Dreiganggetriebe war dank Blockbauweise sehr kompakt und robust. Eine weitere Besonderheit war seine Eiform. Ebenso originell wie effizient: die Hinterradschwinge.

129 RECHTS UNTEN Dank einseitiger Aufhängung liessen sich die Räder in Nullkommanichts wechseln. Riedel hatte auch die Möglichkeit vorgesehen, an der linken Seite des Gepäckträgers ein Ersatzrad anzubringen.

Imme R 100

The Imme R 100 Lightweight Motor Cycle easily matches the demands of the discriminating rider for performance, reliability, comfort and economy, at a price well within reach of most.

Norbert Riedel, well known for many years as a designer of motor cycles, this time resolutely has swept aside preconceived and dated methods to create a machine which features these desirable assets in a thoroughly workman like manner combining with such advantages superb finish and an attractive appearance.

Strongly built and perfectly balanced, the Imme R 100 is capable of cruising at 45 m.p.h. (top speed in excess of 50 m.p.h.) with a fuel consumption of 150 m.p.g. Equipped with independent front and rear wheel suspension, easy handle bar controls and sufficiently strong to take a pillion companion, the Imme R 100 has exceptional road holding capacity, climbs well and can be handled with remarkable facility over rough and difficult ground. Immediately noticeable is the unique frame, built in three sections from a generously dimensioned single steel tube, permitting lateral suspension of front and rear wheels which are also interchangeable and easily detachable, like those on a motor car or aircraft under-carriage. Hubs and chain need therefore not be dismantled when changing tyres. The compact ellipsoidal 3-speed engine gear box unit with deeply finned barrel ensuring excellent cooling and skilfully placed to merge with the streamlined flow of the overall design. A machine which so completely fulfils all that is desirable from a motor cyclists' point of view will appeal to the experienced as much as to those who for the first time wish to use a powered bicycle. With few controls to master and comfortably seated on good and bad roads alike, **Imme riders travel safely, economically and trouble-free and reach their destination** little, if at all fatigued, richer in health and vigour for being able to combine sport and pleasure with their travels.

SPECIFICATION.

Engine and gearbox unit. 99cc RIEDEL horizontal single cylinder two-stroke engine with flat top piston, under square ratio of stroke to bore 47×52 mm, permitting low piston speed at high engine revolutions and developing approximately 4,5 HP at 5800 r.p.m. Overhung crankshaft and con-rod in roller bearings. Special aluminium-alloy cylinder head with cast-in liner. Oil immersed multi-plate friction clutch. Petrol-oil lubrication. Deeply finned compact ellipsoidal 3-speed engine gear box unit, with twist grip handle bar control, idling by means of arrested clutch held by wire loop attached to clutch lever and released when starting in botton gear which together with kick starter is operated through roller free wheel. Second and top gear operated by means of steel balls in conjunction with change shaft. Gear ratios: 3.67, 1.67 and 1. Total transmission in top gear 1 : 9.51.

Ignition and Lighting. NORIS Fly-Wheel Magneto, output 18 Watts. Direct lighting for head lamp and rear lamp. Parking light and horn through battery charged by magneto through rectifier.

Rear swing arm carries engine and rear wheel, pivoting in large bearing supported by friction damper and barrel spring, without risk of chain elongation.

Frame. Made from very strong precision drawn seamless steel tube and arranged in three sections. MAIN CENTRAL SECTION carries steering head and connects with REAR SWING ARM through large-pivotal bearing by means of strong lug carried upwards through multi-plate friction damper and strong barrel spring with internal rubber buffer connecting lug again with central frame. REAR SWING ARM also carries engine on rest extending forward beyond main bearing enabling rear wheel and engine to remain in reciprocal relation, irrespective of road conditions and without risk of chain elongation, serving furthermore as exhaust with built-in replaceable silencer. FRONT SECTION forms single sided steering pillar and connects to central section by parallel links and compression spring with friction damper. FRONT and REAR SECTIONS equipped with single sided hubs and stub axles. Tubular steel frame and stub axles carry three years guarantee.

Wheel. Front and rear interchangeable. Secured to hubs on stub axles by three nuts similar to those on a motor car, or aircraft undercarriage, and easily detachable, and leaving hubs and chain in situ. Size 2.5" 19". Wheel base 1295 mm.

Brakes. 100% effective internal expanding band brakes integral with hubs. Front hand operated rear foot operated.

Handle bars. Clean adjustable handle bars with twist grip controls. Left: Clutch lever and combined twist grip gear change, marked and notched for correct positions. Right: Lever for front brake and twist grip for carburetter control.

Tank. Saddle tank, capacity 1¾ gallons, reserve 1½ pints. Built-in tool box with kit.

Equipment. Speedometer (built into headlamp - as also rectifier). Electric horn. Battery (charged through rectifier), Pagusa Saddle, Luggage carrier. Adjustable Foot Rests. Twin legged rest stand. Provision for pillion seat and foot rests.

Weight. 63 kg (empty) **Fuel consumption.** 150 m.p.g. at 40 m.p.h. (maximum speed over 50 m.p.h.)

Finish. Superbly finished in black, red or green high gloss stove enamel. All exposed steel components heavily chromium plated.

By removing only three nuts ...

RIEDEL MOTOREN, A.G., IMMENSTADT-ALLGÄU, BAVARIA, GERMANY

Our agents will be glad to serve you with any further information you may require.
Our agent nearest to your place:

Composed and illustrated by RIEDEL-WERBUNG.
Printed by "Allgäuer Anzeigeblatt", J. Eberl KG., Immenstadt, Allgäu.

1950/1969

NACH DEM WIEDERAUFBAU KEHRTE DIE NORMALITÄT ZURÜCK, UND MAN BEGANN, AN DIE ZUKUNFT ZU DENKEN. AUF DEM WELTMARKT TAUCHTEN DIE ERSTEN JAPANISCHEN MASCHINEN AUF, WAS DIE GESAMTE BRANCHE IN AUFRUHR VERSETZTE.

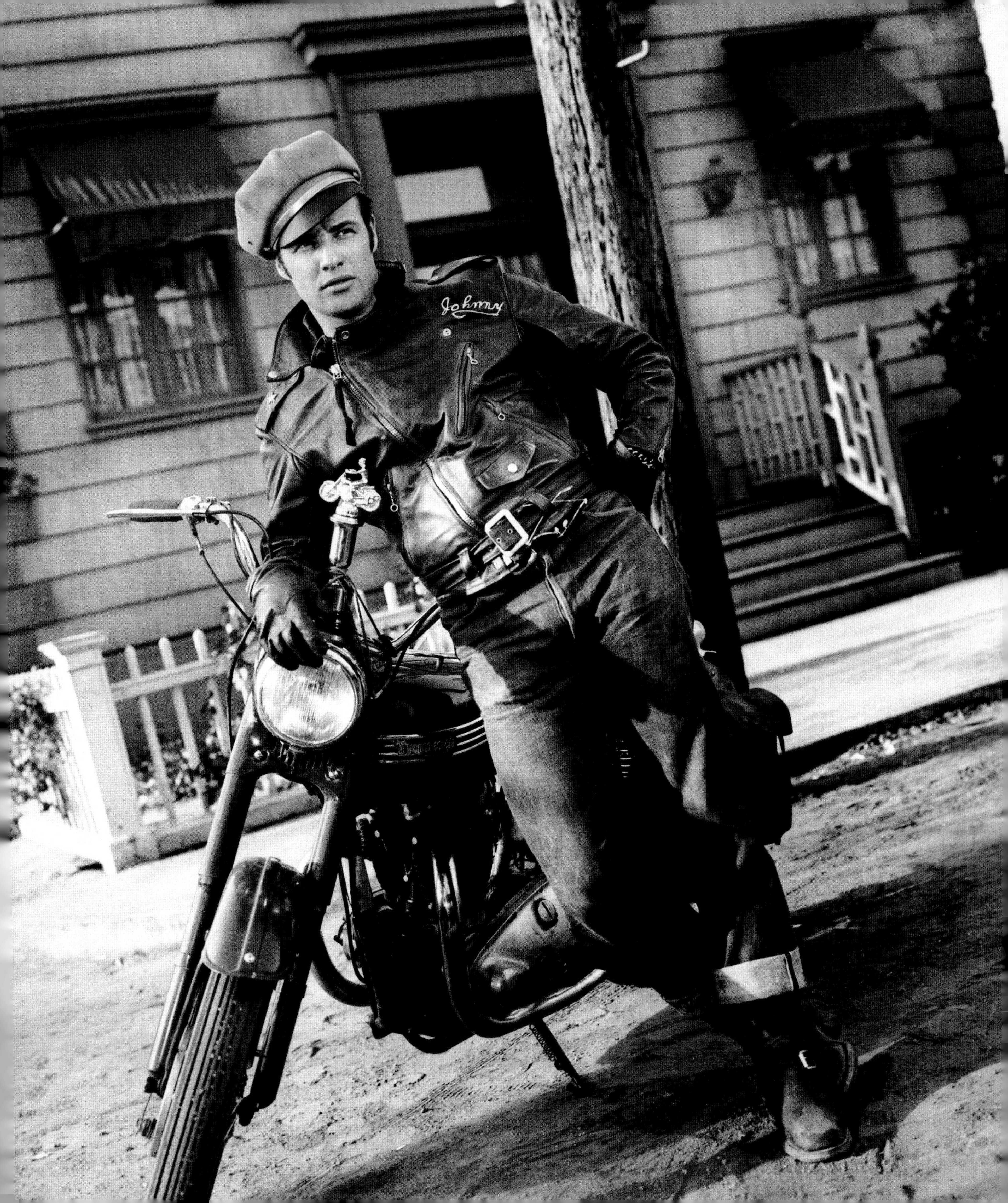
Johnny

Kurz nach dem Krieg stand der Wiederaufbau der Industrie im Vordergrund. Bis auf wenige Ausnahmen begann man, wieder Motorrädern zu fertigen, wie sie aus der Zeit vor dem Krieg bekannt waren, und Fahrräder mit Kleinmotoren zu bestücken. Doch mit wachsenden finanziellen Mitteln gab es bereits 1950 Bedarf an etwas Neuem. Der stark expandierende Markt verlangte danach. In Italien beispielsweise stieg der Fahrzeugbestand zwischen 1950 und 1954 von 600 000 auf über 2,2 Millionen. Solche Zahlen ermunterten viele Industrielle, einfache Mechaniker, aber auch passionierte Bastler, sich in der Konstruktion, der Veredelung oder einfach nur in der Montage von Motorrädern zu versuchen. Das wirtschaftliche Klima war ähnlich günstig wie in den ersten Jahren des 20. Jahrhunderts, und es gab genügend Gelegenheiten, sich zu profilieren. Denn es stieg auch die Zahl der Rennen, Veranstaltungen, Messen und „Markentreffen". Ein richtiggehender Kult entstand um das Motorrad, das nicht mehr nur als sportliches Gefährt angesehen wurde, sondern auch als praktisches Fortbewegungsmittel für die Fahrt in die Arbeit und vergnügliche Landpartien an den Wochenenden. Dies war in allen europäischen Ländern zu beobachten. Die Produktion aber unterschied sich von Land zu Land sehr stark. So verbreiteten sich in Italien zusehends kleine, sparsame 50-ccm-Leichtkrafträder, die sogenannten Cinquantini, sowie Kleinmotorräder mit 65, 125 und 175 ccm Hubraum; die höchste Ausdrucksform des Motorrads blieb jedoch die Halbliterklasse. England und Deutschland konzentrierten sich hingegen auf noch größere Hubräume. Vor allem in England waren kleinvolumige Maschinen verpönt.

131 Marlon Brando, an eine Triumph gelehnt. Die beiden waren die unbestrittenen Hauptdarsteller des Films „Der Wilde" (1953).

132 oben 1954 wurde Fergus Anderson Weltmeister in der 350-ccm-Klasse, und Duilio Agostini gewann den Titel in der Klasse bis 250 ccm. Diese wichtigen Siege verwendete Moto Guzzi als Werbebotschaften für seine Produkte.

132 unten Isle of Man: Mechaniker beim Vorbereiten zweier Nortons vor dem Start des Rennens von 1950.

133 Plakat für die berühmte Tourist Trophy auf der Isle of Man, eines der faszinierendsten und gefährlichsten Motorradrennen der Welt.

Und was geschah in Übersee? Harley setzte seinen erfolgreichen Run mit den schweren Zweizylindermaschinen fort, für Indian hingegen begannen schwere Zeiten, die zur Schließung führen sollten. Eine Wende brachten die 1960er-Jahre: Einerseits begannen auch italienische Hersteller, sich einst undenkbaren Hubräumen von 750 oder gar 800 ccm zuzuwenden, andererseits hielten die Japaner Einzug. Diese anfänglich diffamierten Motorräder änderten in kürzester Zeit die bis dahin gültigen Vergleichsmaßstäbe und ließen nicht nur die europäische Produktion vorzeitig alt aussehen. Sie vibrierten kaum, verloren kein Öl, wirkten solide und hatten aufgrund fortschrittlicher Betriebsorganisationen konkurrenzfähige Preise. Die einzigen Bedenken, die die ersten potenziellen Käufer in Europa zurückhielten, waren die geringe Anzahl der Vertragshändler, die recht komplizierte Mechanik und die mangelnde Verfügbarkeit der in kleinen Stückzahlen von weit her kommenden Ersatzteile. Doch diese Befürchtungen verschwanden, da sich das Händlernetz rasch ausweitete und Ersatzteile, falls man für die unverwüstlich scheinenden japanischen Modelle überhaupt welche brauchte, bald problemlos erhältlich waren.

Für viele europäische Hersteller war dies der Anfang vom Ende. Es genügte nicht mehr, auf eine solide Firmengeschichte oder Erfolge im Rennsport zu verweisen. Der Markt verlangte praktische, schnelle Motorräder, die nicht ständig hingebungsvoll gepflegt werden mussten. In einer Gesellschaft, die sich ständig im Umbruch befand, wurde dies zu einem Luxus, den sich viele nicht leisten konnten oder wollten. Die großen Verlierer in dieser Phase waren die Engländer in ihrer Unaufgeschlossenheit gegenüber Neuem. An Faszination mangelte es ihren Motorrädern nicht, doch das reichte längst nicht mehr. Außerdem wurde langsam der Ruf nach Mehrzylindermaschinen laut. Nach den Jahren und Jahrzehnten der Ein- bzw. höchstens Zweizylinder war die Zeit reif für Veränderungen.

134 In den 1950er- und 1960er-Jahren spielte das Motorrad im Film häufig die ungerechte Rolle des „Bösen". Dieses Szenenbild stammt aus „À tout casser" (1968) mit Johnny Hallyday unter der Regie von John Berry.

134–135 Die Harleys spielten 1969 neben Dennis Hopper und Peter Fonda die Hauptrollen in „Easy Rider", mit dem die fantastische Welt der Chopper auch in Europa bekannt wurde.

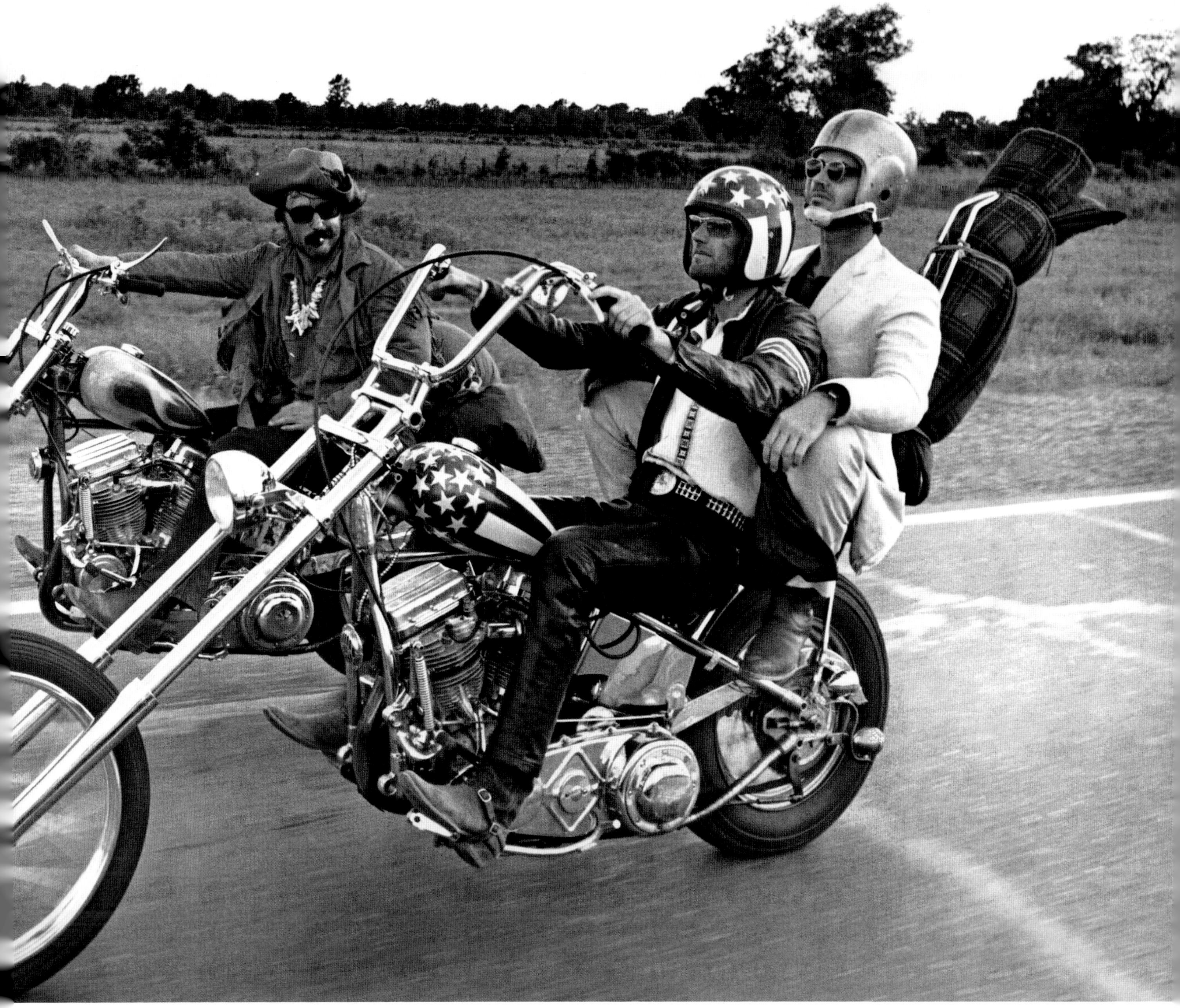

MOTO GUZZI FALCONE SPORT

1950

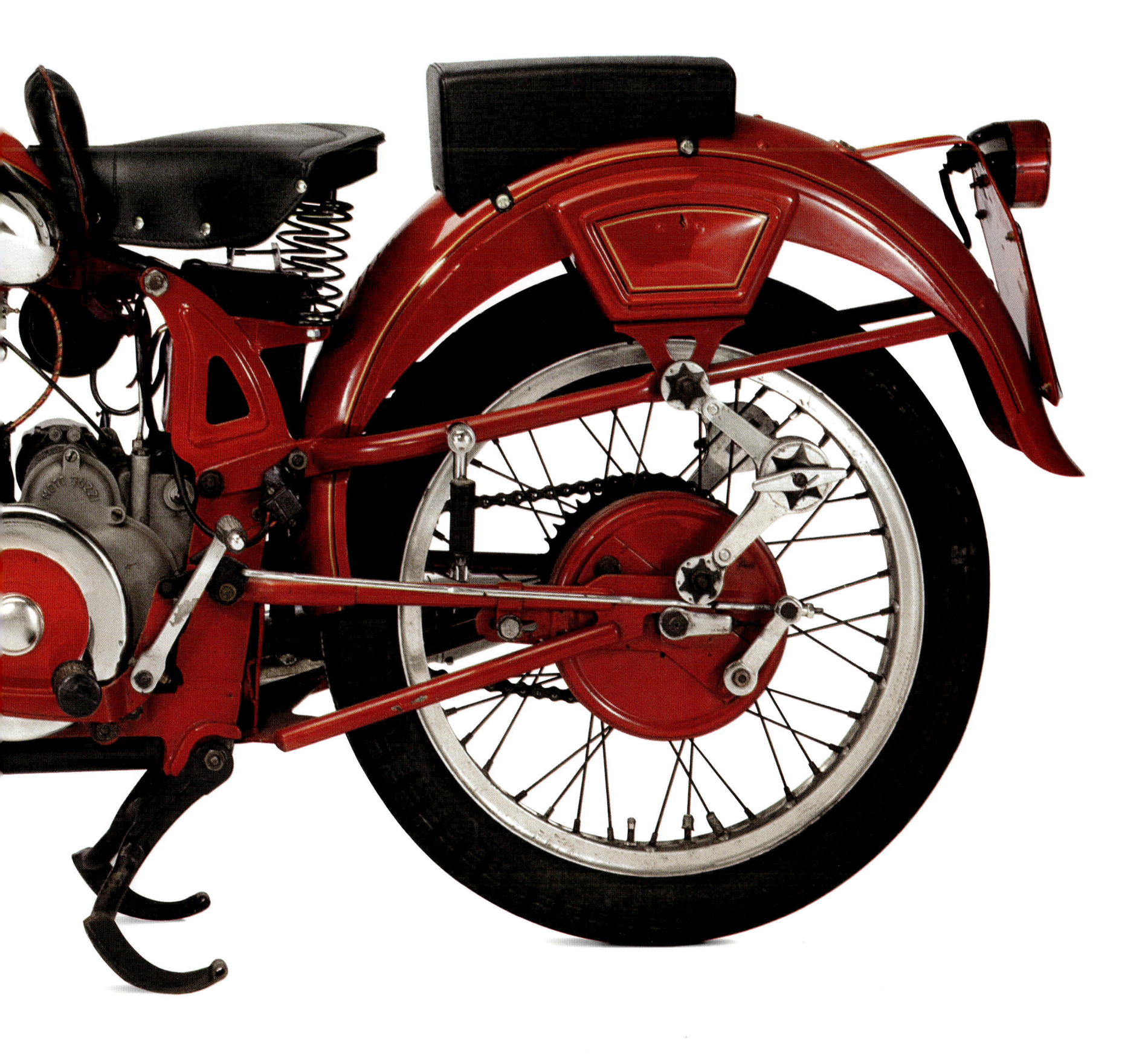

Die Falcone, legendäre Rivalin der Gilera Saturno, bedeutete für Moto Guzzi in den 1950er-Jahren einen Wendepunkt. Vorgestellt beim Genfer Autosalon 1950 und für 482 000 Lire in den Verkauf gebracht, galt die Falcone als perfekte Umsetzung der Vision Carlo Guzzis. Die bei ihr angewandten Lösungen waren das Nonplusultra dessen, was der Hersteller mit dem Adler im Logo bis dahin hervorgebracht hatte. Alles stand im Zeichen der Robustheit, ohne darüber zu vergessen, dass auch die Leistung zählte. Das Fahrwerk war ein klassischer Doppelschleifenrahmen, dessen hinterer Teil verbolzt war. Als Vorderradaufhängung diente eine schöne Teleskopgabel. Hinten war die bekannte und bewährte Schwinge montiert; die Federn befanden sich unter dem Motor, die Reibungsdämpfer unter den Werkzeugtaschen.

Das Bravourstück war auch in diesem Fall der mächtige liegende Einzylindermotor, der keine absolute Neuheit war, sondern ein mit vielen kleinen Kunstgriffen verbesserter Antrieb. Um einige Kritikpunkte hinsichtlich mangelnder Tempofreudigkeit und Schwergängigkeit der Schaltung endgültig auszuräumen, wurde die Falcone mit einem Getriebe aus der Modellreihe Condor ausgerüstet, das vier Übersetzungen mit ständig greifenden Zahnrädern und Spindeln auf einer Ebene hatte. Unverändert blieb das massive außen liegende Schwungrand. Mit einer Leistung von 23 PS brachte es die Maschine spielend auf 135 km/h; vor allem aber konnte sie dieses Tempo über etliche Kilometer halten, was nicht zuletzt der hocheffizienten Schmierung zu verdanken war.

Die wichtigste der diversen Falcone-Weiterentwicklungen erfolgte 1953 mit der Einführung eines allroundfähigen Modells mit der Bezeichnung Turismo. Von da an trug die Falcone par excellence, die Superschnelle, die Zusatzbezeichnung „Sport".

138–139 Schnell, stabil, robust: Die Falcone Sport war etwas für Fahrer, die am liebsten bei zügigem Durchschnittstempo Kilometer frassen. Allerdings bevorzugte sie eher gerade Strecken als kurvenreiche Strassen.

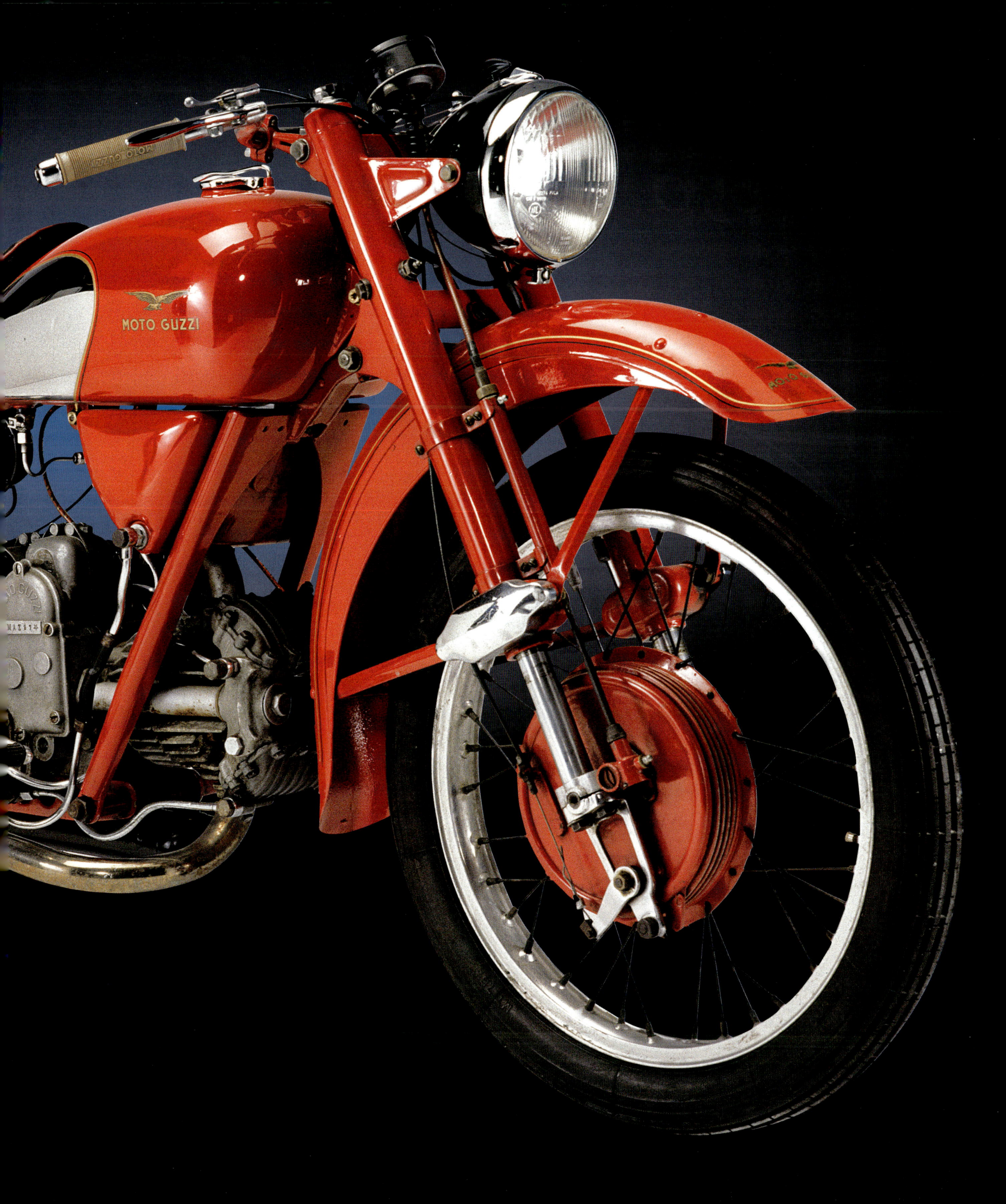
MOTO GUZZI

TRIUMPH BONNEVILLE
T120 650

1958

142–143 Die Triumph Bonneville, hier die begehrte Version aus der zweiten Hälfte der 1960er-Jahre, ist das wohl bekannteste englische Zweizylinder-Sportmotorrad.

Sie ist so berühmt, dass der Hersteller sie Jahre später für seine anspruchsvolle Fangemeinde neu auflegte. Die Rede ist von der wohl bekanntesten Triumph, der Bonneville. Schnell, wenn auch nicht superschnell, elegant wie nur wenige andere englische Motorräder, leicht und wendig, verdankt sie ihren Namen einem prähistorischen amerikanischen See.

Wie kam es dazu? In der zweiten Hälfte der 1950er-Jahre wurde man sich bei Triumph unter der Leitung des genialen Edward Turner bewusst, dass die Motorradfahrer, vor allem die amerikanischen, immer sportlichere Bikes wollten. Trotz der diversen Tempolimits, die damals überall eingeführt wurden, war das Zeitalter angebrochen, in dem es der Leistung nie genug sein konnte. Die Bonneville T120 650 wurde auf der London Motor Show 1958 vorgestellt. Die komplizierte Buchstaben-Zahlen-Kombination lässt sich folgendermaßen entschlüsseln: 650 war der Hubraum des mächtigen Langhubers mit 360-Grad-Kurbelversetzung, 120 verwies auf die Höchstgeschwindigkeit in Meilen, und das T stand für Twin, den legendären Zweizylinder. Die Bezeichnung Bonneville kam angeblich erst in letzter Minute hinzu und sollte das sportliche Image des neuen Motorrads betonen.

1956 hatte der Rennfahrer Johnny Allen auf einer stromlinienförmig verkleideten Triumph mit 345,100 km/h einen neuen Geschwindigkeitsrekord aufgestellt. Gelungen war ihm dies auf dem Bonneville-Salzsee im US-Bundesstaat Utah, dem Eldorado der Speed-Fanatiker.

Die Wahl dieses Beinamens erwies sich als kluge marktstrategische Entscheidung. Die „Bonnie", wie sie bald liebevoll genannt wurde, avancierte zum Mythos, zum Kultobjekt. Bis in die frühen 1980er-Jahre wurden Mechanik und Fahrwerk regelmäßig auf den neuesten Stand gebracht. Ein Comeback sollte im neuen Jahrtausend folgen.

BMW R 69 S

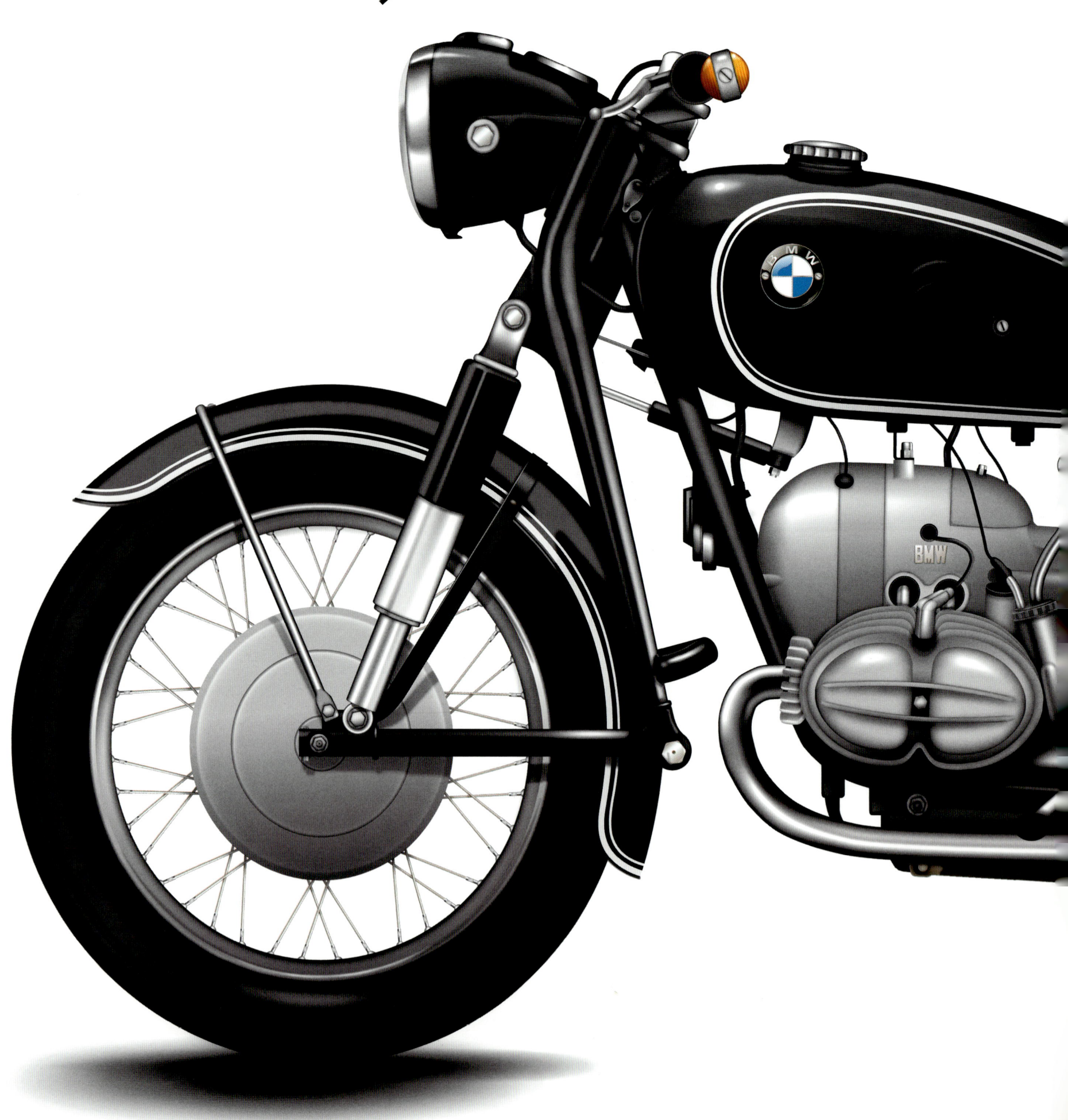

1960

Ideal für Touren und doch tempostark, nobel und doch zurückhaltend. Eine Maschine, mit der man bei hoher Geschwindigkeit Kilometer herunterspulen, aber auch mit 40 km/h im vierten Gang gemütlich durch die Gegend tuckern konnte. Je mehr Jahre vergingen, desto höher wurden ihre Robustheit und Zuverlässigkeit geschätzt. Vorgestellt wurde die BMW R 69 S Ende 1960 in Frankfurt als sportliche Version der bereits bekannten und beliebten R 69, die wenige Jahre zuvor herausgekommen war. Der bayerische Motorradhersteller war gerade dabei, eine schwierige Zeit zu überwinden, die von sinkenden Verkaufs- und Exportzahlen gekennzeichnet war.

Der R 69 S wurde daher die Aufgabe zuteil, der Marke zum Comeback zu verhelfen. Dies gelang in jeder Hinsicht. Der Zweizylinder-Boxermotor mit 600 ccm, längst das Aushängeschild von BMW, wurde akribisch überarbeitet, was eine markante Leistungssteigerung zur Folge hatte: Von den ursprünglich 30 PS bei 6800 U/min brachte man das neue Modell mit nur 200 zusätzlichen Umdrehungen auf beachtliche 42 PS.

Die Techniker hatten sich erneut ins Zeug gelegt und das Motorrad bis ins kleinste Detail durchdacht. Angefangen vom Triebwerk, das 1963 zusätzlich eine Antriebswelle mit Schwingungsdämpfer bekam. Eine weitere Neuheit war der hydraulische Lenkungsdämpfer, der die an sich schon gute Stabilität weiter verbesserte. Faszinierend fanden viele auch die vom Briten Ernie Earles entwickelte und nach ihm benannte Vorderradgabel mit geschobener Langschwinge und Federbeinen. Diese Gabel erfreute sich in den 1950er- und 1960er-Jahren wachsender Beliebtheit. Man montierte sie in Rennmotorrädern (stellvertretend erwähnt sei die vierzylindrige MV 500) und Geländemaschinen, wie die bekannte Hercules. Auch BMW setzte eine Zeit lang auf diese Lösung, kam aber allmählich wieder davon ab; 1967 wurden die für den amerikanischen Markt bestimmten R 69 S wieder mit der herkömmlichen, aber effizienten Telegabel ausgerüstet.

146–147 Die individuelle Linie des typisch deutsch gestylten Motorrads vermittelte ein angenehmes Gefühl von Robustheit und Solidität.

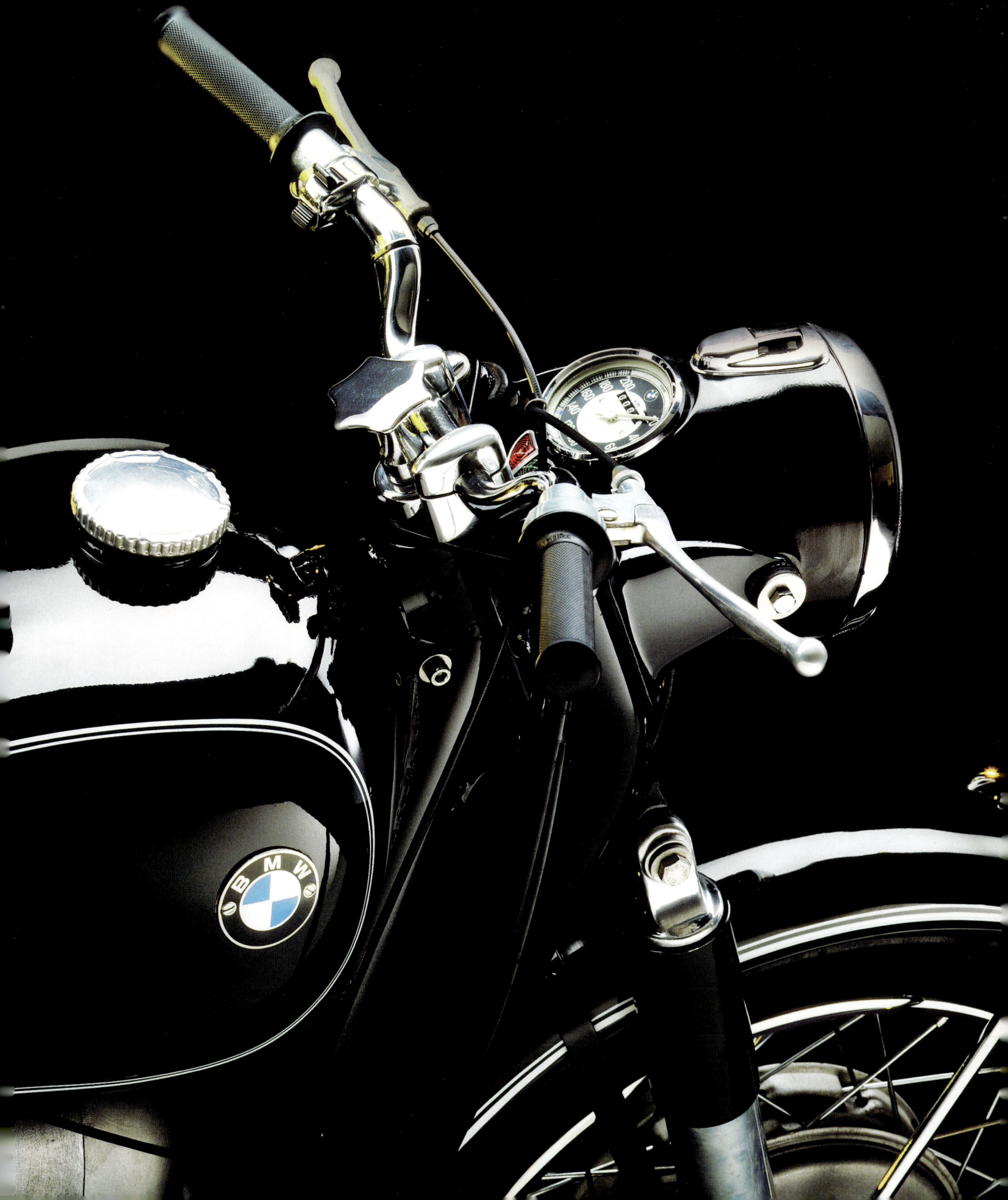
BMW

R 27 Touren-Sport 25

BMW
...so gut wie sie aus sehen

148 SEBASTIAN NACHTMANN AUF EINER FÜR DEN GELÄNDERENNSPORT UMGEBAUTEN BMW. BIS DIE ERSTE GELÄNDEGÄNGIGE BMW IN DEN HANDEL KAM, MUSSTE MAN BIS 1980 WARTEN, ALS DIE R 80 G/S ERSCHIEN.

148–149 WERBEPROSPEKT DER BMW-MODELLPALETTE AUS DEN FRÜHEN 1960ERN: VON DER KLEINEN EINZYLINDRIGEN R 27 BIS ZUR SCHWEREN R 69 S.

ccm 18 PS

R 50 Touren-Sport 500 ccm 26 PS

R 50 S Sport 500 ccm 35 PS

R 60 Touren-Sport 600 ccm 30 PS

R 69 S Sport 600 ccm 42 PS

DUCATI SCRAMBLER

1962

Vom Cucciolo zur Scrambler, von der Desmodromik zur MotoGP-Weltmeisterschaft. Die Geschichte der italienischen Motorradmarke ist von Erfolgen und Highlights, aber auch von Rückschlägen geprägt. Dennoch hat man in Bologna immer weitergemacht, bestärkt durch ein Credo, das es nur in einem Unternehmen wie Ducati gibt, wo jeder Mitarbeiter mit Hingabe bei der Sache ist. Hersteller wie dieser haben Seltenheitswert.

Gegründet wurde die Firma 1926 von drei Brüdern. Adriano, Bruno und Marcello Ducati produzierten zunächst elektrische und elektronische Komponenten sowie Bauteile für Fotoapparate und Radios. Erst nach dem Zweiten Weltkrieg kam der Bereich Mechanik hinzu, und man begann, einen kleinen Viertaktmotor zu entwickeln, der Cucciolo genannt wurde.

Das rennsportlichen Engagement von Ducati trug dazu bei, dass mit diesem kleinen Motor auf der Piste von Monza zahlreiche Geschwindigkeitsrekorde in der 50-ccm-Klasse aufgestellt wurden, was Ducatis Einzug in die fantastische Welt der Motoren besiegelte. Es dauerte nicht lange, bis man von Kleinstkrafträdern auf „echte" Motorräder umstellte. 1950 gingen im Bologneser Vorort Borgo Panigale die ersten Kleinmotorräder (mit anfangs 65 ccm, später 98 ccm) in Produktion. Zur Wende kam es 1954, als Generaldirektor Giuseppe Montano den jungen Fabio Taglioni einstellte. Taglioni, der sich die ersten Sporen bei Mondial verdient hatte, entwickelte einen leistungsstarken neuen Motor, mit dem Ducati das berühmte Langstreckenrennen Milano-Taranto gewinnen sollte.

So entstand der erste Einzylindermotor, bei dem die oben liegende Nockenwelle über eine sogenannte Königswelle angetrieben wurde. Diese ebenso raffinierte wie teure Lösung erwies sich als sehr zufriedenstellend und sollte Schule machen. Ein weiterer großer Wurf, der Taglioni gelang, war der erste Motor mit zwangsgesteuerten Ventilen, der eigens für die Weltmeisterschaft in der 125-ccm-Klasse entwickelt wurde. Auch dieses unkonventionelle Konzept war in der Umsetzung kostspielig, führte jedoch zu immer mehr Leistung.

An dieser Stelle kam Amerika ins Spiel. Aufgrund ihrer fortschrittlichen Technik und der zahlreichen Rennsporterfolge war der Ruf der kleinen, aber blitzschnellen italienischen Maschinen auch über den Atlantik gelangt. Firmenchef Montano reiste in die Staaten und betraute die in New York ansässigen Gebrüder Berliner mit dem Import. Diese verwiesen auf den Mangel an kleineren Motorrädern auf dem amerikanischen Markt, die ebenso straßen- wie geländetauglich sein sollten. In Anlehnung an die 175 Motocross, die bereits auf Band lag, entwickelte Ducati quasi aus dem Stegreif die Scrambler, eine Art Crossmaschine mit einem 250-ccm-Einzylindermotor, der sich bereits im Straßenmodell Diana bewährt hatte. 1962 hatte die Scrambler ihren ersten Auftritt und fand auf Anhieb ihre Fans.

In den darauffolgenden Jahren wurde das Motorrad verfeinert und für den Einsatz auf Asphalt anstatt auf harten Geländepisten tauglich gemacht. Dies brachte Ducati weiteren Beifall ein. Der Höhepunkt des Erfolgs dieses Modells stand jedoch noch bevor. 1968 ging, wiederum dank des genialen Taglioni, der als „wide case" bezeichnete neue Einzylinder in Produktion. Diesen Motor, der robuster war als seine Vorgänger, gab es in mehreren Hubraumklassen, von 250 bis 450 ccm. Natürlich wurden mit diesem auch die Scramblers ausgerüstet, die in der Folge nicht nur in Amerika, sondern endlich auch zu Hause in Italien immer bekannter wurden.

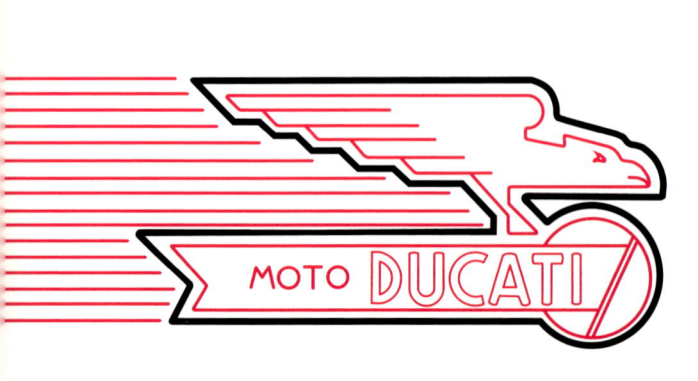

152 Dieses Logo zierte einige Modelle der 1960er-Jahre.

152–153 Werbung aus dem Jahr 1970 für die Ducati Scrambler im typischen Yankee-Stil, die mit verschiedenen Motorvarianten erhältlich war.

SCRAMBLER 250 350 450

HARLEY-DAVIDSON ELECTRA GLIDE 1200

1965

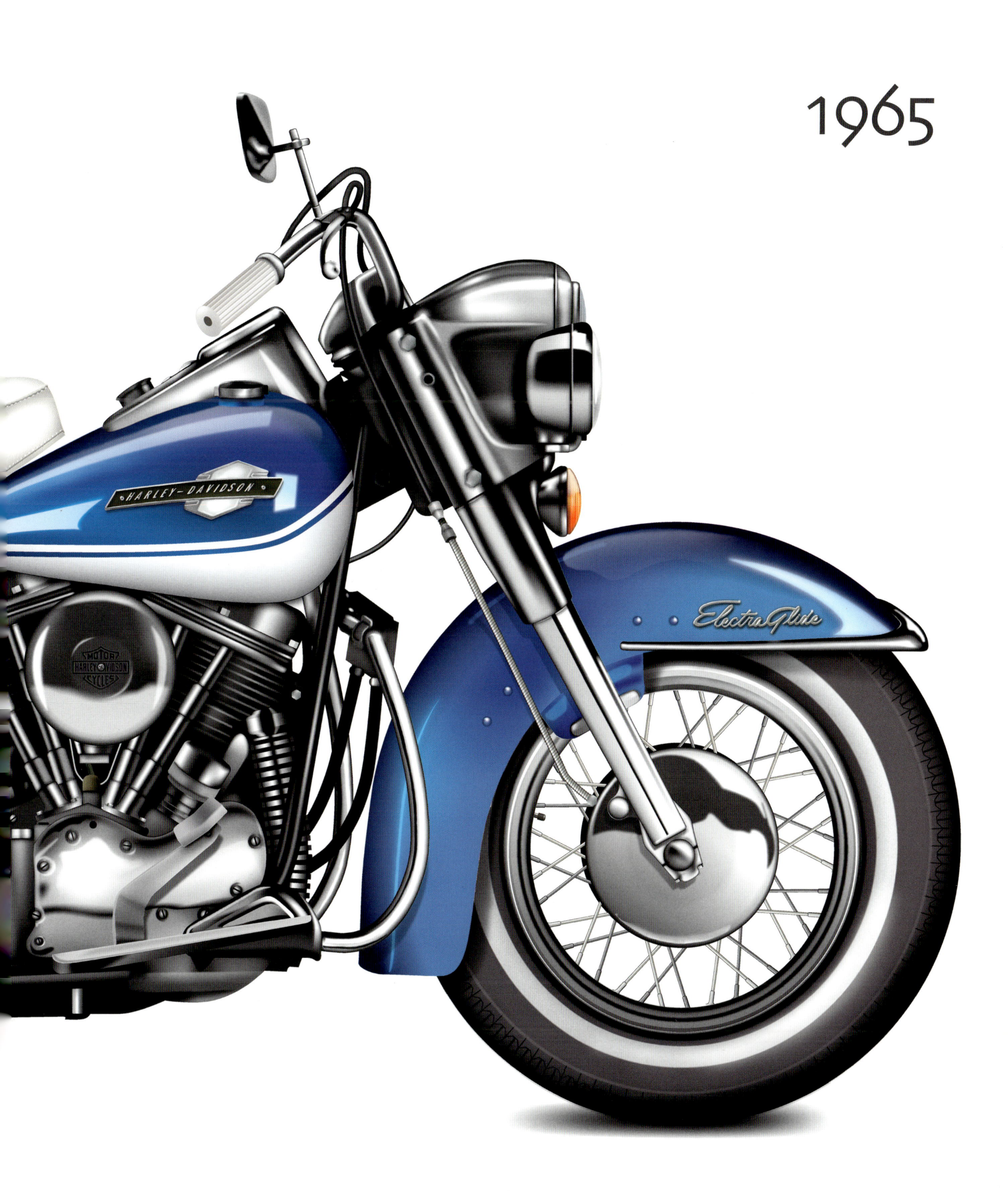

Als Carlo Perelli, einer der weltweit bedeutendsten Journalisten der Branche, sie 1967 für das italienische Magazin „Motociclismo" testete, beschrieb er sie so: „Das ästhetische Erscheinungsbild als imposant zu bezeichnen ist schlichtweg untertrieben. Selbst Fotos bringen den formidablen Eindruck, den man von einem Monument wie diesem gewinnt, nicht zur Geltung. 2,35 m Länge, 13 cm breite Reifen und 310 kg Gewicht sprechen für sich. Dennoch ist sie wohlproportioniert, das Verhältnis zwischen verbauten Teilen und Leerräumen ist ausgewogen." Und weiter: „Die Harley-Davidson 1200 ist ein Motorrad mit ganz eigenen Merkmalen. In ihrer Bauweise bietet sie für lange Touren auf den breiten, schnellen Highways bei guter Reisegeschwindigkeit ein Maximum an Komfort."

Die Rede ist von der Electra Glide 1200, dem „King of the Road", wie Harley-Davidson das 1965 vorgestellte Modell bezeichnete. Das imposante und teure Motorrad ist noch heute eine amerikanische Ikone, quasi Evolution und Revolution der vorangegangenen Modelle mit dem klassischen 45-Grad-Zweizylinder-V-Motor, der zum Aushängeschild des Herstellers aus Milwaukee avanciert war.

Vor dem Ausbruch des Zweiten Weltkriegs hatte Harley mit der Fertigung eines 1208-ccm-Zweizylindermotors mit kopfgesteuerten Ventilen begonnen. Die Produktion dieses Antriebs wurde in der Nachkriegszeit wieder aufgenommen.

156 OBEN UND 157 DIE ELECTRA GLIDE WAR 1973 NAMENSGEBEND FÜR DEN FILM „ELECTRA GLIDE IN BLUE" MIT ROBERT BLAKE UND BILLY GREEN BUSH UNTER DER REGIE VON JAMES WILLIAM GUERCIO.

1949, mit dem Aufkommen der telehydraulischen Gabel, kam die Hydra Glide auf den Markt. Zehn Jahre später wurden die Hinterradschwinge und die zwei Dämpfer eingeführt. Diese Änderungen führten zur Geburt der Duo Glide. 1965 wurde das Motorrad weiter verbessert und nicht zuletzt durch den elektrischen Anlasser noch komfortabler.

Das solcherart optimierte Modell bekam den Namen Electra Glide und war in zwei Versionen – mit 60 PS (FL) und 65 PS (FLH) – erhältlich.

Über die Jahre wurde der Hubraum weiter erhöht, ohne jedoch extreme Volumen zu erreichen. Doch der unbestrittene „King" in Sachen Faszination und Imposanz blieb dieses Modell.

156 Mitte und unten
Trotz starker Konkurrenz behielt die Electra Glide den Titel „King of the Road". Der über die Jahre weiter verbesserte Tourer blieb seinem anfänglichen Gepräge treu.

158 OBEN LINKS DETAILANSICHT DES 45-GRAD-ZWEIZYLINDER-V-MOTORS MIT DEM WUNDERSCHÖNEN VERCHROMTEN LUFTFILTERDECKEL.

158 OBEN RECHTS DETAIL DES SCHRIFTZUGS AUF DEM GROSSEN VORDEREN SCHUTZBLECH.

158–159 Trotz imposanter Masse und ihres beträchtlichen Gewichts erwies sich die Electra Glide, sobald sie rollte, als durchaus handlich. Für viele war sie der Inbegriff des Tourenmotorrads.

BSA ROCKET 3 750

1968

Heute hat sie mehr Erfolg als Ende der 1960er-Jahre, als sie vorgestellt wurde. Die Rocket 3 kann in jeder Hinsicht als eines der letzten großen Motorräder englischer Machart vor dem Verschwinden der Traditionsmarken, BSA inbegriffen, angesehen werden.

Ihre nicht besonders originelle, wenn auch recht spezielle Optik machte die Rocket 3 durch Performance wett. Das Herzstück war ein Dreizylindermotor, der durch Leistungsstärke, Elastizität und einen unvergesslichen Sound bestach.

Die Idee, eine 750-ccm-Dreizylindermaschine zu bauen, wurde in den frühen 1960ern von Bert Hopwood und Doug Hele entwickelt. Beide waren bei Triumph, das damals zur BSA Group gehörte, als Konstrukteure angestellt. Ihre Arbeit fand jedoch erst in der zweiten Hälfte des Jahrzehnts Anerkennung, als sich die Gerüchte um die bevorstehende Markteinführung der Honda 750 verdichteten. Einige Konstrukteure scherten sich nicht darum, andere versuchten, dem entgegenzuwirken und etwas zu präsentierten, das mit dem japanischen Konkurrenten zumindest auf dem Papier mithalten konnte.

Bei BSA holte man daher den alten Entwurf des 750-ccm-Dreizylinder-Reihenmotors aus der Schublade. Um gegen die ständig sinkenden Umsätze anzukämpfen, baute man ihn gleich in zwei Maschinen ein, die zeitgleich auf den Markt kamen: die BSA Rocket 3 und die Triumph Trident. Erstere kam besser an, obwohl die Optik nicht jedermanns Sache war; vor allem im Mittelbereich war sie vielen zu massiv. Begeisterung rief indes der Motor hervor: Mit 58 PS bei 7650 U/min brachte es die Maschine spielend auf 200 km/h. Doch sie hatte auch die für viele englische Marken typischen Nachteile wie hoher Preis, teilweise schlampige Montage, Öllecks und Vibrationen. Diese Mängel wurden lange Zeit als irrelevant abgetan. Doch nun, da sich die Qualitätsparameter zu ändern begannen, waren sie unverzeihlich.

162–163 Für viele ist die BSA Rocket 3 das letzte grosse englische Motorrad. Trotz überzeugender Leistung war es ihr hoher Preis, der die Gesamtstückzahl nicht über 6000 hinauskommen liess.

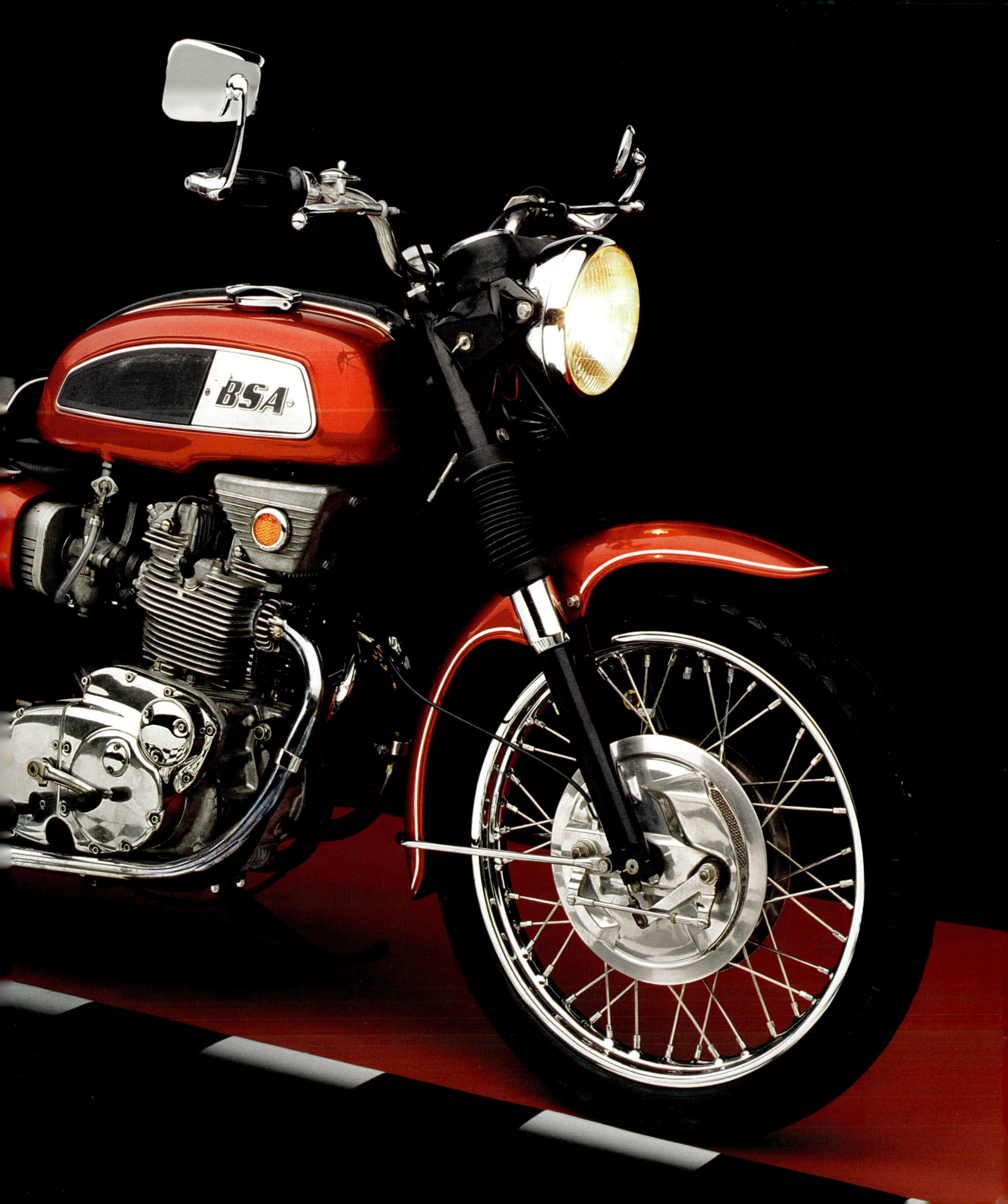
BSA

HONDA CB 750 FOUR

1968

166 Von der 1968 vorgestellten CB 750 wurden in zehn Jahren mehr als 500 000 Stück gebaut.

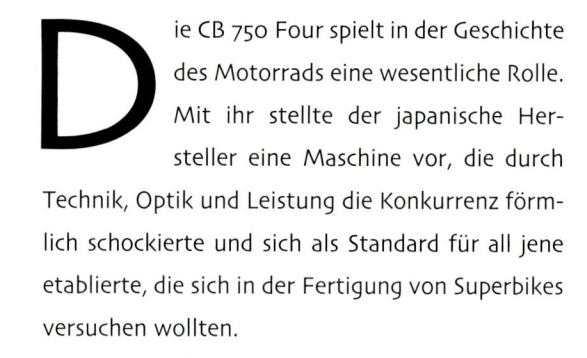

Die CB 750 Four spielt in der Geschichte des Motorrads eine wesentliche Rolle. Mit ihr stellte der japanische Hersteller eine Maschine vor, die durch Technik, Optik und Leistung die Konkurrenz förmlich schockierte und sich als Standard für all jene etablierte, die sich in der Fertigung von Superbikes versuchen wollten.

Zum historischen Ereignis, das viele andere Hersteller – vor allem britsche – regelrecht in die Knie zwang, kam es 1968. Auf der Tokyo Motor Show präsentierte das von Soichiro Honda gegründete Unternehmen eine 750-ccm-Maschine mit Reihen-Vierzylindermotor (67 PS), Scheibenbremse vorne und serienmäßigem elektrischem Anlasser. Viele beäugten die 750 Four mit Argwohn, viel größer aber war die Schar der Bewunderer, die in ihr ein modernes Motorrad erkannten, dem ein langer und verdienter Erfolg bevorstand. 750 ccm, das war damals der angesagte Hubraum für große sportliche Maschinen. Die vier Zylinder sollten für Aufsehen sorgen, und die Scheibenbremse bewies, dass man auch bei Zweirädern Technologien anwenden konnte, die sich auf dem Automobilsektor längst etabliert hatten. Der elektrische Anlasser signalisierte, dass die Maschine nicht nur für harte Kerle und Puristen gedacht war. Wer sie zum konkurrenzlosen Preis von 385 000 Yen erwarb, entdeckte zudem, dass sie auch bei 200 km/h kaum vibrierte. Sie war ungemein geschmeidig zu fahren, verlor kein Öl und bedurfte nicht einmal besonderer Pflege. Endlich gab es ein Motorrad, von dem so viele geträumt hatten, eines, das stets Freude machte und wenig bis nichts dafür verlangte. Besser ging's nicht!

Soichiro Honda hatte 1945 begonnen, aus dem Krieg übrig gebliebene Zweitaktmotoren auf

167 Der Vierzylindermotor mit oben liegender Nockenwelle war viel breiter als der klassische englische Twin. Ein elektrischer Anlasser war vorhanden, doch der Kickstarter wurde beibehalten.

Fahrräder zu montieren. Bald ging er dazu über, selbst Motoren zu bauen, und so wurde noch vor 1950 die Marke Honda gegründet. Der Betrieb wuchs und mit ihm der Anklang, den die ersten Kleinkraft-räder und Motorräder des Herstellers fanden. In kurzer Zeit war Honda eine Großmacht auf dem japanischen Markt.

Doch Honda wollte mehr. Er stürzte sich in die heiß umkämpfte Welt des Motorsports und schaffte nach einigen Versuchen auch dort den Durchbruch. Die 125-ccm-Zweizylinder wie auch die Vierzylinder mit 250 und 500 ccm Hubraum waren bald nicht mehr zu schlagen, und die Erfolge erwiesen sich als hervorragende Werbung. Doch die Kosten des Rennsports waren hoch: Nachdem Honda alles gewonnen hatte, zog man sich 1967 offiziell aus dem Renngeschehen zurück.

Mit zehn Millionen Fahrzeugen, die seit der Gründung produziert worden waren, war Honda längst eine Weltmacht. Was in der Produktpalette noch fehlte, war ein hubraumstarkes Straßenmotorrad, das international konkurrieren konnte. Die Idee reifte heran und wurde vom USA-Verantwortlichen des Unternehmens unterstützt: Zenya Nakajima hatte erkannt, wie wichtig ein Vordringen in das Segment der Großhubraummaschinen war.

Anfang 1968 machten sich die japanischen Ingenieure unter der Leitung des Fahrwerkspezialisten Yoshiro Harada an die Arbeit; für den Motor zeichnete Masaru Shirakura verantwortlich. Das Ergebnis konnte man bereits im Sommer bewundern, als mit den Prototypen die ersten Runden gefahren wurden. Das offizielle Debüt stand für den 25. Oktober des Jahres auf dem Programm – ein Datum, das die Motorradwelt nachhaltig veränderte und den Startschuss für die japanische Invasion auf dem internationalen Markt bedeutete.

KAWASAKI MACH III
H1 500

1969

Ein Zweitakter mit einem halben Liter Hubraum und drei Zylindern: Die Maschine, die Kawasaki an der Schwelle zum neuen Jahrzehnt auf den Markt brachte, war beinah eine Provokation des gesunden Menschenverstands. Alle großen Motorradhersteller wandten sich gerade der neuen 750-ccm-Klasse zu, die die 650-ccm-Modelle verdrängte. Keiner indes stellte den Motortyp infrage, der quasi unvermeidlich ein Viertakter sein musste.

Doch Kawasaki mischte die Karten neu und zog eine 500-ccm-Maschine aus dem Hut. Diese legendäre Hubraumklasse der 1950er- und 1960er-Jahre war praktisch komplett aus der Mode gekommen. Ungewöhnlich und für Außenstehende unverständlich war auch, dass die Wahl auf einen Zweitakter gefallen war, der normalerweise nur für Kleinmotorräder verwendet wurde, und dass dieser noch dazu nur drei Zylinder hatte. Die Nachfrage nach dieser Neuheit kam jedoch vom riesigen US-Markt und durfte nicht unbeachtet bleiben, denn Kawasaki musste sich als recht junges Unternehmen noch etablieren. Mit dem Motorradbau hatte man erst in den 1960er-Jahren begonnen; wurden anfangs leichte Straßen- und Crossmaschinen gebaut, so sattelte man angesichts des Potenzials und der Nachfrage auf Superbikes um und brachte als Erstes die H1 heraus.

In den USA bestand damals laut Branchenstudien und Expertenmeinungen Bedarf an einem Motorrad, das die schweren Zweizylindermaschinen beim klassischen Beschleunigen – wenn die Ampel auf Grün schaltet – erblassen ließ. Es bedurfte eines leichten, einfachen Zweitaktmotors, der im Idealfall mindestens 60 PS freisetzte. Außerdem sollte er drei Zylinder haben, denn zwei wären zu wenig und zu banal, um sich von der Konkurrenz zu unterscheiden. Und um die Beschleunigungsphase noch beeindruckender zu gestalten, sollte das Motorrad dazu neigen, sich aufzubäumen.

Was da verlangt wurde, war viel und auch ein wenig verrückt, doch Kawasaki nahm die Herausforderung an. So entstand die formidable, noch heute sehr gefragte Mach III H1 500: ein Sportbike der Spitzenklasse, wenngleich für den US-Markt ein hoher Lenker angebracht wurde, den man zumindest in Europa sofort gegen einen niedrigeren tauschte. Der Vorderteil der Maschine war schlank, beinahe zierlich, mittig und hinten war sie ausgesprochen gut proportioniert. Der Dreizylinder-Zweitakt-Reihenmotor mit 15 Grad Zylinderwinkel (Zylinderzahl und -winkel waren gleich wie bei der BSA Rocket 3!) verblüffte mit einer Leistung von 60 PS bei 8000 U/min und einem nicht minder beeindruckenden Drehmoment von 55 Nm. Bei lediglich 175 kg waren knapp 200 km/h drin. Am meisten aber beeindruckte die Beschleunigung aus dem Stand auf der Viertelmeile: 12,4 sec.

An dieser Stelle schieden sich die Geister. Die „Kawa"-Fans lobten die Leistung, die Beschleunigung, das geringe Gewicht, das Fünfganggetriebe und den Sound und waren begeistert, wie leicht die Maschine stieg. Im gegnerischen Lager schimpfte man über die Mängel, derer es genügend gab: Im niedrigen Drehzahlbereich war der Motor kaum zu beherrschen, und die Maschine lag schlecht auf der Straße, nicht so sehr wegen des Fahrwerks als wegen der vor allem vorne schlecht gedämpften Federung. Kritisiert wurden ferner die absichtlich leichte Vorderachse, die der Tempostabilität abträglich war, und die im Verhältnis zum Temperament des Motors schwachen Bremsen. Außerdem hieß es, die H1 qualmte zu sehr und hätte einen viel zu hohen Verbrauch. Nichtsdestotrotz hatte sie etliche Jahre lang beim Beschleunigen aus dem Stand keine Gegner.

170–171 Die Kawasaki Mach III 500 wechselte 1973 ihren Look und bekam die Bezeichnung H1 D. Neu waren der Tank, die Seitenverkleidungen, der breitere Sitz und das farblich auf die Karosserie abgestimmte Heckteil.

171 oben Von hinten sind die zwei seitlich aus dem Profil der Maschine ragenden Motorabdeckungen gut zu erkennen.

MV AGUSTA 750 SPORT

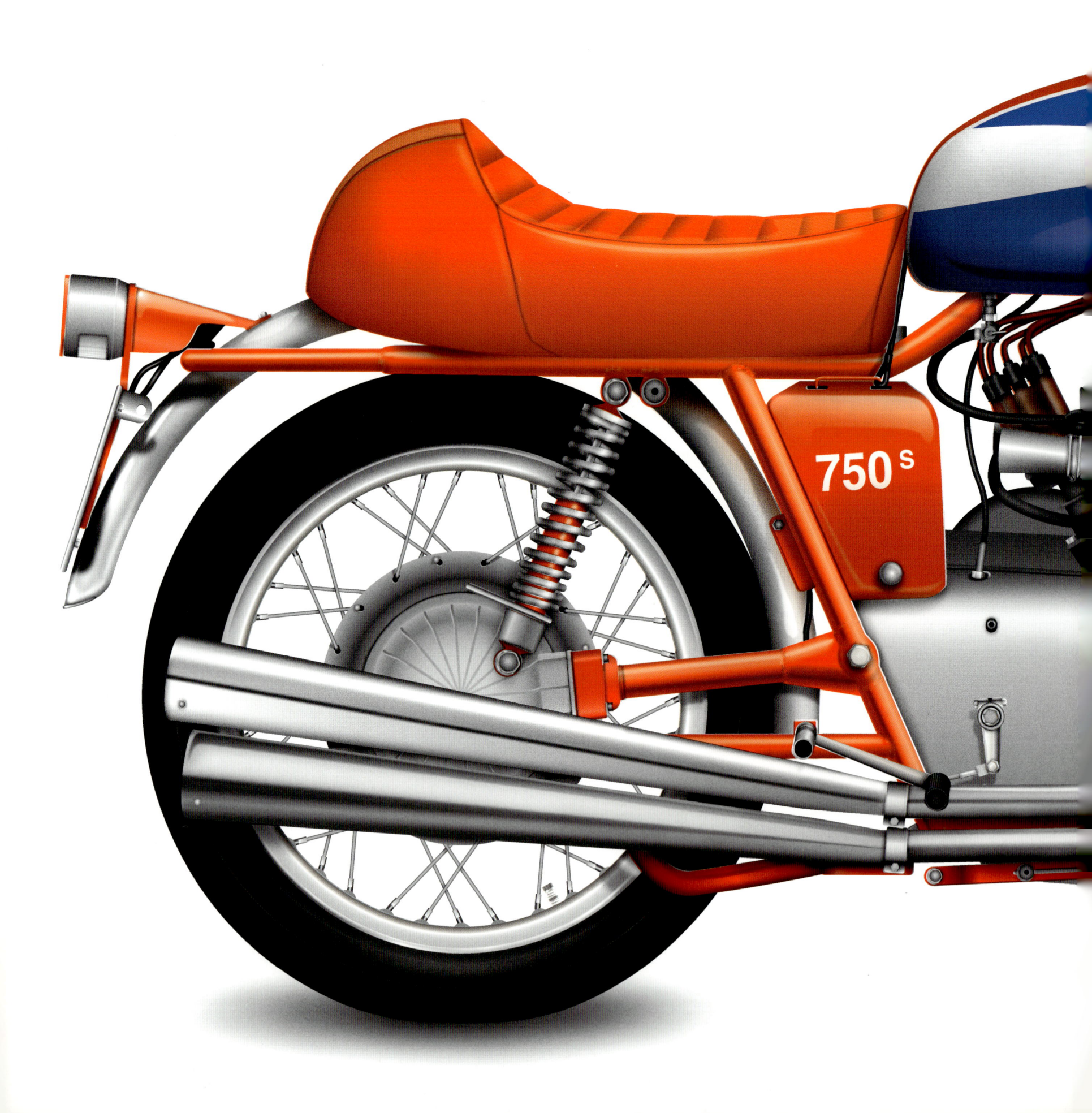

1969

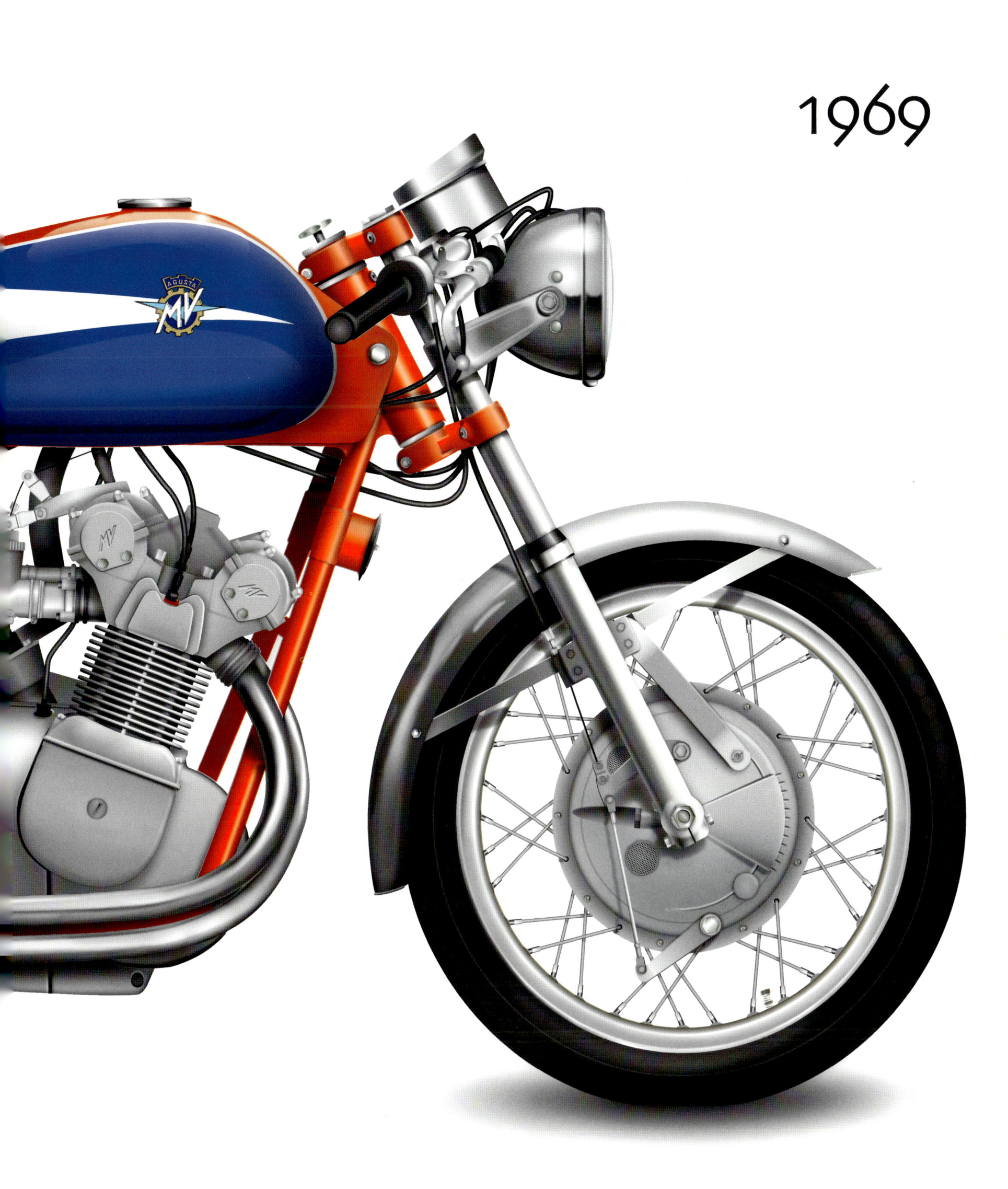

Zwei Faktoren zeichnen diese Vierzylindermaschine aus: die Exklusivität einer Marke mit einer einzigartigen Geschichte und die enge Verwandtschaft mit den Maschinen, die jahrelang den Motorsport dominierten.

Alles begann, wie gehabt. 1907 gründete Giovanni Agusta eine Flugzeugfabrik, die er nach sich selbst benannte. Das Ende des Zweiten Weltkriegs brachte die Notwendigkeit mit sich, die Produktion zu differenzieren und weniger elitäre Marktsegmente zu erschließen, sprich: auf die breite Masse zu setzen. Man entschied sich für Motorräder. 1945 wurde dazu eine eigene Firma mit Namen Meccanica Verghera (MV) gegründet. Zuständig für dieses vielversprechende Projekt war Domenico Agusta, der Sohn des Gründers.

Man begann mit hochwertigen Kleinmotorrädern, was nicht weiter verwundert, denn als ehemaliger Fluzeughersteller war man daran gewöhnt, mit hochwertigen Materialien und kleinsten Toleranzen zu arbeiten. Wie andere Konstrukteure war auch Domenico ein Geschwindigkeitsnarr, und er erachtete das Engagement des Unternehmens im Motorsport als hervorragende Form der Werbung. Die Liste der Rennerfolge wurde rasch länger, bald standen Erfolge bei der Tourist Trophy, Fahrer- und Konstrukteurs-Weltmeistertitel sowie unzählige Siege bei Veranstaltungen in Italien und in ganz Europa in der Bilanz.

Zur MV-Erfolgsgeschichte beigetragen haben Fahrer wie Giacomo Agostini, Carlo Bandirola, Angelo Bergamonti, Gianfranco Bonera, Leslie Graham, Mike Hailwood, Gary Hocking, Bill Lomas, Umberto Masetti, Alberto Pagani, Tarquinio Provini, Phil Read, John Surtees, Carlo Ubbiali und Remo Venturi. Alle ihre Siege beeinflussten natürlich auch die Serienproduktion, insbesondere die prächtige 750 Sport mit dem Reihen-Vierzylinder. Dieser war ein Ableger des Jahres zuvor vom genialen Pietro Remor konstruierten Antriebs, der sein Debüt bei der 500-ccm-Weltmeisterschaft feierte.

Wer ein Motorrad mit einem solchen Motor kaufen wollte, musste jedoch bis 1965 warten, als (in limitierter Stückzahl) die MV 600 aufgelegt wurde, der jedoch kein besonderer Erfolg beschieden war. Sie hatte zu ausgeprägte Tourereigenschaften. Die Fans aber erwarteten sich ein echtes Sportbike, das den legendären GP-Maschinen ähnlicher war. Auf der Mailänder Motormesse im November 1969 war es dann endlich so weit: MV stellte die kernige 750 Sport vor. Der massive Vierzylinder-Reihenmotor mit 20 Grad Zylinderwinkel und zwei oben liegenden Nockenwellen war auf 743 ccm aufgebohrt und brachte es auf fast 70 PS bei 7900 U/min. Das genügte, um trotz des hohen Gewichts (230 kg) Spitzenleistungen zu erbringen: Die angegebene Höchstgeschwindigkeit lag jenseits der 220 km/h.

Ihre schärfste Konkurrentin war von Anfang an die modernere und günstigere Honda 750, der es jedoch an der Faszination einer legendären, historischen Marke mangelte. Einziger Schönheitsfehler des teuren MV-Superbikes: die Kardanwelle. Zu dieser nicht sehr sportlichen Lösung war auf Wunsch von Domenico Agusta gegriffen worden, um die frei verkäuflichen Modelle von den offiziellen Rennmaschinen zu unterscheiden. Und man wollte auch vermeiden, dass Hobbyrennfahrer auf die Idee kamen, eine 750 zu erwerben und umzubauen. In den folgenden Jahren wurden der Antrieb mit Kardanwelle und der Rahmen, der ebenfalls nicht identisch mit dem der Grand-Prix-Maschine war, für Tuningfirmen in Italien und anderswo zur erklärten Herausforderung.

Rahmen, Tanks, Verkleidungen und Zierteile bekamen ein sportlicheres Styling, Motoren wurden optimiert, Kettenantriebe eingebaut. So entstanden die wunderschönen Specials von Arturo Magni (dem langjährigen sportlichen Direktor des MV-Rennteams), von Massimo Tamburini, der Brüder Segoni, von Franco und Mario Rossi und – last but not least – von Michael Hansen, dem ehemaligen deutschen MV-Importeur.

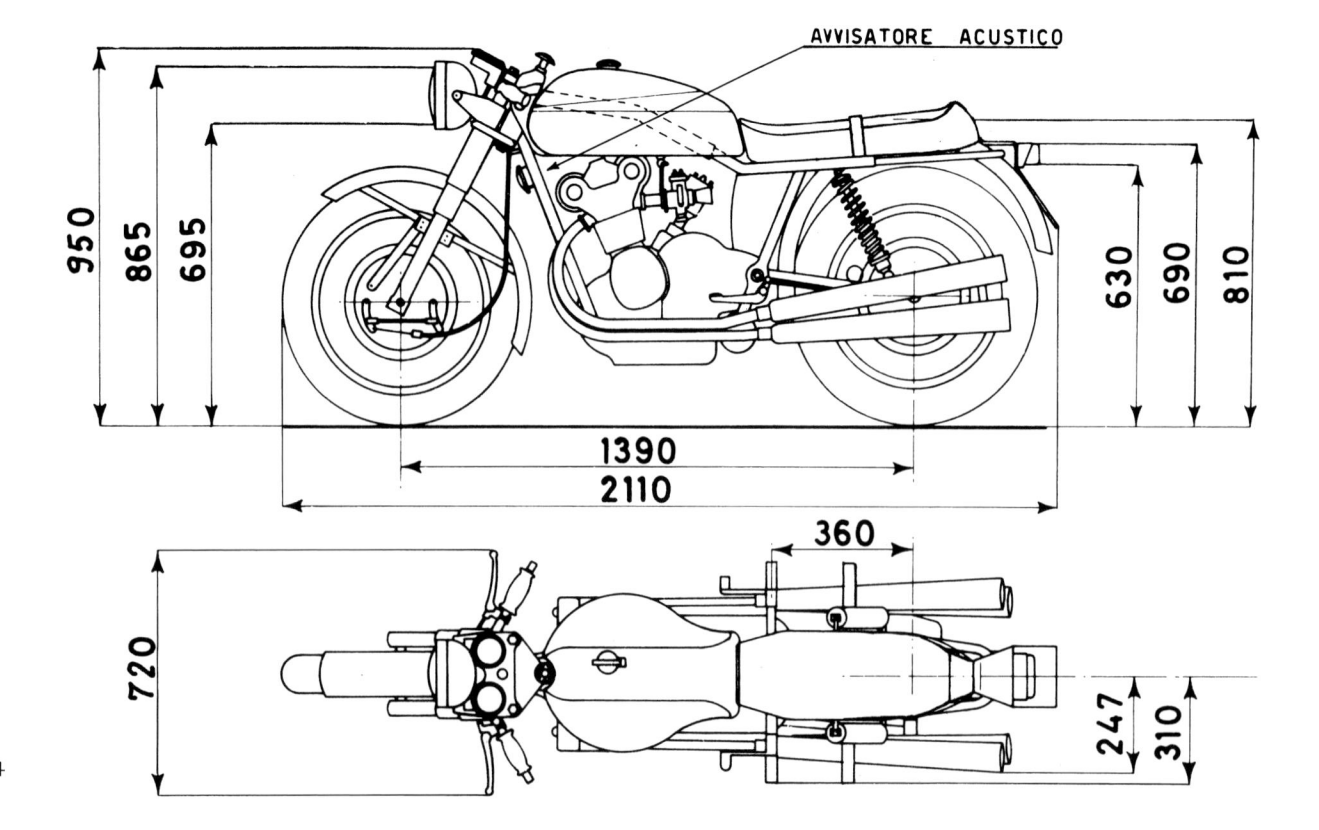

174 Einer der vielen Typgenehmigungsbögen, die MV für den 750-ccm-Vierzylinder beim zuständigen italienischen Ministerium einreichte. Dieser ist mit 1973 datiert.

175 Giacomo „Ago" Agostini, hier mit einer MV auf dem Motodrom von Monza, fuhr mit den Maschinen des Herstellers Meccanica Verghera aus Gallarate von 1965 bis 1974 zahlreiche Titel ein.

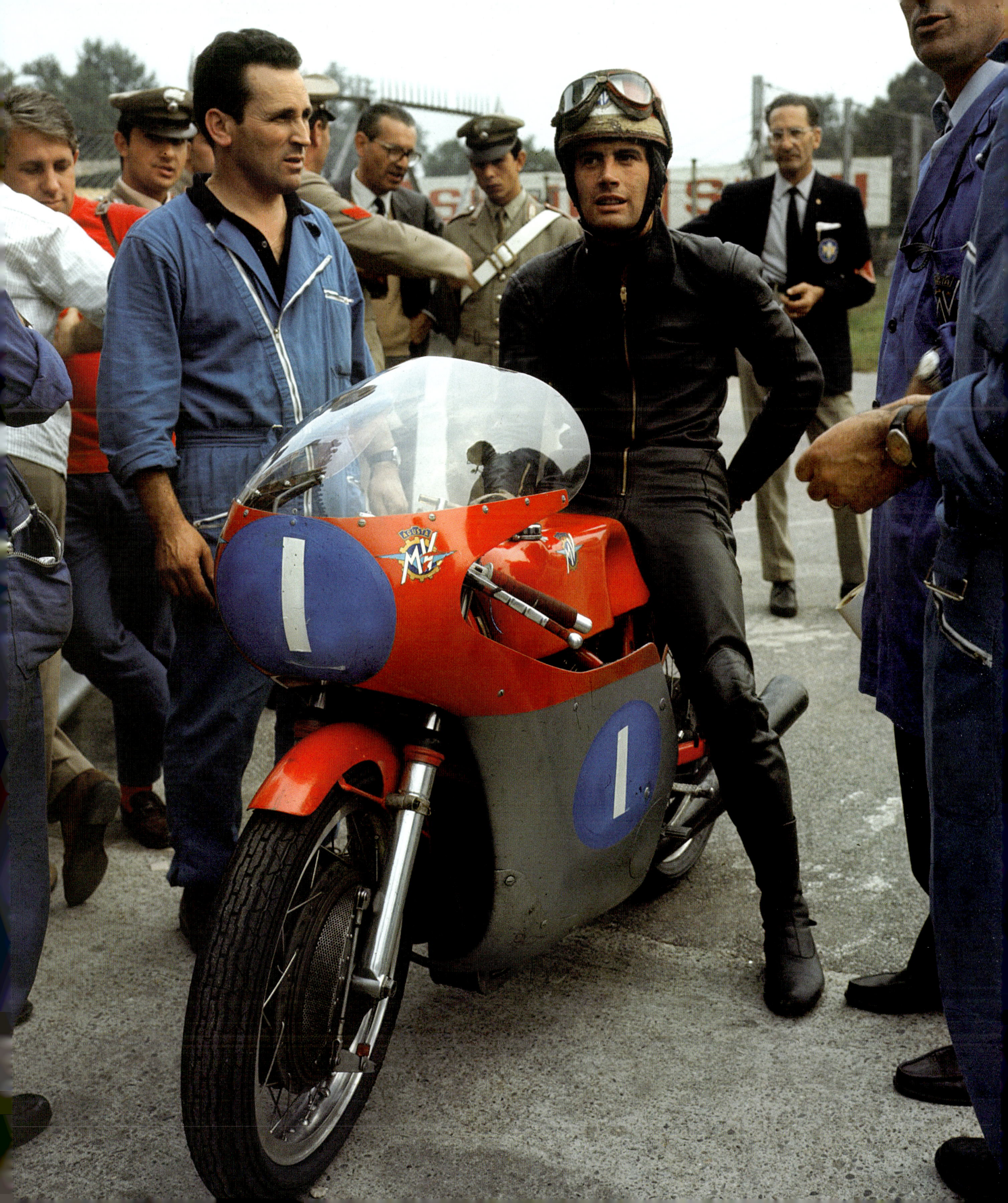

1970/1989

DIE SIEBZIGER WAREN VON AUSSERGEWÖHNLICHEN MASCHINEN UND DEN BEMÜHUNGEN DER EUROPÄISCHEN HERSTELLER GEKENNZEICHNET, DIE JAPANISCHE INVASION EINZUBREMSEN. FÜR DIE ACHTZIGER WAREN HINGEGEN ZWEI TRENDS PRÄGEND: KUNSTSTOFF UND ELEKTRONIK.

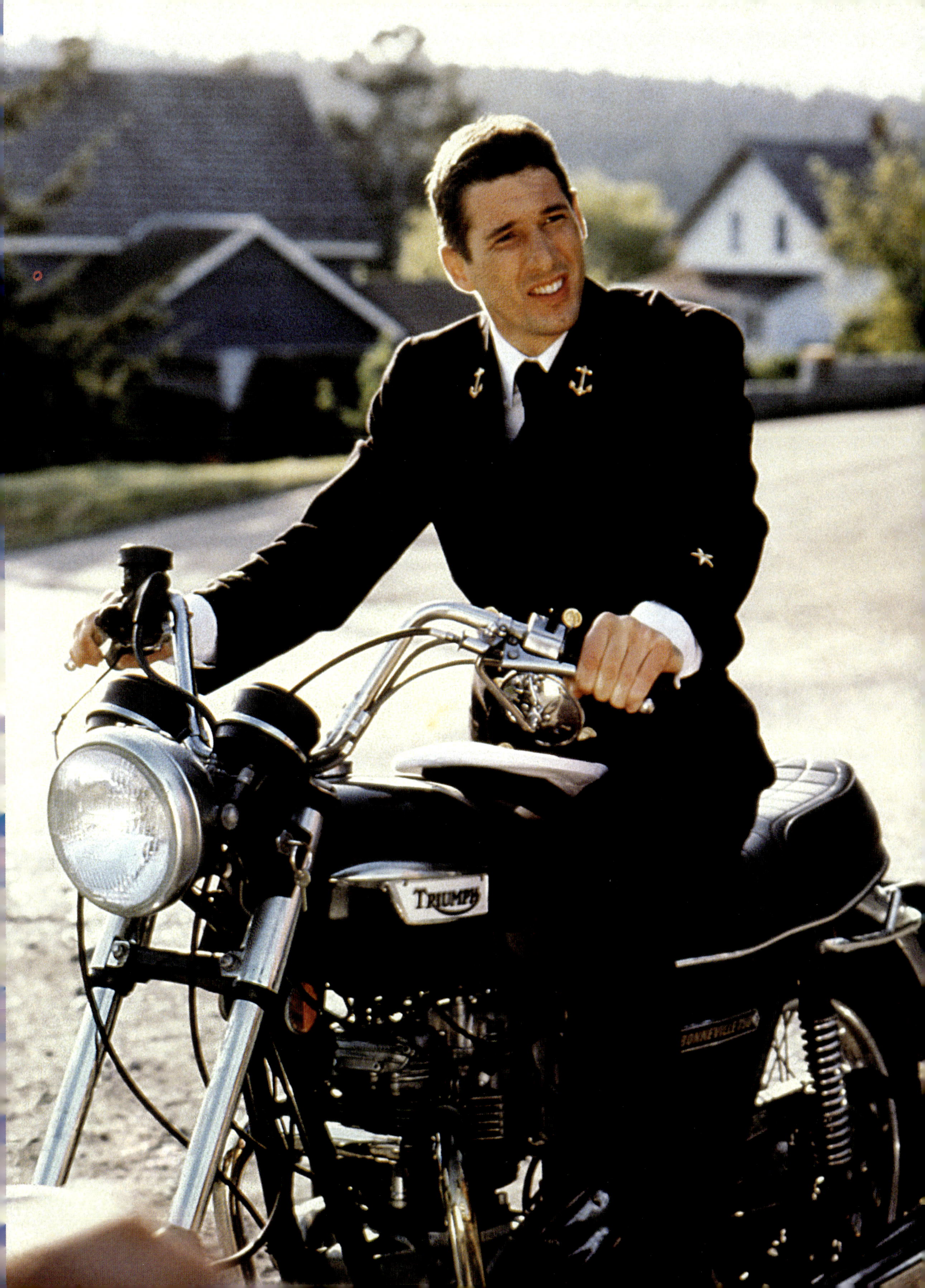
TRIUMPH

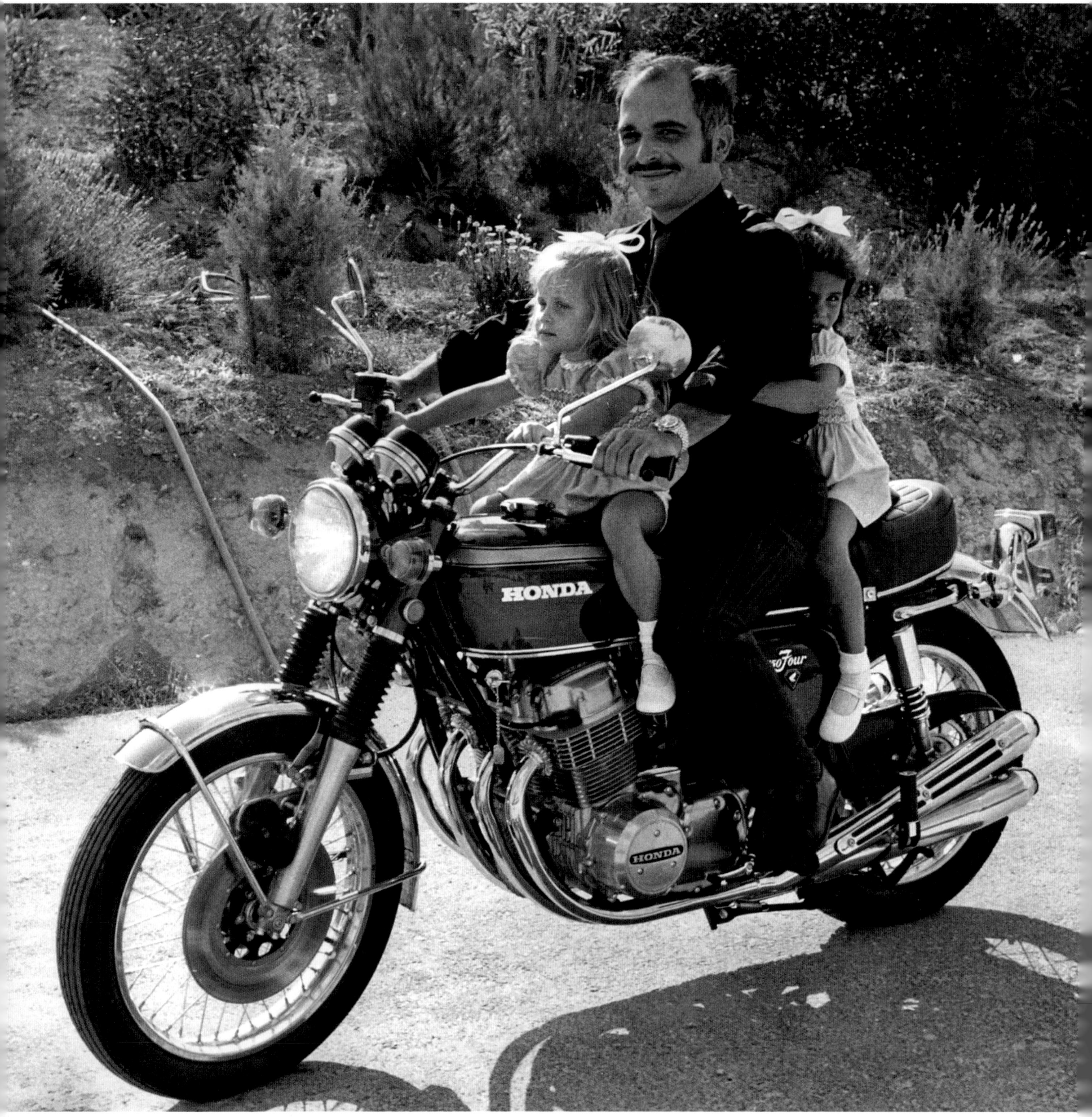
HONDA
HONDA

Unzählige Bücher haben die Motorräder der 1970er-Jahre bejubelt, ganze Generationen sind ihrer Faszination erlegen. In jenen Jahren entstanden Modelle, die bei Liebhabern und Sammlern noch heute begehrt sind. Für die Motorradhersteller waren es indes keine einfachen Zeiten. Zu schaffen machte ihnen vor allem die Automobilindustrie, die den Zweiradmarkt durch praktische und günstige Fahrzeuge in die Krise schlittern ließ.

Wer Motorräder verkaufen wollte, musste sich daher immer stärker differenzieren. Kleinkrafträder zu bauen genügte längst nicht mehr. Es galt, in der Oberklasse zu punkten, mit „schweren Kalibern", die all jene zu faszinieren vermochten, die am Ende des Monats nicht jeden Pfennig zweimal umdrehen mussten und vor allem nicht zwischen der Wahl „Auto oder Motorrad" standen.

Dem nicht genug, brachten die Japaner den Markt in Bedrängnis. Nach und nach verschwanden Marken, die Motorradgeschichte geschrieben und ganze Generationen von Piloten, Mythen und Legenden geschaffen hatten. Zu den Überlebenden gehörten BMW, Laverda, KTM, Moto Guzzi, Moto Morini, Ducati, Harley-Davidson sowie die spanischen Hersteller Bultaco, Ossa und Montesa. Hinzu kamen Honda, Kawasaki, Yamaha und Suzuki. Ohne irgendwelche Lösungen von vornherein auszuschließen und ohne sich von Stückzahlen oder Schwierigkeiten beeindrucken zu lassen, analysierten die Japaner akribisch die Märkte, die Gewohnheiten und die Ansprüche. Und sie begannen, solide, unkomplizierte Modelle mit beachtlicher Leistung und neuartigen technischen Lösungen hervorzubringen. Noch wenige Jahre zuvor undenkbare Mehrzylindermaschinen waren plötzlich Realität und für viele erschwinglich. Das Unmögliche schien wahr zu werden. Schließlich galt auch der Mond als unerreichbar, und doch betraten Neil Armstrong und Edwin Aldrin am 11. Juli 1969 seine Oberfläche.

Die Domäne der Japaner war die außerordentlich hohe Qualität, mit der sie zu Werke gingen, vom Mofa bis zum Superbike. Öllecks und Pannen waren bald nur mehr Erinnerungen, denen man nicht nachhing. So eroberten sie den Markt, der sich indessen weiterentwickelte, mit immer mehr Kunststoff und Elektronik. Die Wasserkühlung wurde praktisch Pflicht, ebenso die zum Erreichen hoher Geschwindigkeiten notwendigen Vollverkleidungen. Trommelbremsen wichen endgültig den Scheiben, und die einfach zu beherrschenden und erschwinglichen Maschinen hatten jede Menge Leistung. Design und Komfort blieben dabei keineswegs auf der Strecke.

Es kamen die ersten seriengefertigten elektronischen Einspritzungen für Zwei- und Viertaktmotoren (Piaggio Vespa 125, Kawasaki GPZ 1100i), und einige Hersteller machten es der Autobranche nach und brachten Turbomotorräder heraus. Es sollte das „Ei des Kolumbus" sein: Eine Maschine mit mittelgroßem Hubraum, leicht und handlich, aber schnell wie ein Superbike.

Als Erster versuchte es Honda mit der CX 500, gefolgt von der Suzuki XN 85, der Yamaha XJ 650 und der Kawasaki GPZ 750. Auch in Italien blieb man nicht untätig. So realisierte beispielsweise Moto Morini ein Motorrad, das mit dem legendären, von Franco Lambertini entwickelten V-Antrieb ausgerüstet war. Doch nicht für alle Hersteller liefen die Dinge nach Wunsch. Die Lader erwiesen sich als störanfällig und hatten das ausgeprägte „Turboloch", was sich mitunter als gefährlich herausstellte. Außerdem wogen solcherart ausgerüstete Maschinen beinahe so viel wie schwere 1000er, und sie waren aufgrund der vielen eingebauten Raffinessen teuer. Der Markt nahm sie nicht an, die Umsätze stagnierten.

Also kehrte man lieber zurück zu klassischen Bikes, nur stärker – superstark! Die Hubräume wurden immer größer, und nach der Abkehr vom Turbo kam die Vierventiltechnik. Zweitaktmotoren, bei den kleinen Klassen weiterhin tonangebend, wurden mit Einlassschlitzen und Auslassventilen verfeinert. Endgültig durchsetzen konnte sich die Frischölautomatik, die bereits von der osteuropäischen CZ bekannt war. Gemischverteiler mit handbetätigter Pumpe gehörten da schon längst der Vergangenheit an.

177 Richard Gere in jungen Jahren auf einer Triumph. Die Szene stammt aus dem Film „Ein Offizier und Gentleman" (1981) von Taylor Hackford.

178 Ein Foto aus den Siebzigern: König Hussein von Jordanien auf einer Honda 750 Four mit seinen beiden Töchtern Zein und Aich.

179 In zahlreichen Filmen waren grosse Schauspieler mit Motorrädern zu sehen: Hier Anthony Quinn und Ann Margret auf einer Triumph in „Kampf den Talaren" (1970).

NORTON COMMANDO
PR 750

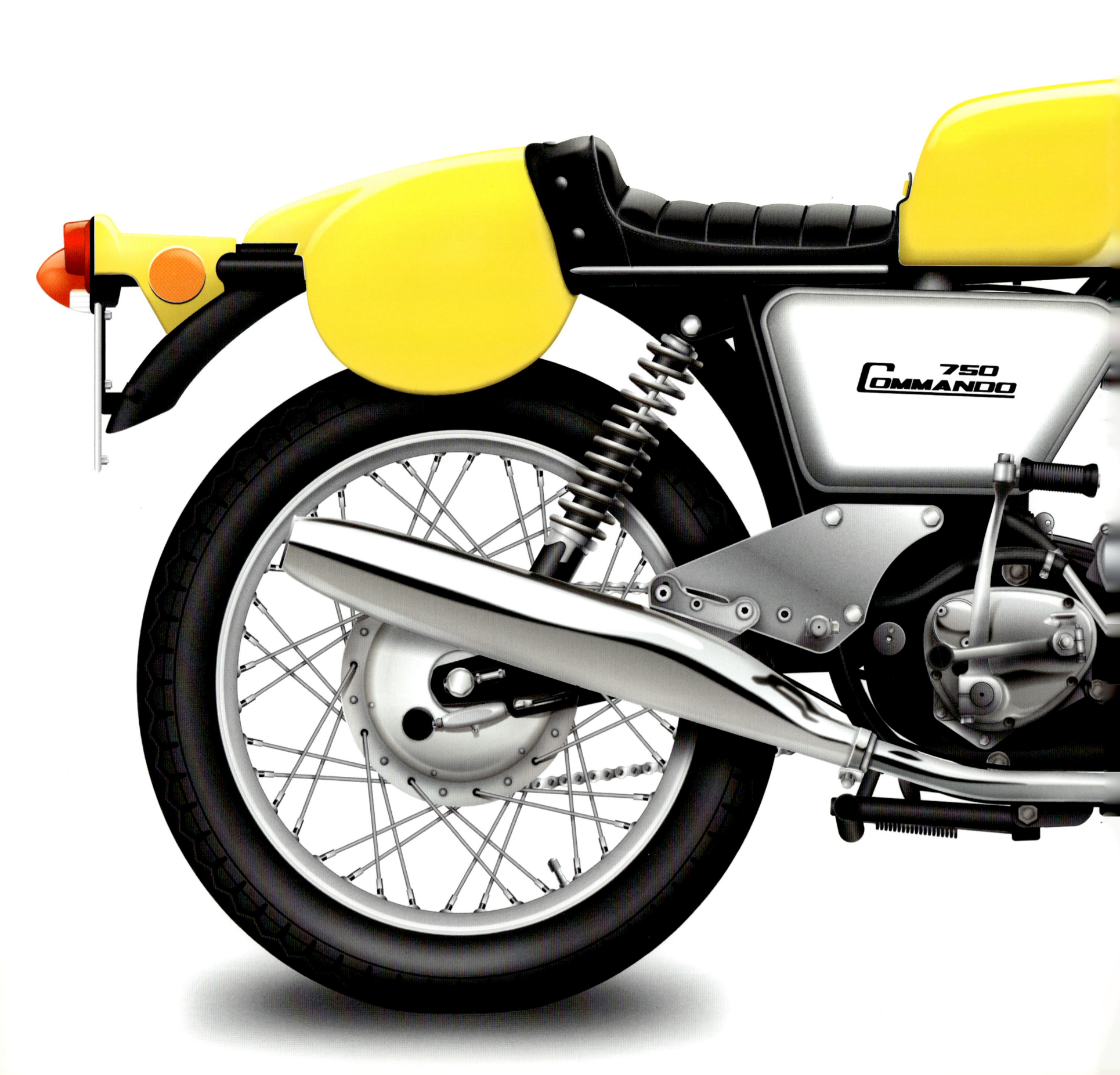

1970

Leicht, schlank, zart. Mit ihrer gelben Verkleidung aus glasfaserverstärktem Kunststoff fiel sie schon aus der Ferne auf. Die Commando PR ist bis heute ein Traumbike, ein formvollendetes Objekt, das man fast lieber bewundert als fährt. Ein Motorrad mit typisch britischem Charme.

Ihr Debüt feierte sie 1970. Die wahre Intention dieser Maschine ging aus der Bezeichnung klar hervor: Die „PR" („Production Racer") war explizit für Serienmaschinenrennen gebaut worden. Kein Wunder, war doch das zu Beginn des 20. Jahrhunderts von James Norton gegründete Unternehmen im Renngeschehen immer vorne mit dabei.

Vom Fahrradteilehersteller war Norton zum Schöpfer von Traummotorrädern avanciert, die bald einen weltweiten Ruf genossen – was nicht nur an der sorgfältigen Verarbeitung und der ansprechenden Optik lag, sondern auch den vielen Siegen, die sie einfuhren. Während in den 1930er- und 1940er-Jahren die International-Reihe die Rennszene beherrschte, sorgten in den darauffolgenden Jahren die fabelhaften Manx-Modelle für wahre Erfolgsserien. In den 1960er-Jahren begann sich der Markt zu verändern. Wer mithalten wollte, musste sich neu erfinden. Vor allem englische Motorräder, die jahrzehntelang dominiert hatten, zeigten die ersten Ermüdungserscheinungen.

Unter diesen schwierigen Vorzeichen schlug die Stunde der Commando. Sie sollte das Unternehmen wieder hochbringen. Den Startschuss gab der Konzernvorsitzende Dennis Poore. Zum Projektleiter wurde der neu eingestellte Ingenieur Stefan Bauer ernannt; ihm zur Seite standen Bernard Hooper als Konstrukteur sowie Bob Trig als Designer. Als die Commando nach Monaten intensiver Arbeit auf der London Motor Show 1967 präsentiert wurde, verschlug es Insidern und Fans die Sprache. Ungläubigkeit und Begeisterung, aber auch Zweifel und Skepsis machten sich breit.

Allein die Optik erhitzte die Gemüter. Vielen war sie zu gewagt, zu futuristisch, zu wenig klassisch, was vor allem für das GFK-Heckteil galt. Angesichts der damals ungünstigen Wirtschaftslage gab es kein Geld, um etwas völlig Neues zu schaffen. Daher waren zwar Rahmen und Karosserie neu, doch für das Triebwerk musste man mit Bestehendem vorliebnehmen, sprich mit dem klassischen Twin aus der Atlas-Baureihe. Dieser hatte zwar den langen Hub (89 mm gegenüber 73 mm Bohrung) und die übliche 360-Grad-Kurbelversetzung, doch die Zylinder waren aus Platzgründen im 20-Grad-Winkel eingebaut, und auch Zylinderköpfe, Kolben und Antriebswelle hatte man modifiziert.

Ein Element, das für noch mehr Debatten sorgte, war das als „Isolastic" bezeichnete System, mit dem der Motor in den neuen Rahmen eingehängt war. Durch diese Maßnahme und die sorgfältige Auswuchtung der Antriebswelle waren die typischen Vibrationen der Parallel-Twins passé. Als die Skepsis überwunden und die Maschine ausprobiert worden war, begannen die Bestellungen hereinzuschneien. Bald wurde seitens sportlich orientierter Freaks der Ruf laut, ein paar Pferdestärken mehr in den an sich schon starken Twin zu packen. Der Hersteller ging auf diese Forderung ein und erweiterte seine Palette mit allem Möglichen, vom Tuning-Kit bis hin zum kompletten Motor, der in der aufgebohrten Version die Bezeichnung Combat trug. Allerdings war dieser nicht ganz ausgereift und strich häufig die Segel.

1970 war das Jahr der Wende. Die diversen Kits und Extras verschwanden, als Norton beschloss, eine limitierte Zahl renntauglicher Serienmaschinen in den freien Verkauf zu bringen. Diese perfekt abgestimmten Maschinen – echte Rennboliden mit regulärer Beleuchtung und Nummernschildhalterung – brachten die gesamte Branche ins Grübeln.

182 Ein überzeugendes Fahrwerk, ein temperamentvoller Motor und ausgesprochene Rennfreudigkeit sorgten für den Erfolg der Norton PR, von der nur wenige Hundert Stück gebaut wurden. Das Getriebe war anfangs viergängig.

183 Dass die PR eine geborene Rennmaschine war, zeigten der breite Windschild, das Heck mit integrierter Nummernschildhalterung, der niedrige Lenker und die zurückversetzten Fussrasten.

KTM 175 GS

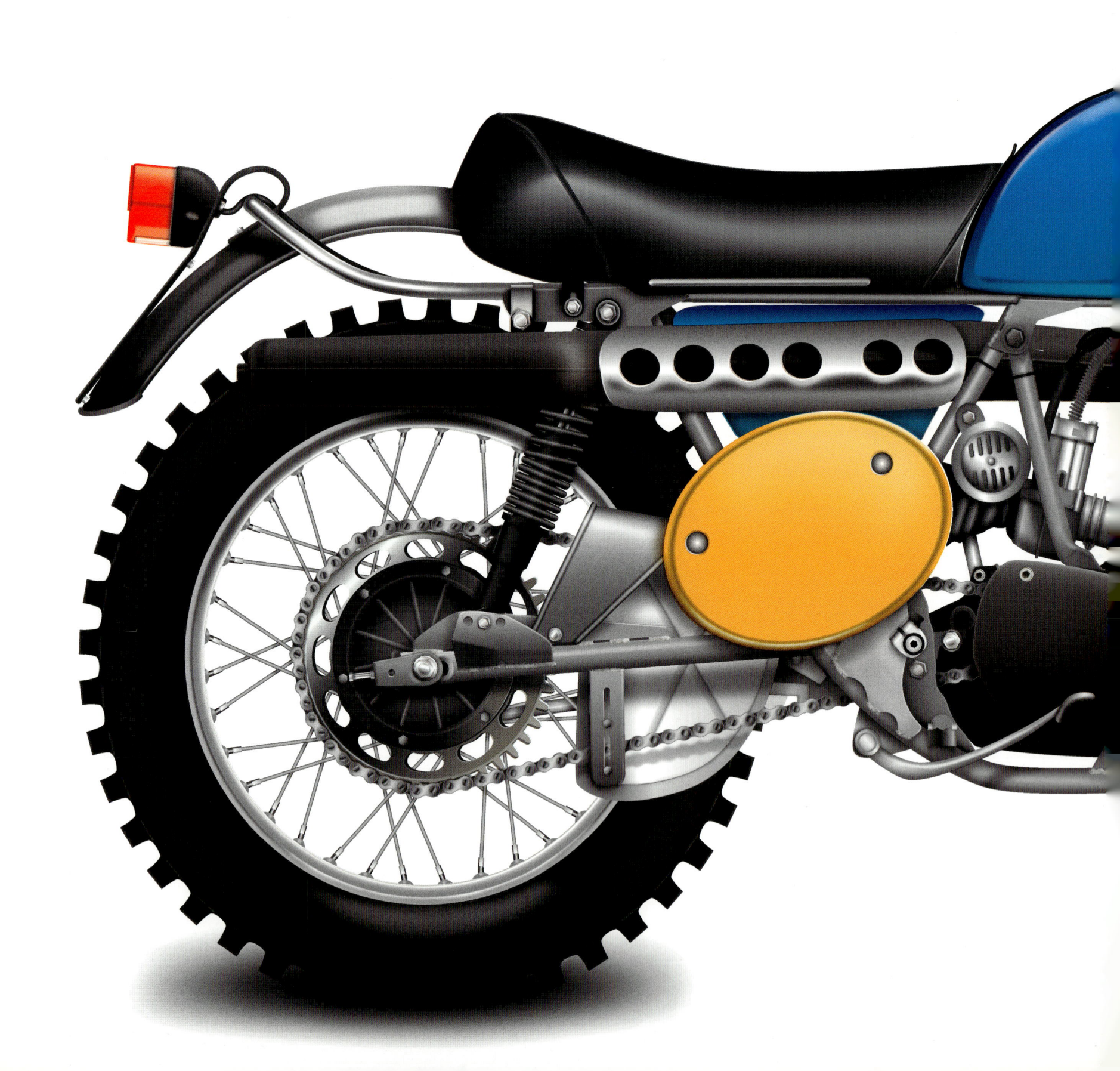

1971

Die Offroad-Königin. Jeder, der Feldwege, Schlamm und Sprünge liebt, träumt früher oder später davon, eine KTM in der Garage stehen zu haben. Von Anfang an dem Motocross verpflichtet, ist KTM die Ikone dieses faszinierenden Sports. Die GS wiederum ist die Maschine, die Epoche machte und der Szene in den frühen 1970er-Jahren einen Kick versetzte. Der Name KTM ist, wie so oft, eine Abkürzung und steht für Kronreif, Trunkenpolz und Mattighofen.

Die Verbindung geht zurück auf das Jahr 1955, als der Schlosser Hans Trunkenpolz Ernst Kronreif kennenlernte. Vereint durch dieselbe Leidenschaft, beschlossen die beiden, sich zusammenzutun und Motorräder zu bauen: im oberösterreichischen Städtchen Mattighofen. Im Bewusstsein, dass Motorradrennen ein ideales Werbeinvestment sind, machten sie sich daran, geländetaugliche Kleinmotorräder zu konstruieren, denn beide Gründer der Marke waren vom Motocross magisch angezogen. Die Ergebnisse ließen nicht auf sich warten. Weniger als zehn Jahre nach seiner Gründung hatte das Unternehmen ein eigenes Werksteam und einen Namen, der sich in ganz Europa herumsprach. 1967 brachte eine weitere Wende – der Ruf von KTM hallte nach Übersee. John Penton, ein passionierter amerikanischer Offroad-Spezialist, bekannter Pilot und Motorradimporteur, war beim Anblick einer kleinen KTM in Aktion wie vom Blitz getroffen. Er verstand vor anderen das Geheimnis dieser ausschließlich für das Gelände gebauten Motorräder, die leistungsstark und robust, aber auch und vor allem wendig waren. Diese Maschinen brauchten keine übertriebenen Hubräume. Ein paar Kubikzentimeter genügten, sofern sie mit einem leichten Rahmen und entsprechender Federung kombiniert waren.

186 OBEN JEDES BAUTEIL WAR EXPLIZIT FÜR DEN OFFROAD-EINSATZ GEFERTIGT. DADURCH WAR DIE KTM 175 VON DER STANGE AUCH OHNE SPEZIELLES TUNING WETTBEWERBSFÄHIG.

186 UNTEN DIE ERSTE, MIT EINEM VOM HERSTELLER SELBST GEBAUTEN MOTOR AUSGERÜSTETE KTM CROSS WAR DAS 175-CCM-MODELL. DER MOTOR, EIN ZWEITAKTER MIT KURZEM HUB, LEISTETE 24 PS BEI 8300 U/MIN, WAR SPRITZIG, GESCHMEIDIG UND ROBUST.

187 CARL CRANKE UND BILL UHT, DIE FÜR DAS US TROPHY TEAM ANTRATEN, MIT IHREN PENTONS AM START ZUR STRASSENWERTUNG BEIM 47. INTERNATIONALEN SECHSTAGERENNEN (TSCHECHOSLOWAKEI, 1972).

Auf einer Messe in Mailand lernten Penton und Trunkenpolz einander kennen und kamen ins Geschäft. KTM begann nach den von Penton vorgegebenen Spezifikationen in kleinen Stückzahlen Maschinen zu bauen, die unter Pentons eigener Marke in den USA verkauft wurden. Der Erfolg war phänomenal, und der geschickte Schachzug ließ das Ansehen der kleinen österreichischen Firma weiter steigen.

1970 folgte der große Schritt. Der Hersteller, der normalerweise die zuverlässigen Sachs-Motoren mit 100 und 125 ccm einsetzte, begann – nicht zuletzt auf Drängen Pentons – einen eigenen, hubraumstärkeren Motor zu bauen. So entstanden die GS-Serien 175, 250 und 400, die die internationalen Ranglisten bald dominieren sollten.

Als Erste kam 1971 die 175er heraus. Der Motor war ein Einzylinder-Zweitakter „Typ 52" mit Zylinder aus Leichtlegierung, kurzem Hub (Bohrung mal Hub 63,5 x 54 mm), Verdichtungsverhältnis 10:1, 24 PS Höchstleistung bei 8300 U/min und klauengeschaltetem Sechsganggetriebe. Der Doppelschleifenrahmen aus Chrom-Molybdän-Rohren war herkömmlicher Bauweise. Aufgrund des geringen Gewichts von nur 99 kg war die Maschine äußerst wendig. Der Motor lief im niedrigen Drehzahlbereich nicht leer wie der einer Achtellitermaschine und erwies sich umgekehrt bei hohen Drehzahlen keineswegs als unkontrollierbar.

Im Jahr darauf wurde die stärkere GS 250 mit 34 PS vorgestellt. Weitere drei Jahre vergingen, bis 1975 die GS 400 herauskam. Sie hatte ein Triebwerk mit 352 ccm Hubraum, bot knapp 40 PS Leistung und wog nur etwas mehr als 100 kg. Eine Maschine, die man bändigen können musste ... eine Maschine für echte Profis.

LAVERDA SFC 750

1971

190–191 Bei den allerersten SFC, die dem Profibereich vorbehalten waren, bestand der Tank aus Aluminium. Als die eigentliche Vermarktung begann, war er aus glasfaserverstärktem Kunststoff gefertigt, wie auch der breite Windschild und das Heck.

Imposant, muskulös, „hart" zu fahren, aber schnell, stabil und begehrt. Es war schwierig, den Erfolg eines Motorrads einzuschätzen, das in grellem Orange verkauft wurde, doch die Laverda 750 SFC enttäuschte nicht. In elitären Liebhaberkreisen nimmt sie heute wie damals eine Sonderstellung ein. Mit einer Gesamtstückzahl von weniger als 600 Exemplaren ist sie eines der meistkopierten bzw. -gefälschten Motorräder. Ein Original ist kaum mehr zu finden.

Ins Leben gerufen wurde die Marke aus Venetien von Francesco Laverda. Ausgehend von den Erfahrungen des Familienunternehmens, das Landmaschinen herstellte, beschloss Francesco kurz nach dem Zweiten Weltkrieg, einen Beitrag zum Wiederaufbau des Landes zu leisten, und begann mit der Entwicklung und Konstruktion von Kleinmotorrädern. Das Erste war ein robustes und genügsames 75-ccm-Modell mit Viertaktmotor. Bald machten die kleinen Motorräder des Herstellers aus Breganze bei diversen Veranstaltungen wie der Milano-Taranto, dem Giro d'Italia und anderen Langstreckenbewerben von sich reden.

Nach den glorreichen Fünfzigern fuhr der Markt in die Krise. In Breganze suchte man nach neuen Wegen und begann, Mopeds und Roller zu fertigen. Doch der Erfolg stellte sich erst wieder ein, als man beschloss, auf hubraumstarke Modelle zu setzen. Der Impuls dazu war von Sohn Massimo Laverda gekommen, der vorhatte, in den USA Fuß zu fassen. So entstanden die ersten schweren Laverdas, erst mit 650 ccm, dann mit 750 ccm. Für das kleine Familienunternehmen war dies eine beachtliche Leistung, die den technischen Leiter Luciano Zen vor eine harte Probe stellte. Die Hauptmerkmale waren der Motor (OHC-Viertakt-Twin mit 25 Grad nach vorne geneigten Zylindern und kurzem Hub) und der Rahmen mit doppeltem Oberzug. Es waren Tourenmaschinen vom Typ GT (Gran Turismo), so die damals übliche Bezeichnung. Doch diese zweite Laverda-Generation hatte bereits die Leidenschaft für Langstreckenrennen im Blut – umso mehr, als damals auch in Italien Bewerbe für „Serienabkömmlinge" in Mode kamen. So wurde auf dem Mailänder Autosalon 1971 die 750 SFC (Super Freni Competizione) vorgestellt. Laverdas galten damals als elitäre Motorräder für Typen vom Schlag „wählerischer, sportorientierter Aristokrat". Die SFC indes wandte sich an draufgängerische, anspruchsvolle Freaks – an solche, die nach einem Sportflitzer suchten, den sie über die Autobahn jagen oder auf den großen internationalen Rennstrecken bei diversen Endurance-Wettbewerben einsetzen konnten.

Optimiert vom Fahrer Augusto Brettoni, ließ diese 750er keinen Platz für Kompromisse. Die SFC war recht lang und massiv, wirkte jedoch dank der in GFK ausgeführten Teile (Windschild, Tank, Heckbürzel) relativ schlank. Eine gewisse Sanftheit verliehen ihr die Scheinwerfer und die Nummernschildhalterung, die für den Straßeneinsatz verpflichtend waren. Doch im Grunde war sie die geborene Maschine für die Rennpiste und als solche schwer ans Limit zu treiben: zuverlässig, tempostark und von einer Stabilität, die vielen Mitbewerbern abging. Dank dieser Eigenschaften landete sie stets auf dem Podium, bei den 24-Stunden-Rennen im niederländischen Oss und in Barcelona, bei der Bol d'Or in Le Mans oder bei den 500-km-Bewerben in Monza, Modena und Vallelunga. Die bis 1976 produzierte SFC erfuhr über die Jahre etliche Verfeinerungen an Fahrwerk und Motor, die jedoch das ursprüngliche Gepräge nicht auf den Kopf stellten.

MOTO GUZZI V7
750 SPORT

1971

194 Die ungewöhnliche Farbkombination – feuerrot der Rahmen, hellgrün der Tank und die Verkleidungsteile – war nur den ersten 150 Exemplaren vorbehalten, die direkt in der Entwicklungsabteilung der Herstellers zusammengebaut wurden.

195 Zu den Besonderheiten der V7 zählte der in Höhe und Breite verstellbare Lenker. Wer sportlich unterwegs sein wollte, senkte ihn ab, zum Cruisen oder für Touren stellte man ihn höher.

Von ihr stammen sämtliche Sportflitzer mit 90-Grad-Zweizylinder-V-Motor ab, die die Geschichte des Herstellers aus Mandello geprägt haben. Sie, die V7 Sport, war die Erste. Dann kamen die S, die S3 und die diversen Le-Mans-Serien. Und schließlich, im neuen Jahrtausend, die V11 Sport, die zumindest in der Farbgebung als Hommage an die Erstgeborene angesehen werden kann. Denn die V7 Sport war auch hinsichtlich der Lackierung ebenso speziell wie einzigartig.

Der Grundstein für die Realisierung eines Sportmotorrads wurde 1969 auf der Rennstrecke von Monza gelegt. Moto Guzzi trat mit einer von Giulio Cesare Carcano entworfenen Zweizylindermaschine an, die eine Weiterentwicklung des Tourenmodells V7 war, und schon bald stellten sich Erfolge ein. So reifte die Idee, eine sportliche V7 in Serie zu bauen. Auf der Rennstrecke war neben dem Techniker Lino Tonti auch stets der Generaldirektor Romolo De Stefani zugegen. Angesichts des Potenzials, das der Zweizylinder zeigte, wurde Tonti von De Stefani mit der Entwicklung und Umsetzung eines Sportmotorrads beauftragt, das dem Hersteller zu neuen Höhenflügen verhelfen sollte.

Tonti hatte nur drei Vorgaben, 200 km/h Spitze, höchstens 200 kg Gewicht und Fünfganggetriebe, und begann sofort, an dem Projekt zu arbeiten, das jedoch wegen ständiger Streiks und betriebsinterner Spannungen ins Stocken geriet. Er beschloss daher, das Projekt zu Hause weiterzuführen. Mit seinem Freund Alcide Biotti arbeitete er oft bis spätnachts an der Optimierung des Motors. Vor allem aber realisierten sie einen Doppelschleifenrahmen, der sich als Meisterwerk erwies. Die erste Serie der V7 Sport – gezählte 150 Exemplare – wurde direkt in der Entwicklungsabteilung von Moto Guzzi zusammengebaut und der Rahmen, fast als ob man ihn hervorheben wollte, rot lackiert.

SUZUKI GT 750

1972

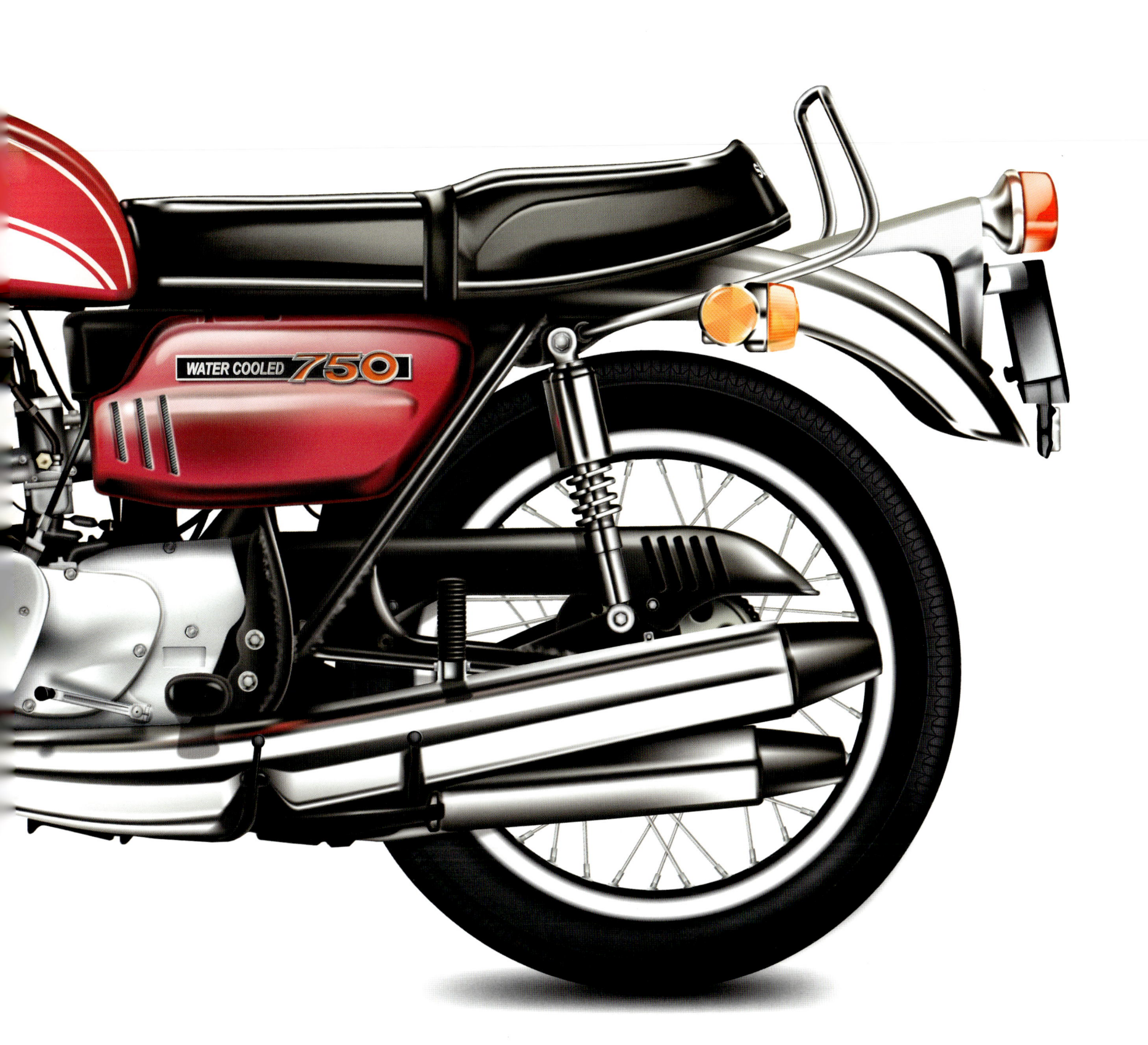

WATER COOLED 750

Das Manko, falls man es überhaupt als solches bezeichnen kann, lag darin, dass die großvolumige Zweitaktmaschine nicht als PS-starkes, spritziges Höllengefährt ausgeführt worden war, sondern als ausgewogener, sanftmütiger Tourer. Dies kam beim breiten Publikum nicht gut an. Ansonsten aber war alles für einen großen Erfolg vorhanden: exklusiver Dreizylinder-Zweitaktmotor, Wasserkühlung, sorgfältige Verarbeitung und hochwertige Materialien. Bei ihrem Marktdebüt 1972 erregte die Suzuki GT 750 wegen ebendieser Merkmale Aufsehen.

Der für kleine Hubraumklassen bekannte Hersteller aus Hamamatsu, der seit den frühen 1950ern unter der Leitung von Shunzo Suzuki Motorräder baute, wollte in das Segment der mittelgroßen und schweren Maschinen vordringen. In den 1960er-Jahren hatte sich Suzuki mit kleinen Zweitaktern bei den Straßenweltmeisterschaften einen soliden Ruf aufgebaut. Nun wollte man mehr und wandte sich früher als die Konkurrenz dem Offroad-Sektor und etwas später als die japanischen Mitbewerber auch der Oberklasse zu.

Das erste Modell war die Titan, eine Zweizylinder-Zweitaktmaschine mit 500 ccm, die sich als recht erfolgreich erwies. Es folgte die GT 750, die 1970 auf der Tokio Motor Show vorgestellt wurde und in keiner Weise den gängigen Standards entsprach. Suzuki hatte eine exzellent ausgeführte Maschine mit üppiger Farbgebung, einem klassischen Rahmen und einem einzigartigen Triebwerk realisiert: einem Dreizylinder-Zweitakter mit Wasserkühlung und Zwangsschmierung. Zwei Takte deshalb, um die 20-jährige Erfahrung der Suzuki-Techniker nutzen zu können, drei Zylinder, um sich von der Konkurrenz zu unterscheiden. Auf die Wasserkühlung wurde aus vier Gründen gesetzt: verbesserte Kühlung des mittleren Zylinders, geringe Breite des Triebwerks durch Wegfall der Kühlrippen, mehr Laufruhe des Motors und, erneut, Differenzierung gegenüber der Konkurrenz.

Beim Anblick dieser 750er dachten viele, es müsse sich um einen Prototyp handeln: Die Serienfertigung einer derart ausgereiften und außergewöhnlichen Maschine schien undenkbar. Doch schon 1972 gelangte die GT 750 in den Verkauf. Trotz der Merkmale, die sie „auf dem Papier" zu einem Sportmotorrad machten, war sie eher ein Tourer. Bestechend waren das ausgesuchte Styling und die Sorgfalt bei der Wahl der Farbkombinationen. Das Triebwerk war zwar ein Dreizylinder, hatte jedoch vier Auspuffe, zwei rechts und zwei links, denn der Krümmer des mittleren Zylinders teilte sich unter dem Motor. Die Lösung wurde dadurch gerechtfertigt, dass man ein beidseitig ausgewogenes, elegantes Erscheinungsbild erreichen wollte.

Diese mächtige Suzuki erwies sich auf der Straße als äußerst wendig und überzeugte als genüssliches Reisemotorrad für mittlere und lange Strecken. Der Antrieb, der 67 PS bei 6500 U/min und eine Leistung garantierte, die den damaligen großen Viertaktern um nichts nachstand, überzeugte. Was dem Fahrer allenfalls Sorgen bereitete, war der hohe Verbrauch, der zu häufigen Tankstopps zwang. Das Aufkommen der Abgasvorschriften, ständig steigende Spritpreise und der trotz des Potenzials des Motors nicht sehr sportliche Charakter der GT 750 machten binnen weniger Jahre das Ende der Produktion unvermeidlich. Auch Suzuki stellte auf Viertakter um, die zwar weniger exklusiv, aber für Bikes der obersten Liga besser geeignet waren.

198–199 Mit ihren ausgeprägten Toureneigenschaften war die Suzuki GT 750 ein exzellenter Kilometerfresser. Sie lief seidenweich und ohne nervige Vibrationen. Einziges Manko: der hohe Benzin- und Ölverbrauch.

TRIUMPH X-75 HURRICANE

1972

Designstück der Sonderklasse, Special in limitierter Auflage, Fahrspaß pur, Kultobjekt oder Custombike auf Sportbasis – die Definition der ungewöhnlichen Hurricane sei jedem selbst überlassen. Triumph baute diese unverschämt andersartige Maschine weniger als ein Jahr lang für den amerikanischen Markt. Anders als man vermuten möchte, kam die Idee für das Projekt nicht aus England, sondern vom Amerikaner Don Brown, dem stellvertretenden Vorsitzenden von BSA USA. Kurz zuvor war die nagelneue BSA Rocket 3 in die Verkaufslisten des Herstellers aus Birmingham aufgenommen worden, die jedoch Brown nicht überzeugte. In seinen Augen war sie zu massiv und schwer, was er der englischen Firmenleitung auch kundtat. Brown war der Ansicht, dass der US-Markt nach etwas anderem verlangte, etwas, das den Ansprüchen reicher Amerikaner besser gerecht wurde. Im Geheimen lancierte er daher eine Special auf Basis der Rocket 3. Doch wer sollte mit dem Projekt betraut werden? Auf Anraten von Harry Chaplin, dem US-Vertriebsleiter von Triumph, kontaktierte Brown einen jungen Designer und Motorradfanatiker aus Illinois namens Craig Vetter. Die beiden wurden sich rasch einig, und schon wenige Tage nach ihrem Treffen nahm Vetter unter strenger Geheimhaltung das Projekt in Angriff, das mit einem Meisterwerk endete. Brown führte das Motorrad sofort der Unternehmensführung vor. Die neue Maschine gefiel Peter Thornton, dem Vorsitzenden von BSA USA, auf Anhieb. Und sie gefiel auch den Engländern, allen voran Eric Turner, die alsgleich beschlossen, die Serienproduktion aufzunehmen. Als die Maschine in den Verkauf gelangte, bekam sie auf Wunsch von Thortons Nachfolger Felix Kalinski den Namen X-75 Hurricane und wurde unter der Marke Triumph vertrieben.

203 OBEN CRAIG VETTER VOR EINER REIHE VON X-75 HURRICANES, DEN MASCHINEN, DIE ER ANFANG DER SIEBZIGER DESIGNTE.

202–203 DIE ÄSTHETIK DES MOTORRADS WURDE VON DER ÜBERLANGEN GABEL, DEM TROPFENFÖRMIGEN TANK UND DEN SCHWUNGVOLLEN SEITENVERKLEIDUNGEN GEPRÄGT. EBENSO UNGEWÖHNLICH DIE FARBE: ORANGEROT MIT REFLEKTIERENDEN GELBEN STREIFEN.

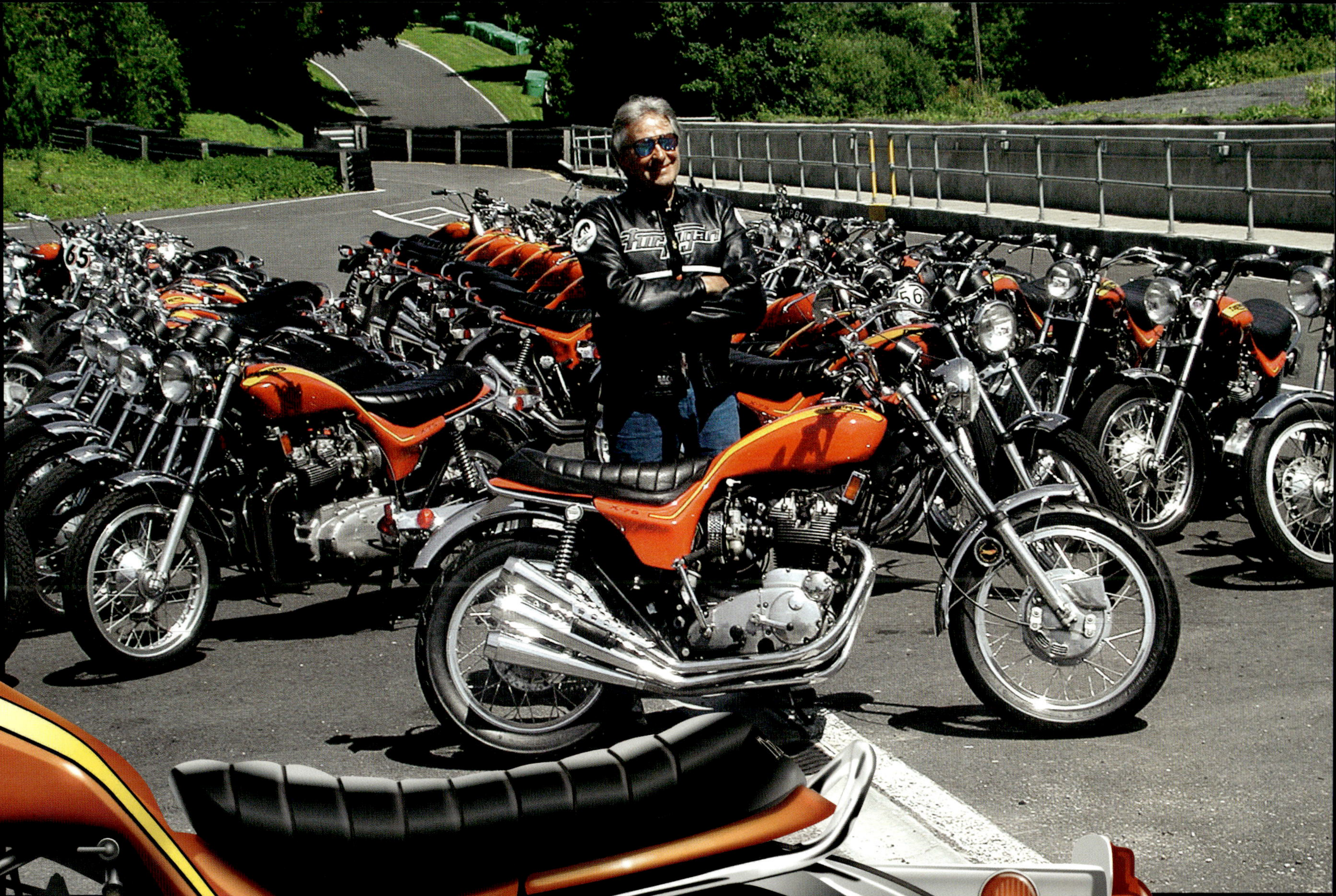

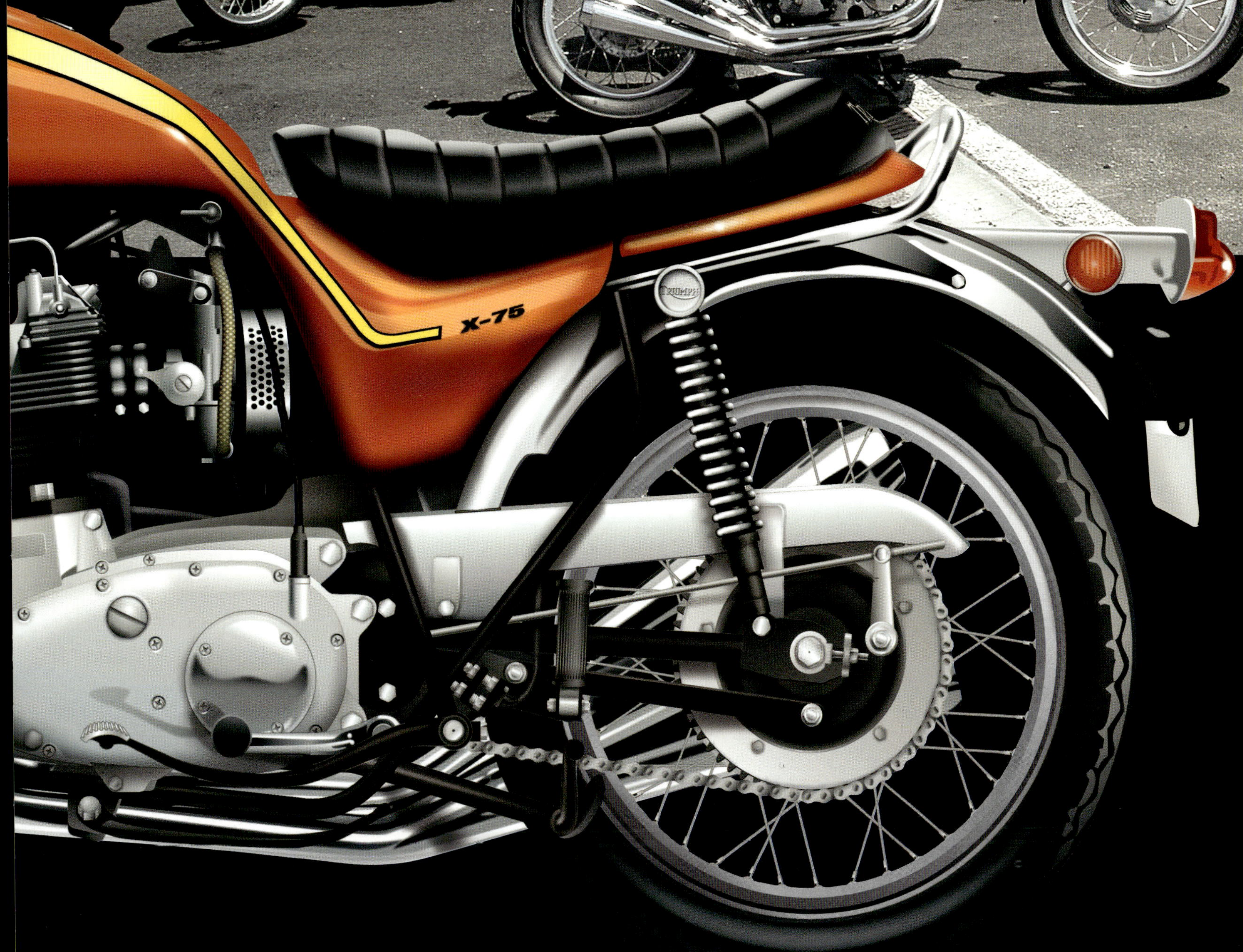
X-75

DUCATI 750 SS

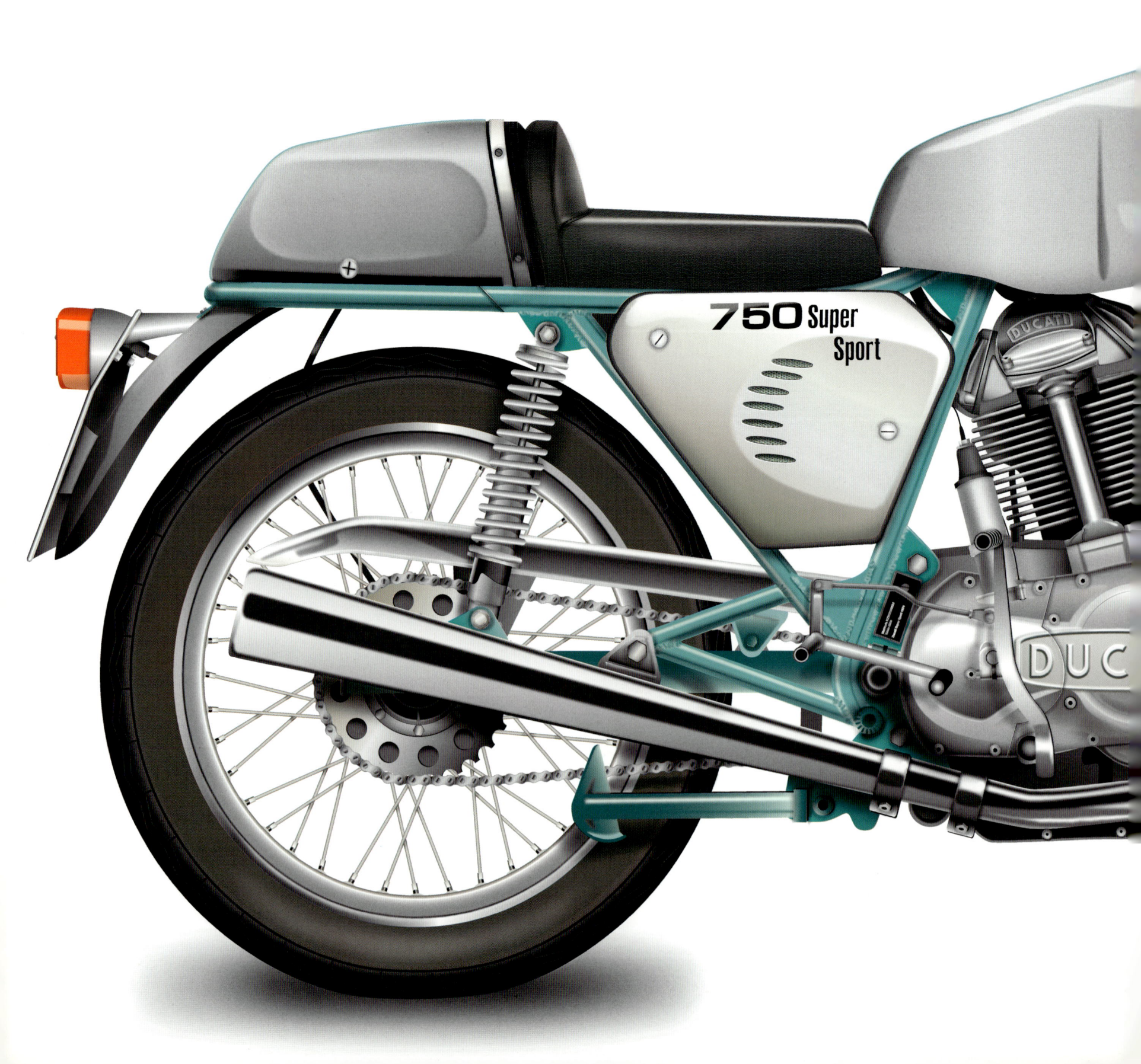

1973

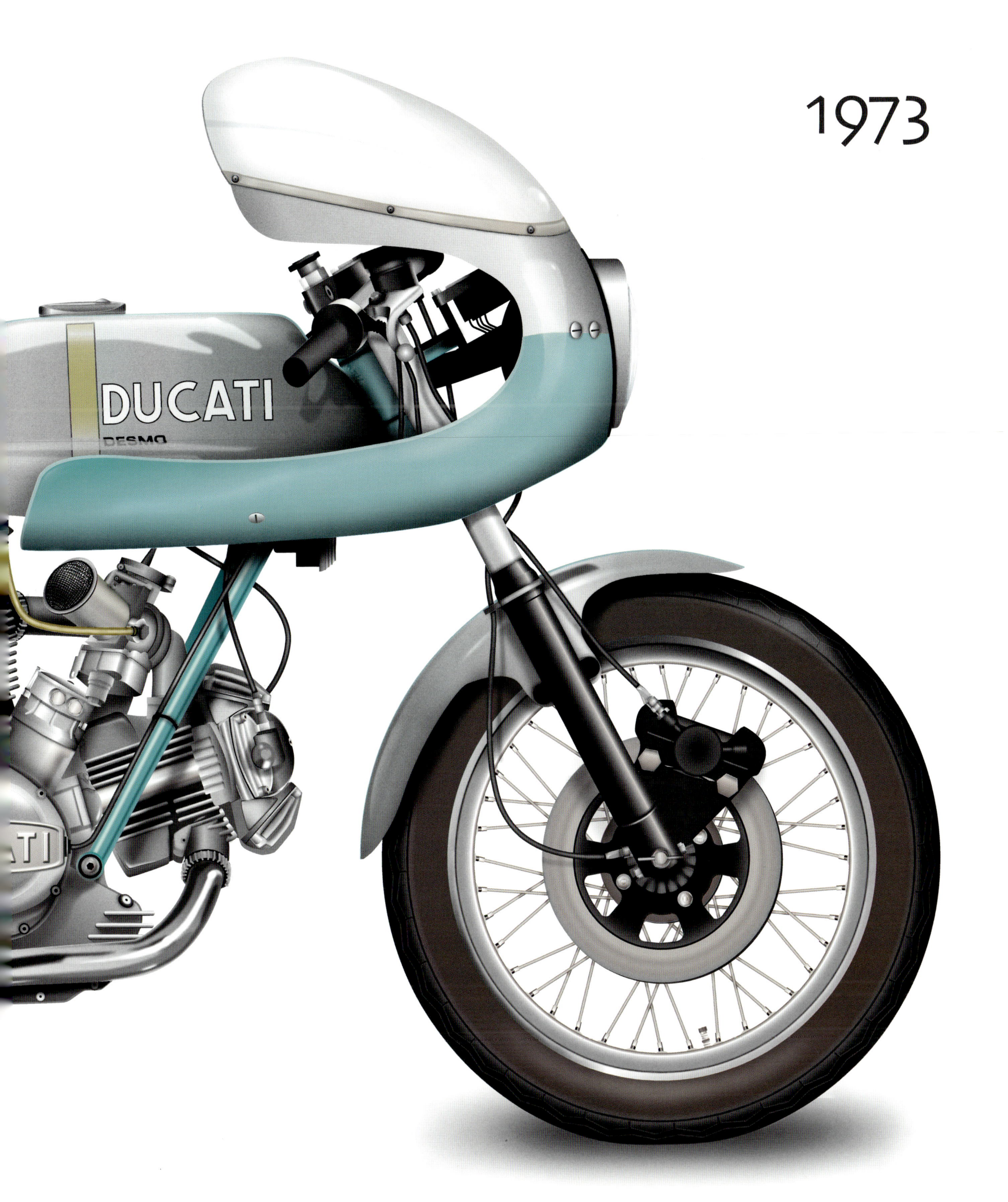

Imola, 1972. Die Sensation beim 200-Meilen-Rennen war perfekt. Überlegen gewann Paul Smart dieses Formel-750-Rennen vor Bruno Spaggiari. Gefahren waren beide mit den nagelneuen Ducati-750-Zweizylindermaschinen. Es war ein zukunftsweisender Sieg für den Hersteller und ebnete ihm dank des 90-Grad-Zweizylinder-L-Motors, den der legendäre Fabio Taglioni entworfen hatte, den Weg in die Oberklasse.

Doch es gab noch eine weitere Charakteristik, die die Maschinen aus Borgo Panigale bis heute einzigartig macht: die berühmte Desmodromik – jene Steuerung, die die Ventile mittels Kipphebeln öffnet und schließt, wodurch sie auch bei sehr hoher Drehzahl nicht zu flattern beginnen.

Doch zurück zum Sieg in Imola: Dieser ließ bei den Fans den Wunsch nach einem Motorrad wachsen, das dem der beiden Helden möglichst ähnlich sein sollte. Ducati ließ sich die Gelegenheit nicht entgehen und stellte bereits im darauffolgenden Frühling in Turin die 750 SS (Super Sport) vor. Es war eine Art Replik der Rennmaschine von Paul Smart – gleiche Farben, gleiches Fahrwerk, gleicher Motor. Nur im Aussehen unterschied sie sich, durch die weniger ausladende Verkleidung, die vorgeschriebenen Scheinwerfer, die Nummernschildhalterung und zwei Auspuffe mit sanfterem Sound.

Wer sie fuhr, kam aus dem Staunen nicht heraus. Die 750 SS war superschnell und fuhr wie auf Schienen. Für Jubel sorgte der Zweizylinder, der in jedem Drehzahlbereich überzeugte: Satt und gefügig bei niedrigen Drehzahlen, ließ er seine Muskeln spielen, sobald man das Gas aufdrehte. Und dank der desmodromischen Ventilsteuerung, die die Gefahr des Überdrehens bannte, waren unendlich lange Spurts möglich. Im Grunde war die SS ein zivilisiertes Gefährt, das jedoch stets bereit war, mit „seriennahen" Rennmaschinen auf der Piste zu konkurrieren. Ermöglicht wurde dies durch einen von Ducati zur Verfügung gestellten Bausatz, der schärfere Nockenwellen, einen Ölkühler, offene Auspuffrohre, eine Verschalung und eine Reihe unterschiedlicher Düsen und Übersetzungen umfasste.

Mehr brauchte es nicht, denn alles andere an der 750 SS war bereits „rennfertig".

206–207 Die ungewöhnlichen Farben erinnerten an die Maschine von Paul Smart. Die Verkleidungen waren aus glasfaserverstärktem Kunststoff, der Tank hatte eine Art Sichtglas zur Kontrolle des Treibstoffniveaus.

207 Mithilfe des frei zu erwerbenden Bausatzes wurde aus der 750 SS eine echte Rennmaschine. In der Hinteransicht kommt der ungewöhnliche Verlauf der beiden Auspuffrohre gut zur Geltung.

BMW R 90 S

1973

Es gibt wenige Motorräder, die mit einem Rolls-Royce verglichen wurden. Eines davon war die 1973 vorgestellte BMW R 90 S.

Sie war ein vornehmes, elegantes Gefährt, das untadelig ausgeführt war. Zudem war sie mit einem Boxermotor ausgerüstet, der erstmals 900 ccm Hubraum erreichte und nicht nur durch Laufruhe, Elastizität und Robustheit, sondern auch sportlichen Charakter überzeugte. Gekrönt wurde all dies von einer für ein Traditionsunternehmen wie BMW ungewöhnlichen Ästhetik.

1973 war für den Münchener Hersteller ein wichtiges Jahr. Einerseits feierte man das 500000 produzierte Motorrad, andererseits war man sich bewusst, dass sich die Zeiten änderten, weshalb man sich dem Segment der schweren Maschinen mit Hubräumen um einen Liter zuwandte und die Serie 90 schuf (die Zahl verweist wie bei BMW üblich auf den Hubraum). Außerdem fuhren Helmut Dahne und Gary Green im Herbst mit einer entsprechend getunten R 90 bei der Bol d'Or in Le Mans auf den dritten Platz. Durch diese wichtigen Ereignisse bestärkt, präsentierte sich die sportliche R 90 S mit sämtlichen Voraussetzungen, Klassenbeste zu werden, dem Markt.

Man konnte sich auch für die „nackte", eher als Reisemotorrad ausgelegte R 90/6 entscheiden. Doch am meisten Aufmerksamkeit erregte die S – aufgrund der speziellen Lackierung (Rauchsilber oder Daytona-Orange), der beiden Dellorto-Vergaser anstelle der gewohnten der Marke Bing und der breiten Cockpitverkleidung.

Das Tourenmotorrad par excellence war ein unermüdlicher Kilometerfresser und obendrein, wie für BMW üblich, äußerst wartungsarm. Das Fahren war ein pures Vergnügen. Dank der hervorragenden Lenkposition, der windschlüpfrigen Cockpitverkleidung, der gut platzierten Steuerelemente und einer Höchstgeschwindigkeit von knapp 200 km/h konnte man mit ihr erster Klasse reisen und stieg selbst nach Hunderten Kilometern entspannt ab.

Inimitable BMW...

Sheer Riding Pleasure

210 Unnachahmlich BMW, heisst es in dieser Werbung. Vor allem nach dem Zweiten Weltkrieg wurden die Maschinen aus München von vielen kopiert, allerdings mit eher kläglichen Ergebnissen.

211 oben Die schnelle und sportliche R 90 S konnte auch sanft und gemütlich sein. Eine perfekte Reisemaschine, mit der man Hunderte Kilometer mit hohem Durchschnittstempo herunterspulen konnte.

211 unten Beim Motor handelte es sich um den altbekannten und bewährten Zweizylinder-Boxer, der auf 900 ccm aufgebohrt und mit italienischen Dellorto-Vergasern ausgerüstet war.

HONDA GOLD WING GL 1000

1974

In der Motorradwelt an der Spitze zu rangieren bedeutet, die Fähigkeit zu haben, Grenzen zu überschreiten, zu übertreiben, etwas wirklich Gewagtes zu bieten. Vor allem dann, wenn der Markt, den man erreichen oder erobern will, der amerikanische ist, der von den imposanten Harley-Davidsons dominiert wird.

Die japanischen Motorradbauer verfolgten zunächst aufmerksam die Entwicklung der eingesessenen europäischen und amerikanischen Marken. Dann brachten sie ihre eigenen Modelle heraus und deklassierten fast die gesamte Konkurrenz. Nach der CB 750, die alle großen Marken in ihre Schranken verwiesen hatte, war für die Führungsetage von Honda Anfang der 1970er-Jahre der Zeitpunkt gekommen, sich mit neuen schweren Motorrädern zu befassen und in der alles anderen als einfachen 1000-ccm-Klasse zu reüssieren.

Das Technikerteam unter der Leitung von Soichiro Irimajiri hatte die Fähigkeiten, den Willen und die Mittel, auch in diesem Bereich zu brillieren. Übertreibung pur schien das Leitmotiv des Projekts, das mit der Entwicklung und der Erprobung eines Sechszylinder-Boxermotors mit 1500 ccm Hubraum begann. Doch dieses Triebwerk war zu gewagt, selbst für einen so schlagkräftigen Hersteller wie Honda.

Also ging man daran, den Entwurf leicht zu redimensionieren. Es entstand die noch immer imposante Honda Gold Wing 1000, die sich mit einem Boxermotor mit lediglich vier wassergekühlten Zylindern, einer von Zahnriemen angetriebenen oben liegenden Nockenwelle (für maximale Laufruhe), Kardanantrieb und drei Scheibenbremsen „bescheiden" musste. Die Maschine war wegen des Gewichts und des Preises nicht für jedermann geeignet und für den Stadtverkehr alles andere als ideal. Doch trotz ihres klobigen Erscheinungsbilds legte sie eine unerwartete Wendigkeit an den Tag. Zu verdanken war dies der gewissenhaften Arbeit der Techniker, die neue Wege gegangen waren, um den Schwerpunkt tiefer zu legen.

214–215 Sorgfältige Montage und hochwertige Materialien, beachtliche Masse und besonderes Augenmerk auf Komfort für Fahrer und Beifahrer machten die Gold Wing zu einer der Hauptrivalinnen der Harley-Davidson Electra Glide.

YAMAHA XT 500

1975

Viele haben es vor ihr versucht, doch die Ergebnisse waren stets enttäuschend. Auf der einen Seite stand das Streben nach der ultimativen Allround-Maschine, die auf Asphalt wie auf Schotter gut zu fahren war. Andererseits war der Markt von mittelmäßigen Motorrädern überschwemmt, die sich häufig weder für die Straße noch für den Offroad-Bereich wirklich eigneten.

Was letztendlich den Markt der 1970er-Jahre bestimmte, waren wieder einmal die Vereinigten Staaten mit ihren unendlichen Weiten und den zahlreichen Möglichkeiten, sich ins Gelände zu begeben. In den Jahren davor waren die Scramblers aufgekommen, deren Geländetauglichkeit aber nicht vollends zufriedenstellte. Es musste etwas Neues her. Viele Hersteller waren sich dessen bewusst – insbesondere die englischen Marken und die japanischen Newcomer. Triumph beispielsweise stellte die TR5T 500 vor und trat mit diesem Scrambler mit ausgeprägter Geländetauglichkeit 1973 beim Sechstagerennen in den USA an. Sie konnte sich jedoch nicht durchsetzen. Gründe dafür gab es mehrere, vom Gewicht über die nicht gerade üppige Leistung bis hin zu den altbekannten, typisch angelsächsischen Macken.

Ganz anders die Situation für den damals relativ jungen Hersteller Yamaha: Vor allen anderen japanischen Firmen brachte das 1955 von Gen'ichi Kawakami gegründete Unternehmen 1975 eine echte Enduro mit Halbliter-Viertakt-Motor heraus: die XT 500. Für den Viertakter entschied man sich, weil man die strengen US-Abgasvorschriften erfüllen musste; die 500 ccm wurden gewählt, da man für Fahrspaß bei zügigem Tempo eine ordentliche Dosis Drehmoment und Leistung als erforderlich erachtete.

Der in einigen Lösungen der BSA Gold Star ähnlichen Yamaha gelang sofort der Durchbruch. Ob es nun die Neuheit oder die Zuverlässigkeit und Handlichkeit der Maschine war: Tatsache ist, dass die XT einen neuen Trend hin zu sogenannten Dual-Motorrädern auslöste, der sämtliche große Hersteller innerhalb weniger Jahre zwang, sich anzupassen und ähnliche Modelle herauszubringen.

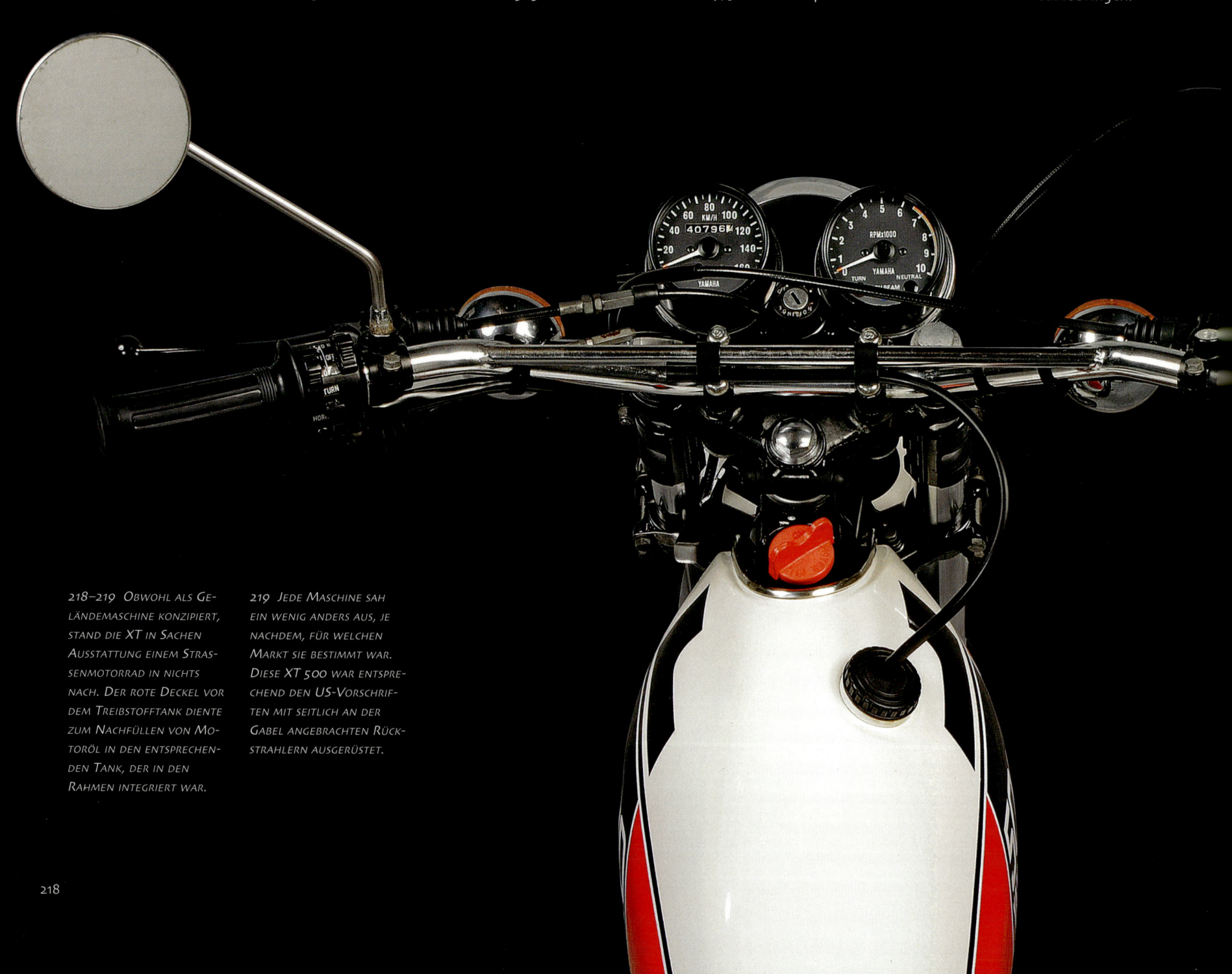

218–219 Obwohl als Geländemaschine konzipiert, stand die XT in Sachen Ausstattung einem Strassenmotorrad in nichts nach. Der rote Deckel vor dem Treibstofftank diente zum Nachfüllen von Motoröl in den entsprechenden Tank, der in den Rahmen integriert war.

219 Jede Maschine sah ein wenig anders aus, je nachdem, für welchen Markt sie bestimmt war. Diese XT 500 war entsprechend den US-Vorschriften mit seitlich an der Gabel angebrachten Rückstrahlern ausgerüstet.

Die Stärke der XT war ihr Einzylindermotor mit oben liegender Nockenwellen und kurzem Hub (Bohrung mal Hub 87 x 84 mm), der sich mit etwa 30 PS bei 6500 U/min und einem guten Drehmoment (37,6 Nm bei 5250 U/min) als sehr elastisch und lebhaft erwies, auch im hohen Drehzahlbereich überzeugte und vor allem kaum vibrierte. Alles in allem eine angenehme Überraschung.

Außerdem war das Treibwerk robust und leise, es qualmte nicht, verlor kein Öl und war sparsam im Verbrauch. Ein solch schöner Motor passte wunderbar in das sorgfältig ausgeführte, schlanke Fahrwerk mit dem in den Oberträger des Einschleifenrahmens eingebauten Öltank.

Gut dimensionierte Aufhängungen, Bremsen und Reifen verliehen der XT nicht nur auf kurvenreichen Asphaltstrecken, sondern auch im Gelände trotz der langen Getriebeübersetzung eine ungeahnte Wendigkeit. Zu verdanken war all dies den fähigen Technikern des Herstellers aus Iwata, denen es gelang, das Gewicht durch den Einsatz hochwertiger Materialien (Magnesium für das Motorgehäuse, Aluminium für den Tank) gering zu halten.

Yamaha begründete somit den Trend hin zu großvolumigen, viertaktenden Enduro-Einzylindermaschinen, die als Allround-Motorräder auf Asphalt, Schotter und Wüstensand gleichermaßen gut unterwegs waren. Mit oder ohne Sozius.

BIMOTA
SB2 750

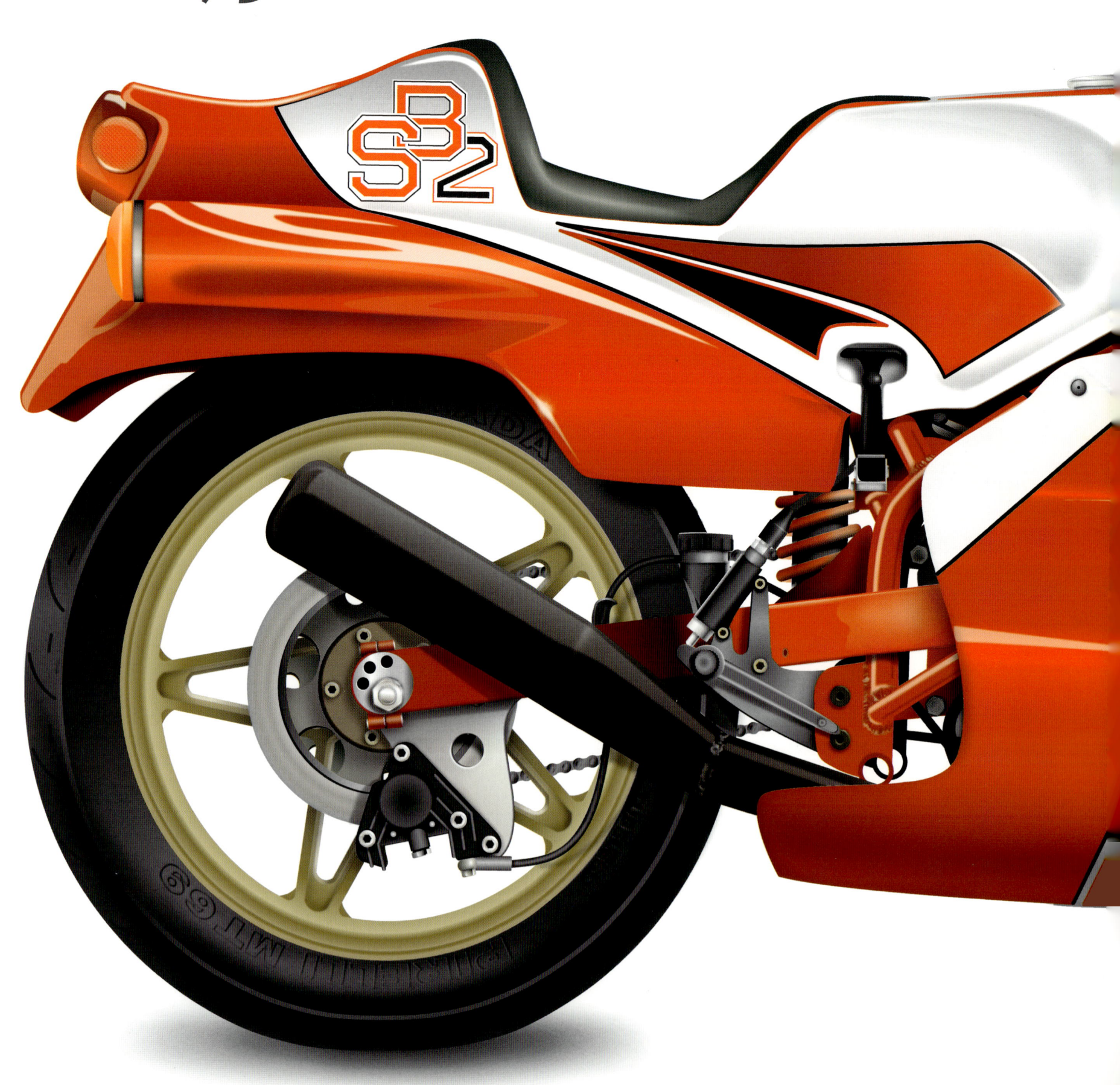

1976

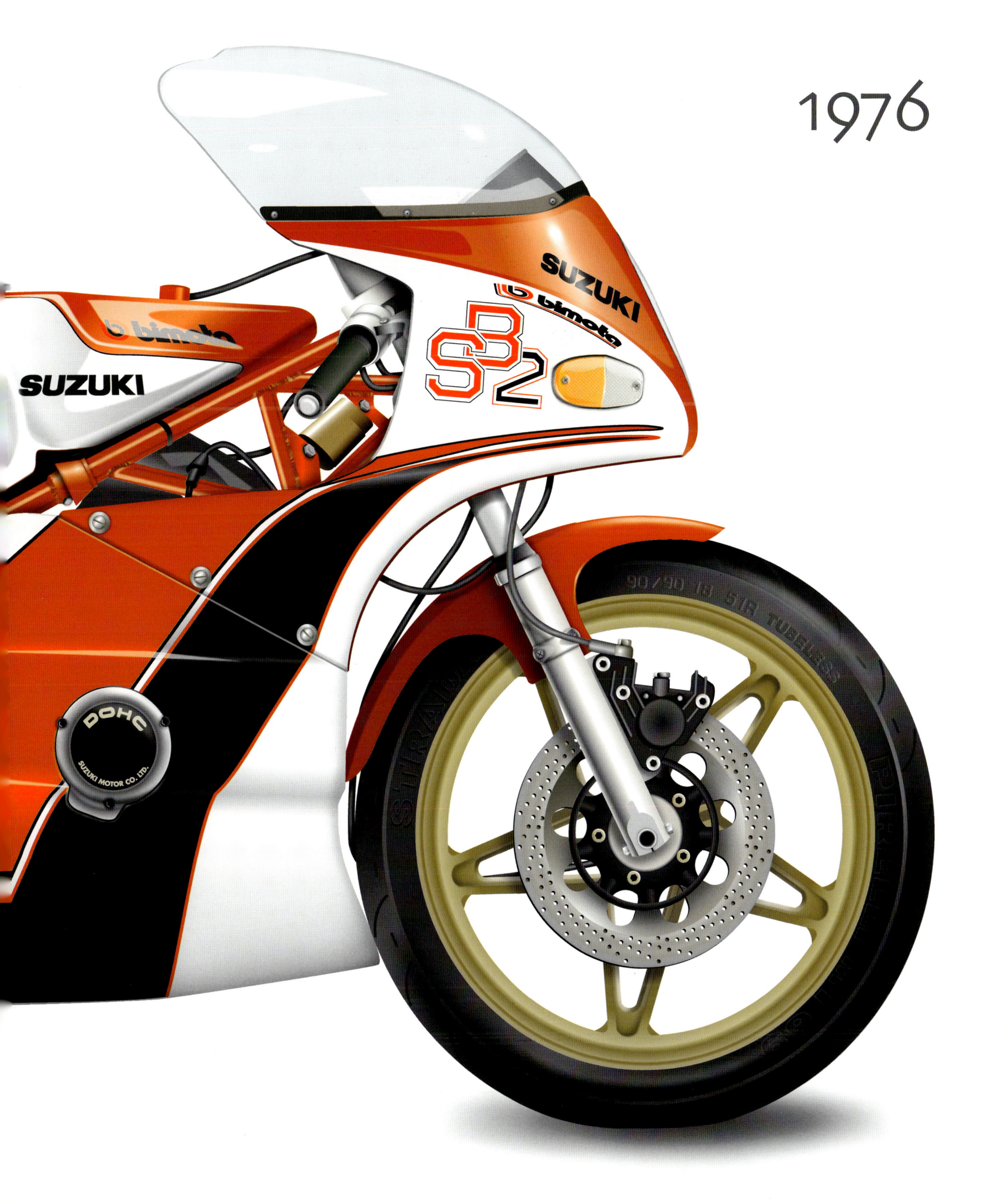

222 UND 223 DIE VOM GENIALEN MASSIMO TAMBURINI
ENTWICKELTE SB2 BEDEUTETE FÜR BIMOTA DIE WENDE.
ZUVOR HATTE DIE IN RIMINI BEHEIMATETE MOTORRAD-
SCHMIEDE UMBAU-KITS FÜR RENNMASCHINEN GEFERTIGT.

Valerio Bianchi, Giuseppe Morri und Massimo Tamburini. Mit einem Wort: Bimota. Die Initialen dieser drei Herren ergaben den Namen der italienischen Firma, die anfänglich sportliche Bausätze für japanische Motorräder fertigte.

Dem eigenwilligen Genie Tamburini war dies jedoch nicht genug; er begann, komplette Motorräder zu bauen. Nach der Special auf MV-Basis widmete er sich der neu herausgekommenen Honda 750; deren Motor war großartig, doch beim Fahrwerk haperte es.

Tamburini baute also ein eigenes Fahrwerk. So entstand 1973 die als Rennmaschine ausgelegte HB1 (Honda-Bimota 1). Der neue Rahmen erwies sich als optimal, was nicht nur Hobbyrennfahrer, sondern auch die großen Hersteller hellhörig werden ließ. Vom Honda-Triebwerk ging Tamburini schließlich zum Suzuki-Motor über und brachte die Grand-Prix-Maschine SB1 (Suzuki-Bimota 1) mit 500 ccm Hubraum heraus. Auf diese folgte 1976 die fulminante Straßenmaschine SB2, mit der Tamburini unter Verwendung des Vierzylindermotors der GS 750 ein echtes Superbike schuf.

Der Hauptrahmen bestand aus zwei Teilen, die oben auf Höhe der Zylinder durch ein konisches Element verbunden und unten direkt mit dem Motor verankert waren. Dies ergab eine solide, steife Struktur. Dennoch brauchte man nur ein paar Minuten, um das Motorrad buchstäblich auseinanderzunehmen und den Motor „freizulegen". Für einen möglichst tiefen Schwerpunkt war der Tank unter dem Motor platziert. Die Auspuffrohre hingegen verliefen über dem Motor und unter dem Sitz und endeten in der Nähe des Rücklichts. Probleme wie Überhitzung und schlechte Speisung führten jedoch dazu, dass man in der Serienfertigung auf konventionellere Lösungen zurückwich. Der Tank wanderte wieder nach oben, die Auspuffanlage wurde unten verbaut. Eine Umgestaltung des Bürzels kam nicht infrage, daher wurden die beiden Leerräume mit großen Blinkern gefüllt.

BMW R 80 G/S

1980

75 Jahre BMW Motorrad
75 Years of BMW Motorcycles

1980 BMW R 80 GS

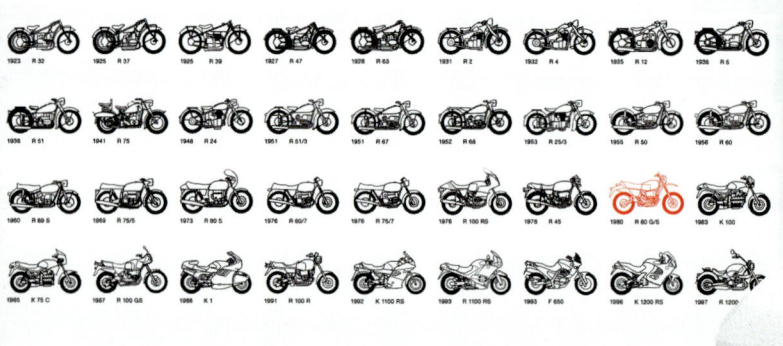

226 OBEN DIESES PLAKAT,
IN DESSEN MITTELPUNKT DIE
GS STEHT, ENTSTAND AN-
LÄSSLICH DES 75-JÄHRIGEN
BESTEHENS DER MÜNCHENER
MOTORRADSCHMIEDE.

226–227 Die R 80 GS Basic von 1996 war die letzte BMW-Geländemaschine, die mit einem Boxermotor mit zwei Ventilen pro Zylinder ausgerüstet war.

Eine Enduro, die es auf 160 km/h brachte und über Wüstendünen flog. Mit der R 80 G/S gelang dem Münchener Hersteller 1980 der Einzug in die Welt der Geländemaschinen. „G" stand für Gelände, „S" für Straße, was die Natur dieser ungewöhnlichen Maschine unterstreichen sollte. Der Motor war immer noch „Er", der Boxer, nur wurde er diesmal in einem ausgefallenen, geländetauglichen Fahrwerk verbaut. Für BMW bedeutete dies keine absolute Neuheit, war man doch bereits seit 1926 bei Geländerennen vertreten, allerdings mit mehr oder weniger umgestrickten Straßenmotorrädern.

Daran änderte sich nach dem Krieg und bis in die 1970er-Jahre nicht viel, als man bei vielen Wettbewerben die mächtigen 750-ccm-Maschinen mit hoch liegendem Auspuff und Stollenreifen über Schotterpisten und Hügel zischen sehen konnte.

Die zweite Hälfte der Siebziger brachte jedoch eine Wende, die Rüdiger Gutsche zu verdanken war. Der BMW-Projektleiter war seit über zehn Jahren für die Entwicklung und das Tuning jener Maschinen zuständig, die man offiziell bei Geländerennen einsetzte. Als die ersten japanischen Enduros herauskamen, geriet der Markt in Aufruhr, was wiederum Gutsches Kreativität anregte. Zunächst tüftelte er im Privaten, später dann offiziell an einer Gelände-BMW für den Endverbrauchermarkt. Damals wurden auch Kontakte zum italienischen Fabrikanten Laverda hergestellt, der einige Fahrwerkprototypen baute.

Die Kooperation wurde nicht fortgesetzt, doch die Grundsteine für ein vielversprechendes Projekt waren gelegt. Gutsche wandte sämtliche bewährten, BMW-typischen Lösungen an, mit Ausnahme der Hinterradschwinge, aus der eine Einarmschwinge ähnlich jener der Imme wurde. Das Modell gefiel und wurde von Eberhardt Sarfert, dem Chef der BMW-Motorradabteilung, und von Karl Gerlinger, dem Marketing- und Verkaufsleiter, gutgeheißen. Im Herbst 1980 wurde die R 80 G/S der Welt vorgestellt. Noch heute ist diese BMW, die sich zwar optisch verändert hat, doch in ihrem Wesen immer gleich geblieben ist, bei Fans geländegängiger Fernreisemaschinen sehr beliebt.

SUZUKI GSX 1100 S KATANA

1980

Ein Urteil abzugeben, das weder positiv noch negativ sein soll, ist immer schwierig. Diese Maschine gefällt oder gefällt nicht, Punktum! Halbwahrheiten gibt es nicht, wenn ein so faszinierendes Gerät wie die Suzuki Katana auf dem Prüfstand steht. Der Hersteller aus Hamamatsu hatte damals mit der GSX 1000 bereits ein heißes Eisen in seinen Katalogen, einen Vierzylinderboliden mit sanftem Gemüt, aber der Leistungsstärke eines echten Rennflitzers. Das Modell kam jedoch vor allem in Deutschland nicht gut an, da die Fans Maschinen mit ausgeprägter Persönlichkeit wollten, wie die Laverda 1000 oder die Moto Guzzi Le Mans. Ende der 1970er-Jahre traf daher bei Suzuki die explizite Anfrage nach einem Motorrad mit Charakter für diesen speziellen Markt ein. Die Reaktion war positiv und für einen Koloss wie Suzuki unüblich. Das japanische Unternehmen übertrug das Projekt nämlich dem Deutschen Hans Muth. Wer konnte den Geschmack seiner Landsleute besser kennen als er, der er sich bereits erfolgreich des Designs einiger BMWs angenommen hatte?

Muth nahm die Herausforderung an und realisierte in kurzer Zeit, ausgehend von der GSX, ein stilvolles Meisterwerk, das noch heute begehrt ist. Die kantige Optik brachte die Mechanik gut zur Geltung. Niedrig, lang, nackt und minimalistisch, hatte die Maschine als einziges Zugeständnis ein gerade ausreichend großes Cockpit, damit der Fahrer auf dem Tank liegend die höllische Endgeschwindigkeit von fast 240 km/h erreichen konnte. Auf der Kölner Automesse 1980 vorgestellt, bekam sie den Beinamen Katana, nach dem berühmten gekrümmten Schwert der Samurai.

Trotz des Designs, das einigen zu futuristisch war und häufig auf Unverständnis stieß, wurde die Katana nicht zuletzt dank des Vierzylindermotors mit doppelter oben liegender Nockenwelle und ausgewiesenen 107 PS bei 8750 U/min sowie wegen ihrer exzellenten Wendigkeit bald zu einem begehrten Objekt. Das schöne Bike zeigte man im Freundeskreis gerne vor. Oder man fuhr, so es die Kondition erlaubte, auf schnellen Strecken mit lang gezogenen Kurven der Konkurrenz dank der enormen Power auf und davon.

230 *Die besonderen Merkmale der Suzuki Katana: zweifarbiger Sitz, kantiges Cockpit und minimalistische Verkleidungen, die nicht einmal das gesamte Rahmendreieck überdeckten.*

231 *Steife Aufhängungen und sportliche Fahrposition mit niedrigem Lenker und zurückversetzten Fussrasten als vortreffliche Unterstützung für einen temperamentvollen Vierzylindermotor, der noch heute zu begeistern weiss.*

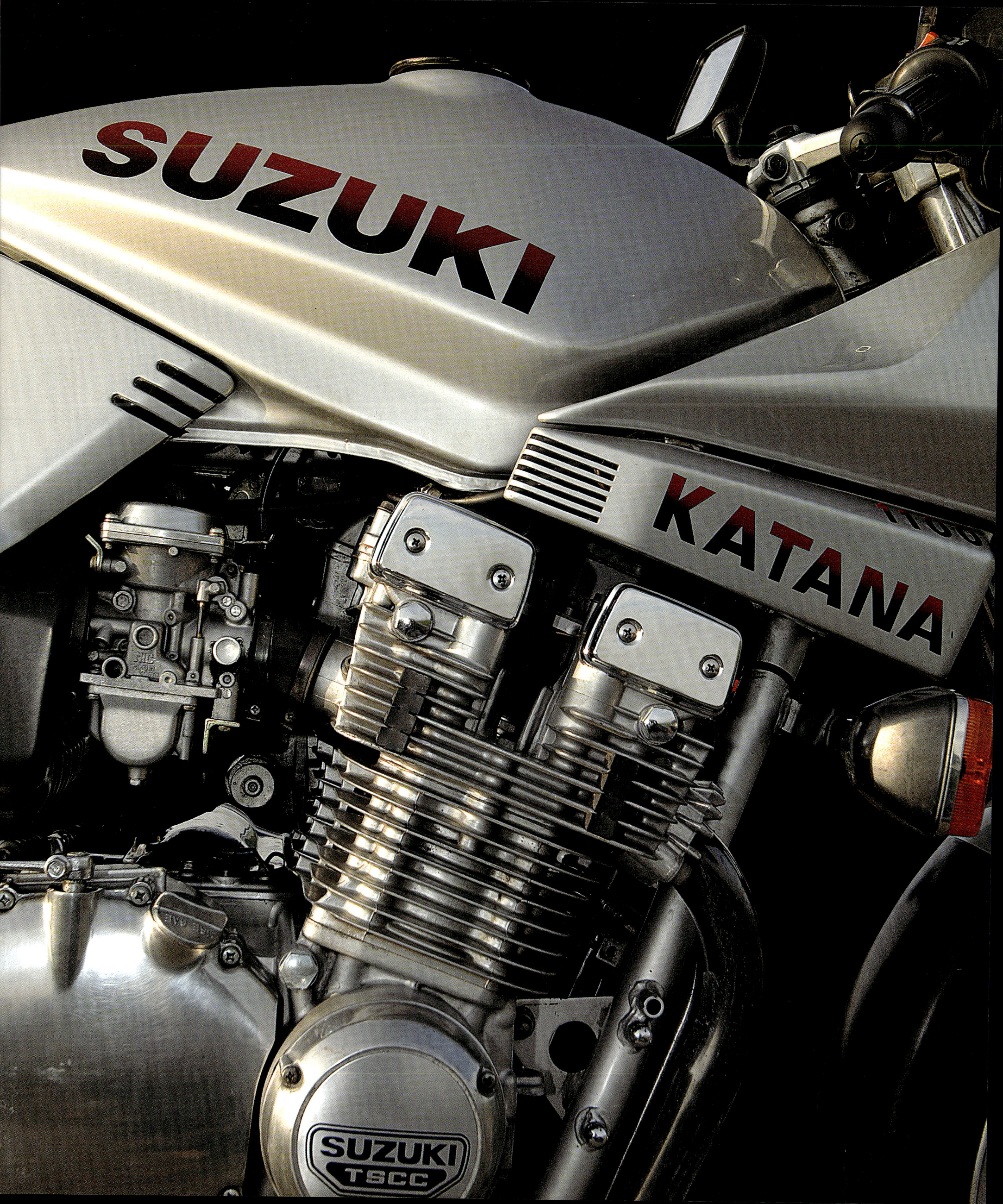
SUZUKI
KATANA
SUZUKI
TSCC

HONDA VFR 750R
RC30

1987

Zusammengebaut wurde sie von Hand, von einem Expertenteam in der Forschungs- und Entwicklungsabteilung von Honda und HRC (Honda Racing Corporation, eine 1954 gegründete Honda-Tochter). Die Stückzahl war gerade so hoch, dass man die Zulassung für die Superbike-Weltmeisterschaft bekam. Höchste Sorgfalt kam bei Montage und Material zum Tragen. Allein dies weist darauf hin, dass es sich um eine ziemlich einzigartige Maschine handelte. Und doch wurde sie Ende 1987 regulär in den Verkauf gebracht, natürlich zu einem Preis, der dem Inhalt angemessen war: umgerechnet 11 500 Euro, das Doppelte dessen, was man für das VFR-Grundmodell hinblättern musste.

Die offizielle Premiere fand auf der London Motor Show 1987 statt. Insider und Fans erwarteten sich von der Marke mit dem Flügel ein rassiges Rennmotorrad, eine Weiterentwicklung der an sich schon superschnellen und beliebten VFR, aber keinen derartigen Boliden, der als solcher das Kürzel verdiente, das seit Jahren die Honda-Rennmaschinen kennzeichnete: RC30, wobei RC für Racing Corporation steht und 30 für die Projektnummer.

Im Grunde handelte es sich um ein reinrassiges Rennmotorrad, das für den Straßenverkehr zugelassen war. Trotz dieser Prägung brauchte die Maschine kein ständiges Tuning oder besondere Wartung und zeigte sich auch im täglichen Gebrauch als außerordentlich zuverlässig. Diese Charaktereigenschaften machten sie noch einzigartiger. Der Rahmen war ein Doppelbrückenrahmen aus Aluminium, der aus jenem der für Endurance-Rennen eingesetzten RVF 750 entwickelt worden war. Die Schwinge – ein von Honda gekauftes Elf-Patent – war einarmig, als vollverstellbare Aufhängungen dienten Gabel und Monodämpfer von Showa. Auch für das Triebwerk wurde auf raffinierte Lösungen gesetzt: Der wassergekühlte 90-Grad-Vierzylinder-V-Motor hatte nur scheinbar dieselben Merkmale wie der Motor der VFR-Grundversion: Er war dank Materialien wie Titan für die Pleuel nicht nur um einiges leichter, sondern hatte auch für die Kurbelwelle einen anderen Winkel, nämlich 360 anstelle von 180 Grad.

234–235 Für die VFR gab es zwei Ausbau-Kits, die HRC-Techniker gemeinsam mit Mitarbeitern der F&E-Abteilung von Honda entwickelt hatten. Das Foto zeigt ein Exemplar im Rothmans-Design.

HONDA
HONDA
Rothmans
RACING
elf
Rothmans
RACING
Rothmans
HONDA

1990/2009

MOTOREN MIT ZWEI LITER HUBRAUM UND 200 PS LITERLEISTUNG, ALLMÄCHTIGE ELEKTRONIK, FUTURISTISCHE DESIGNS, ABER AUCH VÖLLIG NEUE STANDARDS IN SACHEN ZUVERLÄSSIGKEIT ZEICHNETEN DIESE BEIDEN JAHRZEHNTE AUS.

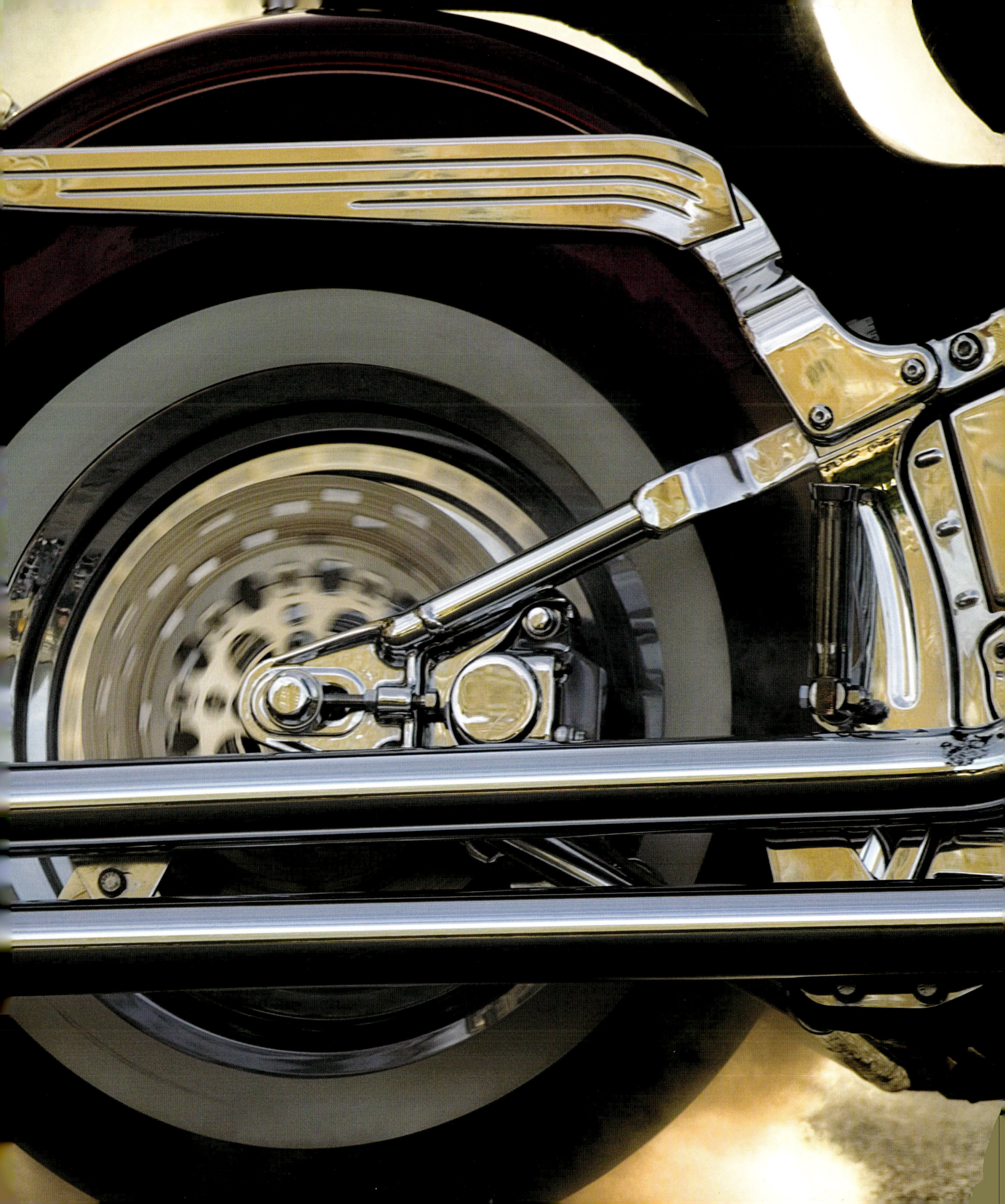

Scooter oder Superbike. Zwischentöne gab es keine. Der Durchschnittsbiker, der sich mit einem einfachen und zuverlässigen Transportmittel zufriedengab, geriet in die Zwickmühle. Kleine und mittlere Hubraumklassen verschwanden.

Halblitermaschinen, einst das Nonplusultra, waren plötzlich Einsteigermodelle. Für den Alltagsgebrauch waren sie mehr als ausreichend und boten Leistungen weit jenseits diverser Gesetze und Straßenverkehrsordnungen, doch vom Gros der Motorradfahrer wurden sie kaum mehr beachtet. Das Motto lautete, Aufsehen erregen, und immer neue Grenzen ausloten. Es kamen Motorräder mit 200 PS pro Liter Hubraum heraus, was man bis dahin nur von GP-Modellen kannte. Und es kamen Tourer mit Antrieben und Komfortmerkmalen einer Luxuslimousine. In diese Richtung entwickelten sich auch die Geländemotorräder, vor allem Enduros, die Straßenmaschinen mehr und mehr verdrängten, und Motocrossmaschinen.

In den 1970er-Jahren war der Zweitakter der tonangebende Motortyp gewesen, der jedoch viel Sprit verbrauchte und noch mehr Abgase produzierte. Daher kehrte man zum Viertakter zurück, vor allem bei geländegängigen Einzylindermaschinen, die sich immer mehr differenzierten. Aus diesem Motorradtyp, insbesondere aus den Enduros, entwickelten sich die „Motards", mit Straßenbereifung und enormen Scheibenbremsen am Vorderrad, die auf Bergstraßen unschlagbar sind. Änderungen gab es auch bei den Trialmaschinen. Die Sitze verschwanden endgültig – man brauchte sie ohnehin nur für die kurzen Fahrten von einem Wald zum nächsten.

Wer es bequemer haben wollte, war mit anderen Gefährten besser beraten. In diesem sich ständig wandelnden Szenario kam es zur Renaissance der Scooter. Die zu Beginn des 20. Jahrhunderts entstandenen Roller – man denke an den englischen Skootamota von ABC und an den Autoglider – hatten ihre Glanzzeit in den 1950er- und 1960er-Jahren. Ein wahrer Boom zwang damals sämtliche Hersteller, einen Roller ins Sortiment aufzunehmen, die sich aber in der Mehrheit nicht lange hielten. Mit einer Ausnahme, der Vespa Piaggio.

In den 1990er-Jahren kehrten sie zurück, in allen erdenklichen Variationen und Hubraumklassen: Vom Booster von MBK (der 1990 herauskam und bis heute – wenngleich unter dem neuen Namen Yamaha BW'S – auf der Welle des Erfolgs reitet) über den Honda CN 250, den originellen BMW C1 bis hin zum Aprilia Scarabeo, einem Roller mit „großen Rädern", der an den Galletto von Moto Guzzi erinnerte. Da auch in diesem Bereich Komfort und Leistung immer wichtiger wurden, entstanden Modelle wie der Yamaha TMax 500, der Honda Silver Wing 600, der Suzuki Burgman 650 und der blitzschnelle Gilera GP 800. Doch die 1990er-Jahre und das erste Jahrzehnt des neuen Jahrtausends hatten noch mehr zu bieten.

In Italien beispielsweise begann Ducati, im internationalen Rennsport ganz vorne mitzumischen, und gewann mit Raymond Roche den ersten Superbike-WM-Titel. Auch die kleine Motorradschmiede Aprilia, die es binnen Kurzem zum Imperium gebracht

237 Ein typisches Bild bei vielen Motorradtreffen: das durchdrehende Hinterrad, das einen schwarzen Streifen auf dem Asphalt und in der Luft den beissenden Geruch von verbranntem Gummi hinterlässt.

hatte, machte bei Rennen von sich reden. Ebenso der Hersteller Cagiva mit seinem Werk in der Nähe von Varese in der Lombardei.

Auch Triumph feierte dank des Unternehmers John Bloor ein Comeback. BMW kehrte nach dem Intermezzo der K-Serie mit den wassergekühlten Drei- und Vierzylinder-Reihenmotoren zum glorreichen Boxer zurück. Honda stellte die NR 750, eine Vierzylindermaschine mit ovalen Kolben, vor. Auch Moto Guzzi vermeldete nach weniger rosigen Zeiten wieder Positives. Dann brach der Boom der Naked Bikes aus.

Unabhängig vom Modelltyp, ob Straßen- oder Geländemaschine, Tourer oder Supersportler, gab es bald einen gemeinsamen Nenner: die Elektronik, die Bremsen, Vergaser und Verteiler steuert. An einem Motor zu werken bedeutete nicht mehr, Leitungen zu polieren, die Kompression zu erhöhen oder die Nockenwelle auszutauschen, sondern die Steuerung neu zu programmieren oder zu wechseln. Eine schöne Auspuffanlage aus Karbon gab den letzten Schliff. Wen kümmerte es da, wenn die ganze verfügbare Leistung nicht genutzt wurde. Wichtig war nur, zu wissen, dass man sie hatte.

238 TOM CRUISE MIT EINER TRIUMPH SPEED TRIPLE IM FILM „MISSION IMPOSSIBLE II" VON JOHN WOO, IN DEM ER NEBEN ANTHONY HOPKINS, THANDIE NEWTON, BRENDAN GLEESON UND DOMINIC PURCELL ZU SEHEN WAR.

239 SZENE AUS „I, ROBOT" VON ALEX PROYAS (2004) MIT WILL SMITH, BRIDGET MOYNAHAN UND EINER MV AGUSTA F4 SPR IN DEN HAUPTROLLEN.

BMW
R 1100 RS

1992

Eine simple Weiterentwicklung des glorreichen Boxermotors, der BMW berühmt gemacht hatte? Keineswegs. Diese Zweizylindermaschine, die Anfang der 1990er-Jahre vorgestellt wurde, hatte bis auf die bewährte boxertypische Zylinderanordnung nichts Altes an sich.

Insofern handelte es sich mitnichten um einen Schritt zurück oder um ein Überdenken der wassergekühlten Drei- und Vierzylinder der K-Serie aus den 1980er-Jahren, sondern es war ein Riesensprung nach vorne.

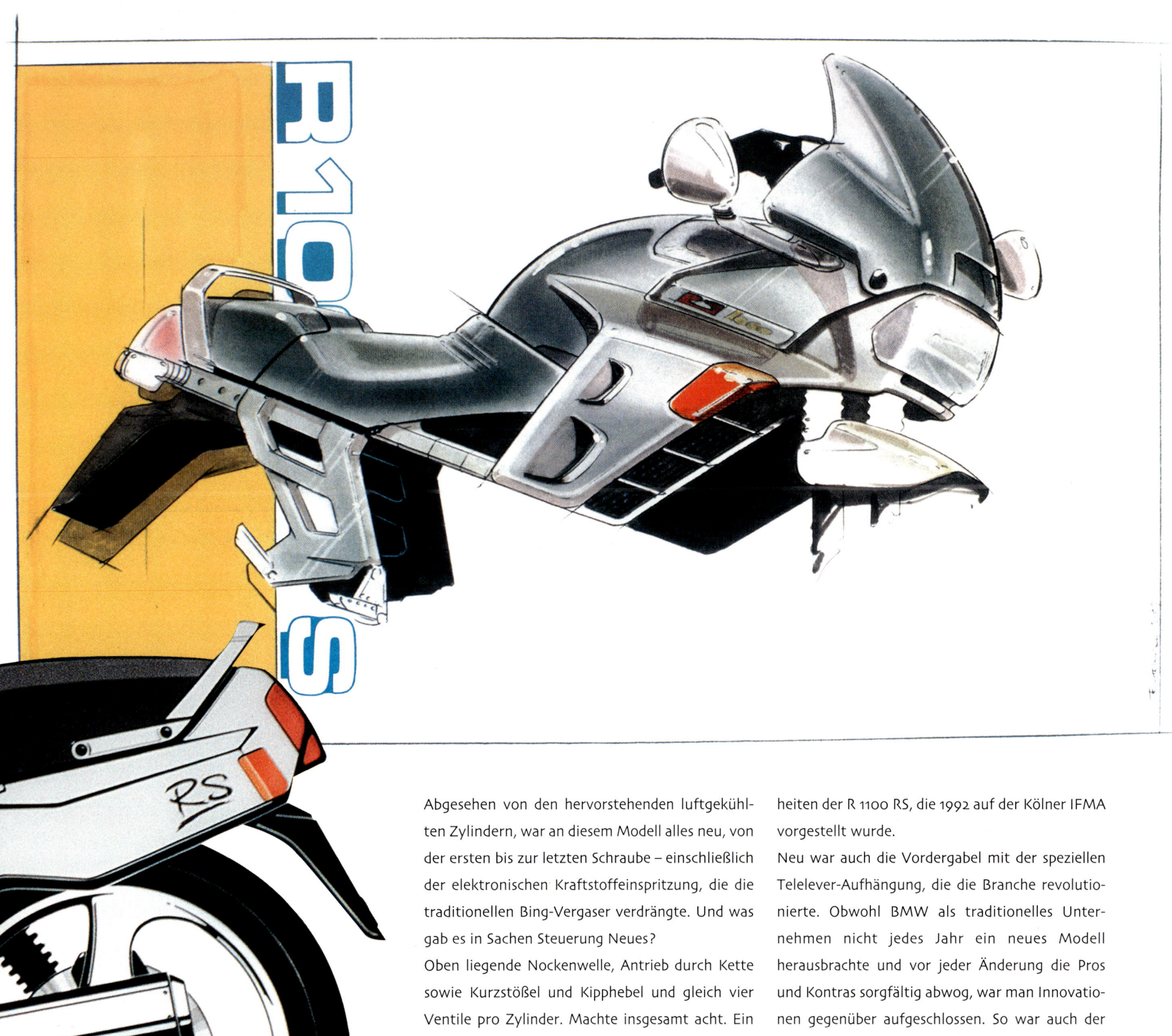

Abgesehen von den hervorstehenden luftgekühlten Zylindern, war an diesem Modell alles neu, von der ersten bis zur letzten Schraube – einschließlich der elektronischen Kraftstoffeinspritzung, die die traditionellen Bing-Vergaser verdrängte. Und was gab es in Sachen Steuerung Neues?

Oben liegende Nockenwelle, Antrieb durch Kette sowie Kurzstößel und Kipphebel und gleich vier Ventile pro Zylinder. Machte insgesamt acht. Ein paar handwerkliche Umbauten ausgenommen, hatte man noch nie so viele Ventile auf einem Zweizylinder-Boxer gesehen.

All dies brachte noch mehr Leistung, mehr Drehmoment sowie einen geringeren Spritverbrauch und reduzierte Schadstoffemissionen, wozu nicht zuletzt der als Extra erhältliche Katalysator beitrug. Der Motor war aber nur eine von vielen Neuheiten der R 1100 RS, die 1992 auf der Kölner IFMA vorgestellt wurde.

Neu war auch die Vordergabel mit der speziellen Telelever-Aufhängung, die die Branche revolutionierte. Obwohl BMW als traditionelles Unternehmen nicht jedes Jahr ein neues Modell herausbrachte und vor jeder Änderung die Pros und Kontras sorgfältig abwog, war man Innovationen gegenüber aufgeschlossen. So war auch der Rahmen neu, der dem Motor einen Teil der tragenden Funktion übertrug.

Mit einer Ausstattung der Extraklasse (ABS, Katalysator und Griffheizung sowie individuelle Einstellmöglichkeiten von Windschild, Lenker und Sitz) bot BMW ein komplett neues Gefährt und behielt dennoch viele jener Elemente und Merkmale bei, die die Marke groß gemacht hatten.

242–243 Drei Entwürfe der R 1100 RS ab 1986. Die optisch typisch deutsch anmutende Maschine wurde nicht nur nach den neuesten technischen Errungenschaften konzipiert, sondern auch im Windkanal getestet.

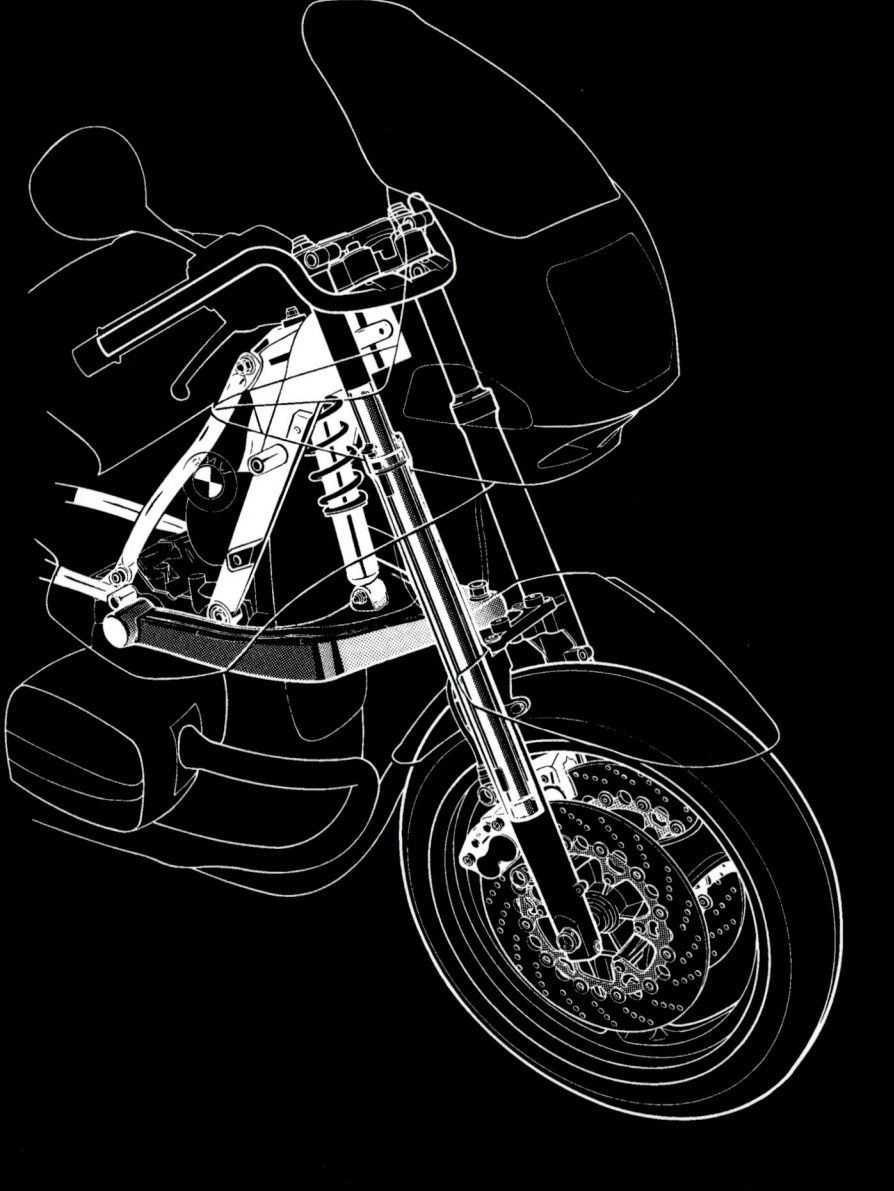

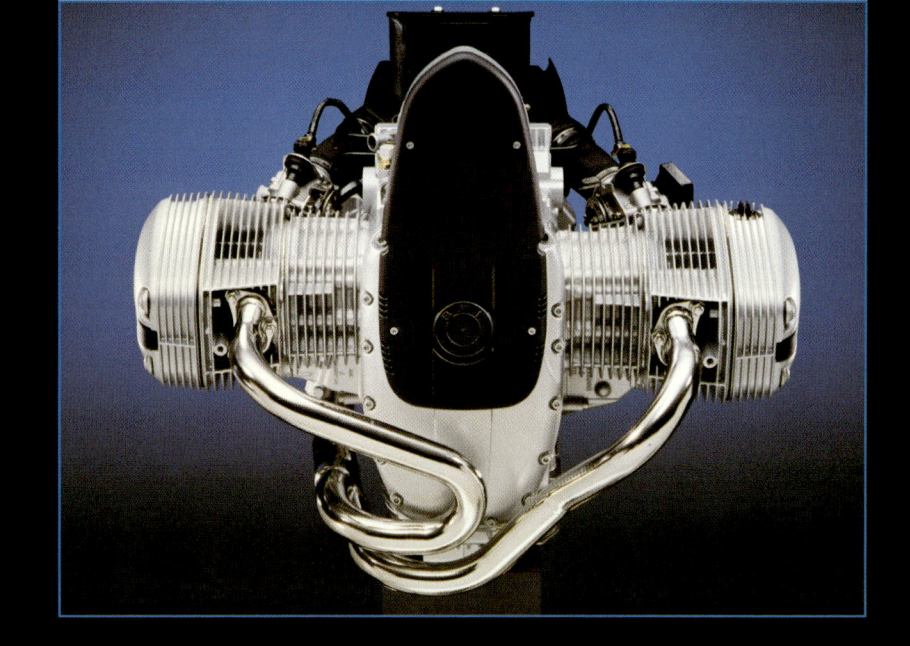

244 links Skizze der revolutionären, Telelever genannten Vorderradaufhängung der BMW R 1100 RS.

244 rechts Der neue Boxer vereinte Tradition und Innovation: Zylinderanordnung, hohes Drehmoment und Laufruhe liessen die Vergangenheit hochleben; Leistung und Wendigkeit wurden einer Maschine der 1990er-Jahre gerecht.

244–245 Wie für BMW üblich, war auch bei der neuen R 1100 RS der Qualitätsstandard jedes einzelnen Bauteils sehr hoch. Dies ergab eine optimal ausgeführte Maschine der Oberklasse.

DUCATI M 900 MONSTER

1993

Ein Widerspruch. Die Monster hat trotz des Namens ihre Fans gefunden, einen Trend begründet und Geschichte geschrieben. Sie wurde zum Inbild der „Ducati Power", wie sie die Werbung des Herstellers aus Borgo Panigale pries. Über die Jahre hat sie sich verändert, doch die ursprüngliche Philosophie ist unangetastet geblieben: Die Monster ist ein Naked Bike, eine minimalistische Maschine, die zeigt, was in ihr steckt, und ihre Vorzüge nicht hinter mehr oder weniger ausladenden Verkleidungen verbirgt.

Im Mittelpunkt des Interesses stand der von Fabio Taglioni entwickelte L-Motor mit dem liebevollen Beinamen „Pompone" (große Pumpe). Doch auch der Gitterrohrrahmen war ein echtes Kunstwerk. Warum sollte man all dies verstecken? Es galt, die Formen zu betonen und der ganzen Welt zu zeigen. Mit diesem Gedanken machte sich Miguel Galluzzi 1992 ans Werk. Ducatis hatten damals bereits einen konsolidierten Ruf als kompromisslos sportliche Motorräder. Wer sich nicht täglich in die Lederkluft zwängen wollte oder schmerzende Handgelenke scheute, musste sich anderweitig umsehen.

Galluzzi ging für seinen Entwurf von Bestehendem aus und griff zum desmodromisch gesteuerten Zweizylindermotor in 90-Grad-Konfiguration, der in den frühen 1970ern entstanden und anlässlich der Vorstellung der 500 SL „Pantah" überarbeitet worden war. Bei dieser Baureihe hatte Ducati für den Antrieb der Nockenwellen erstmals die leiseren, kostengünstigeren und einfachen Zahnriemen verwendet. In Sachen Motorisierung entschied sich der geniale Konstrukteur für 904 ccm, sprich: das Triebwerk der 900 SS mit gemischter Kühlung (Luft/Öl), Sechsganggetriebe und etwa 70 PS. Für den Rahmen orientierte er sich an dem der 851/888. Sämtliche Bauteile waren von überragender Qualität und kamen direkt aus dem Rennsport. Nur das „Kleid" fehlte, das jedoch nicht viel verhüllen sollte. Alles, was man brauchte, war ein schöner Tank, der gut mit dem Sitz verbunden war; dieser sollte gerade so groß sein, dass man über kürzere Strecken einen Beifahrer mitnehmen konnte. Seitenverkleidungen waren nur andeutungsweise vorhanden, um das Rahmendreieck nicht zu überdecken. Zwei niedrige Auspuffanlagen, Scheibenbremsen, eine Upside-down-Gabel und eine Einarmschwinge vollendeten das Werk.

Das merkwürdige Gefährt passte in kein Schema. Die M 900, so der anfängliche Name, war nicht extrem sportlich ausgelegt, aber auch keine Tourenmaschine. Sie war für zwei Personen zugelassen, doch der Beifahrer hatte es nicht bequem. Sie fuhr sich spielerisch, und man riet zum Gebrauch ohne Sozius, um den Fahrgenuss, den diese puristische und wendige Kreatur bot, voll auskosten zu können. Zur Präsentation dieser ungewöhnlichen Maschine kam es auf der Kölner IMFA, wo sie Aufsehen erregte, weil nichts Überflüssiges an ihr war. Nicht einmal ein kleines Windschild. Endlich war man zum reinen Stil, zum „nackten" Motorrad, einem ohne unnützes Beiwerk, zurückgekehrt.

Nach der 900er kam die gemäßigtere 600er für Einsteiger. Auf die 750er folgten im Jahr 2000 die S4 mit 916-ccm-Motor, Wasserkühlung und vier Ventilen pro Zylinder sowie die S4RS „Testastretta", die vom Motor der 999er angetrieben wurde. Motoren, Leistung und Auspuffanlage veränderten sich, doch die Faszination blieb ungebrochen. Das Schöne an der Monster ist genau das: Ob man die alte Grundversion fährt, die sich für alle eignet, die Kondition und Brieftasche nicht überbeanspruchen wollen, die stärkere S4RS oder die neue 696: Die Maschine ist immer dieselbe, das Naked Bike schlechthin, von dem Ducati bis dato mehr als 200 000 Exemplare verkauft hat.

248–249 Die Monster zeichnet sich durch eine ausgeprägte Persönlichkeit aus und wird häufig von Einsteigern gewählt. Die stärkeren Versionen, wie diese Monster S4R, sind für versiertere Fahrer gedacht.

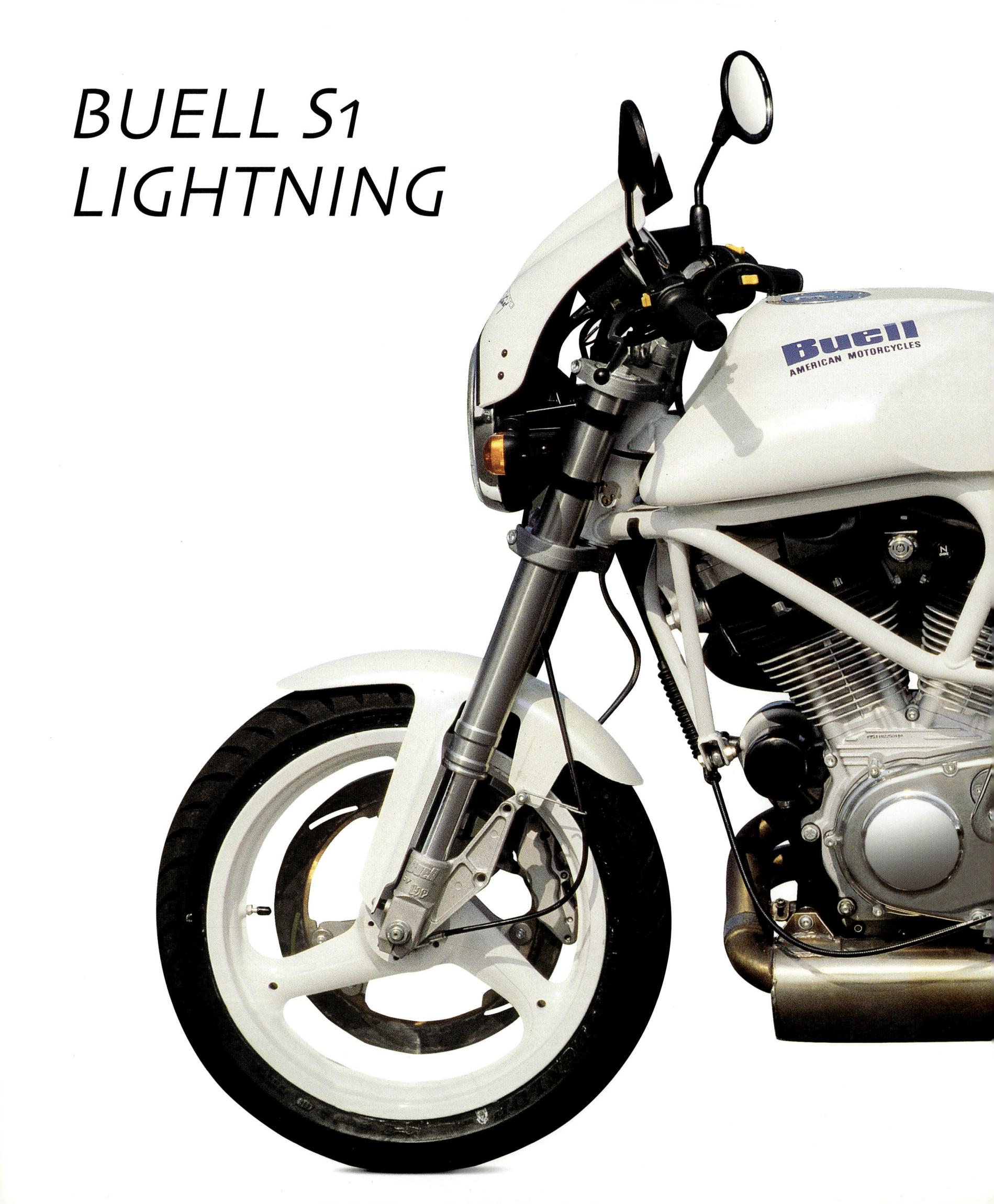

BUELL S1 LIGHTNING

1996

Kurz, um nicht zu sagen ultrakurz, dem Trend entsprechend nackt und mit einem Auspuff mit speziellem Sound ausgestattet, war die Buell S1 Lightning in der internationalen Motorradszene etwas Ungewöhnliches. Diese exklusive Maschine musste man verstehen, um sie schätzen zu können. Sobald man aufgesessen war und den mächtigen Zweizylindermotor gestartet hatte, konnte man sich austoben und Kurven mit wachsendem Vergnügen nehmen oder durch die Stadt tuckeln und dem satten Röhren des Auspuffs lauschen.
Nicht besonders wohl fühlte sie sich bei hohen Geschwindigkeiten, was mit ihrer kurzen Bauweise zu tun hatte. Der Schöpfer dieses kompakten Motorrads war der Amerikaner Erik Buell. Nachdem er jahrelang für Harley-Davidson gearbeitet hatte, gründete er eine Firma, die bald als die „Sportabteilung" des Herstellers aus Milwaukee bekannt wurde: die nach ihm benannte Buell.
Im Mittelpunkt stand der 45-Grad-Zweizylinder-V-Motor mit 1200 ccm Hubraum, eine überarbeitete, leistungsgesteigerte Version des Aggregats der Sportster-Baureihe von Harley-Davidson. Anfänglich hatte dieser zwar Drehmoment bis zum Abwinken, doch es mangelte an Leistung. Umsichtige Eingriffe an Kolben, Einspeisung, Zylinderköpfen und Nockenwelle ermöglichten schließlich 80 PS. Um die Vibrationen unter Kontrolle zu bekommen, wurde das Triebwerk mit einem von Buell selbst entwickelten System namens Uniplanar in den Rahmen gehängt. Runde Chrom-Molybdän-Stahlrohre umhüllten den Motor und stützten den Tank mit den extraschmalen Flanken. Der minimalistische Sattel bot bei Bedarf Platz für einen Beifahrer. Laut Straßenverkehrsordnung war auch ein Heck erforderlich, das Rücklicht und Nummernschild aufnahm; ohne dieses wäre hinter dem Sitz Schluss gewesen. Unter dem Motor angeordnet waren der Endschalldämpfer und das dicke Auspuffrohr. Diese unverkleidete Maschine garantierte Fahrspaß pur. Vorausgesetzt, man verstand es, sie zu bändigen. Und dafür musste man sie lieben.

252–253 Dank umsichtiger Eingriffe leistete der Zweizylinder-V-Motor der Buell fast 35 PS mehr als der Twin der Harley-Davidson Sportster 1200.

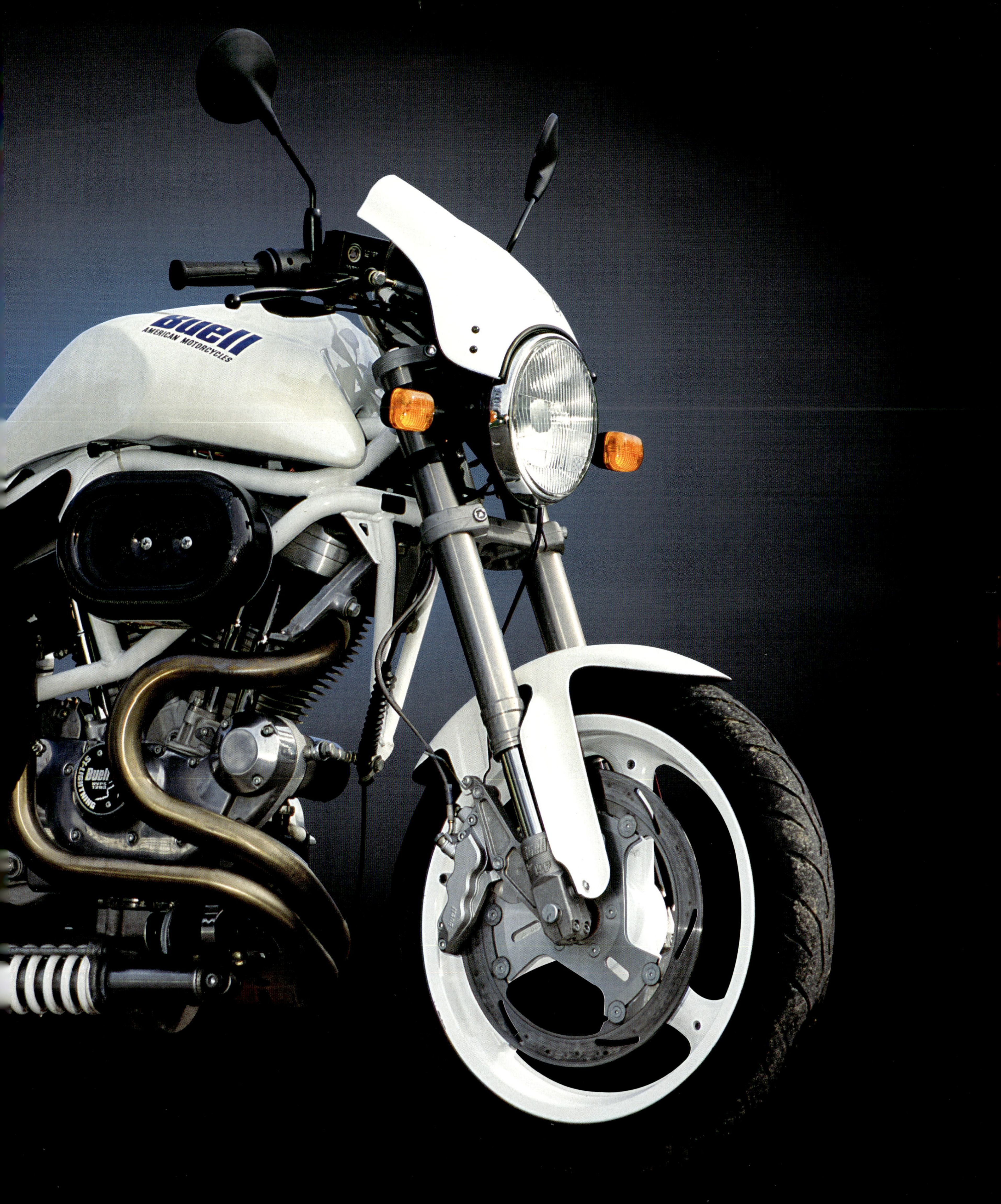
Buell
AMERICAN MOTORCYCLES

DUCATI
MH 900E

1998

Nach zehn Jahren Abwesenheit kehrte der große „Mike the Bike" Mike Hailwood 1978 in die Motorradrennsportszene zurück und nahm an der Tourist Trophy auf der Isle of Man teil. Er gewann. Das Verdienst gebührte den Fähigkeiten des Piloten, aber auch der Maschine: Es war eine vom Rennstall NCR (Nepoti e Caracchi Racing) getunte Ducati. Der fulminante Erfolg wurde vom Motorradhersteller aus Borgo Panigale mit der im Jahr darauf auf den Markt gebrachten MHR 900 (Mike Hailwood Replica) gewürdigt. Weitere 20 Jahre später schenkte Ducati-Chefdesigner Pierre Terblanche den Fans eine moderne Interpretation von Hailwoods Maschine, die als gelungener Mix aus Retroelementen und innovativen Inhalten alle Liebhaber des Zweizylinder-L-Motors in Verzückung versetzte. Ihr Debüt feierte die Maschine, die anfänglich nur als Stilübung gedacht war, auf der Intermot in München.

Der Erfolg war so fulminant und die Nachfrage so groß, dass Ducati eine Kleinserie von 2000 Einheiten vorbereitete. Einige extreme Lösungen, etwa die Kamera anstelle der Rückspiegel oder die in die Auspuffe integrierten Blinker, verschwanden zugunsten günstigerer und straßentauglicher Elemente. Die Vorderansicht war von der Verkleidung mit dem integrierten kleinen runden Scheinwerfer charakterisiert, hinten dominierte die wunderschöne Einarmschwinge aus Gitterstahlrohren. Als Triebwerk fand der altbekannte und bewährte 90-Grad-Zweizylinder-L-Motor mit 904 ccm Hubraum und desmodromischer Ventilsteuerung, oben liegenden Nockenwellen, zwei Ventilen pro Zylinder und elektronischer Einspritzung Verwendung.

Der Vertrieb an der Schwelle zum neuen Jahrtausend erfolgte ausschließlich über einen Kanal: das Internet.

256 Besondere Merkmale des Hinterteils: kleiner, mittig platzierter Schweinwerfer und zwei dicke Auspuffrohre mit Halterung für Nummernschild und Blinker.

257 Der erste Prototyp der MH 900e hatte anstelle der Rückspiegel eine Kamera und nur eine Scheibenbremse aus speziellem Material. Von diesen Lösungen kam man später ab.

DUCATI MH900evoluzione

258–259 Optisch überzeugte diese ausschliesslich über das Internet bestellbare Ducati durch schlichte, klare Linien. Die kleine Verkleidung gab den Blick frei auf das Wesentliche – den hervorragenden luftgekühlten L-Twin und den Gitterrohrrahmen.

SUZUKI GSX 1300R HAYABUSA

1999

Eine Rakete, ein Blitz, ein Geschoss. Als sie im März 1999 in den Handel kam, waren viele Motorradfans von den Leistungen dieses Motorrads schwer beeindruckt. Und das nicht zu Unrecht.

Mit ihrem mächtigen 16-Ventil-Vierzylindermotor mit knapp 1300 ccm Hubraum und 175 PS war Suzukis höchste Ausdrucksform an Sportlichkeit in der Lage, die sagenhafte 300-Stundenkilometer-Schwelle zu überschreiten und den 400-Meter-Test aus dem Stand in weniger als zehn Sekunden zu absolvieren. Um ihr stolzer Besitzer zu werden, brauchte man umgerechnet „nur" knapp 12 000 Euro hinzublättern, womit die Maschine etwas teurer war als ihre direkte Konkurrentin, die Honda CBR 1100XX. Doch die nach einem berühmten japanischen Jagdflugzeug aus dem Zweiten Weltkrieg benannte Hayabusa war anders als die Honda und alle anderen Supersportler. Sie war nicht das x-te Superbike, das man „gedopt" hatte, damit es atemberaubende Leistungen erzielte.

Sie war nicht das Sportbike für junge Leute, die nach absoluter Performance suchten. Sie war nicht die Maschine, die sich problemlos aufs Hinterrad stellen ließ, wenn der Vierzylinder sein Spitzendrehmoment erreichte; vielmehr blieb die Leistung des Motors die allermeiste Zeit unbeansprucht.

Die Neuschöpfung aus Hamamatsu war ein ausgereiftes Motorrad, das sich im Alltagsverkehr problemlos zurechtfand, aber als echte GP-Maschine Leistungen an der Schwelle zum Unvorstellbaren garantierte. Wer die Hayabusa fuhr, lernte rasch, ihre Stabilität ebenso zu schätzen wie ihre Vorderachse, die dem illustren fliegenden Namensgeber zum Trotz am Boden zu kleben schien. Um den Gashebel komplett aufzudrehen, brauchte man Mut, viel Mut. Die Hayabusa bäumte sich nicht auf, geriet nicht aus der Fassung, sondern schnellte mit einer solchen Wucht vorwärts, dass es einem den Atem nahm. Und wenn man den letzten der sechs Gänge eingelegt hatte, war der Tacho längst über die 300 km/h hinausgeschossen.

262–263 Wenn man sie nicht ans Limit trieb, konnte die Suzuki Hayabusa trotz ihres Erscheinungsbilds durchaus gutmütig und leicht zu handhaben sein. Um jedoch die unglaublichen Leistungen zu erreichen, zu denen sie fähig war, musste man mit ihr um-gehen können. Aufgrund der sparsam dimensionierten Verkleidung musste sich der Fahrer bei hohem Tempo flach auf den Tank legen, um nicht abgeworfen zu werden.

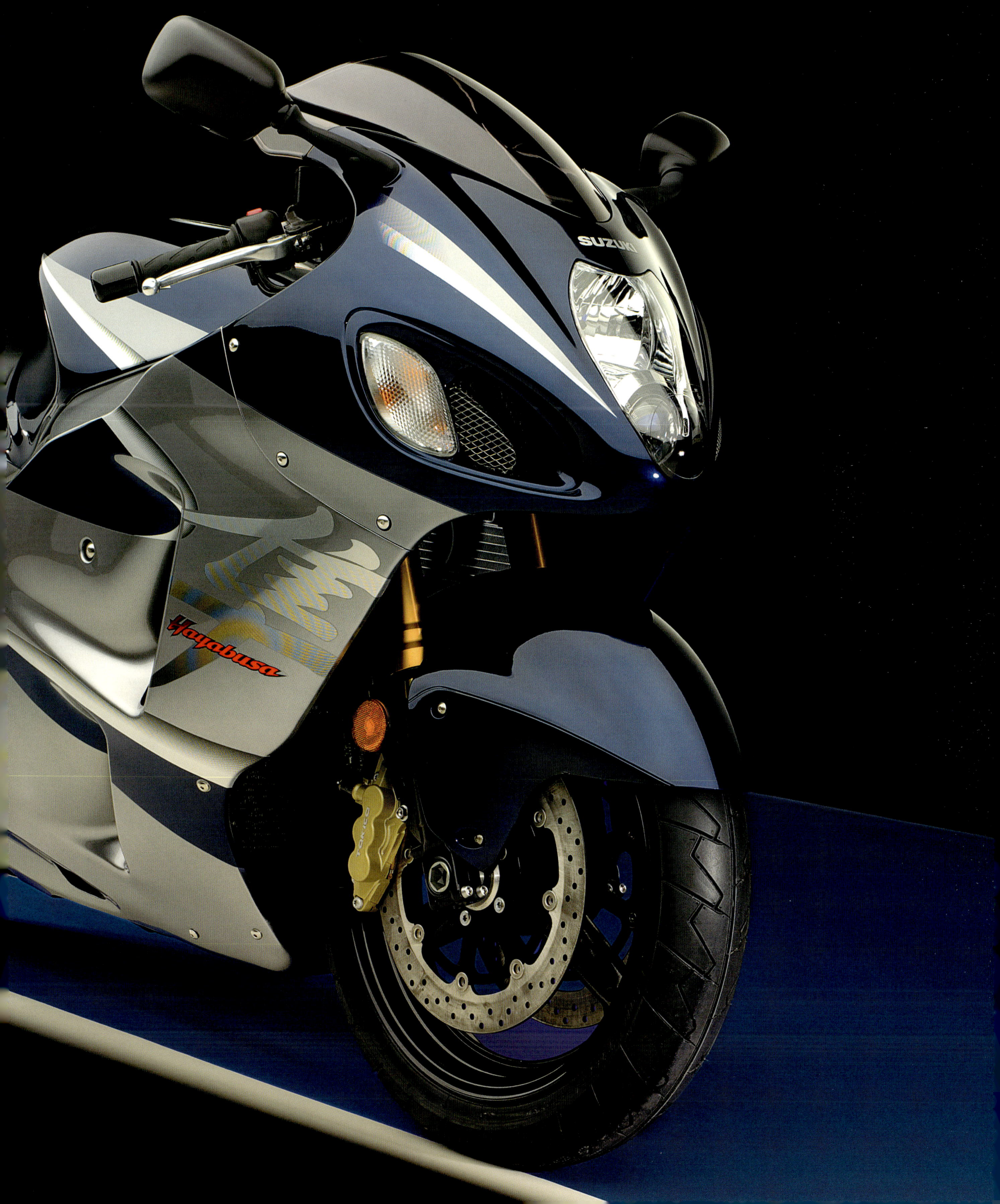
SUZUKI
Hayabusa

HONDA GOLD WING 1800

2001

Man lasse die Zahlen für sich sprechen: Sechszylinder-Boxermotor, 1800 ccm Hubraum, fast 120 PS bei gerade mal 5500 U/min. Wenn dies nicht ausreicht, um sich eine Vorstellung zu machen, noch ein paar Daten mehr: 2,63 m Länge, knapp 1,70 m Achsabstand, 363 kg Leergewicht.

Wer gerne viel Gepäck mitnahm, war mit zwei Seiten- und einem Heckkoffer zu 40 bzw. 61 Liter Fassungsvermögen bestens bedient. All dies machte die Gold Wing 1800 zu einem Reisemotorrad der obersten Luxusklasse. Seit dem ersten Vierzylinder in den 1970er-Jahren hatte dieser Tourer einen langen Weg zurückgelegt. Ursprünglich ein Naked Bike, bekam er eine Verkleidung oder, besser gesagt, eine richtiggehende Karosserie, die Fahrer und Beifahrer perfekt schützte. Der Motor nahm an Hubraum zu, wuchs auf 1100 ccm und später auf 1200 ccm an, bis Ende der 1980er-Jahre der ersehnte 1500-ccm-Sechszylinder da war.

Um es mit den Straßen des neuen Jahrtausends aufzunehmen, erhöhte Honda den Hubraum des Boxers schließlich auf 1832 ccm. Neben Leistung und Drehmoment profitierte davon die Beschleunigung. Einmal kurz am Gas gedreht, und schon war man auf Touren, begleitet vom ungewöhnlichen Sound eines Sechszylinders. Bestens unterstützt wurde der Motor durch eine erstklassige Verbundbremsanlage (drei Scheibenbremsen mit Dreikolbenbremszangen), ein sogenanntes Anti-Dive-System, welches das Abtauchen der Gabel beim Bremsen verminderte, und einen leichten, aber soliden Brückenrahmen aus Aluminium.

Die serienmäßigen Ausstattungen und die breite Palette an Extras – vom Radio über CD-Player, Wechselsprechanlage und Tempomat bis hin zur Cruise Control – ließen in Sachen Komfort keine Wünsche offen.

Der Preis für diesen Luxusliner? Natürlich ebenfalls beachtlich. Ab umgerechnet etwa 26 000 Euro war man dabei.

266 Vorderansicht der kolossalen Gold Wing 1800.

266–267 Die Linien der Gold Wing 1800 waren im Vergleich zur Vorgängerversion harmonischer, schlanker und weniger kantig. Zum Zeitpunkt der Markteinführung war sie in drei Farben lieferbar: Amarant, Silber und Blau.

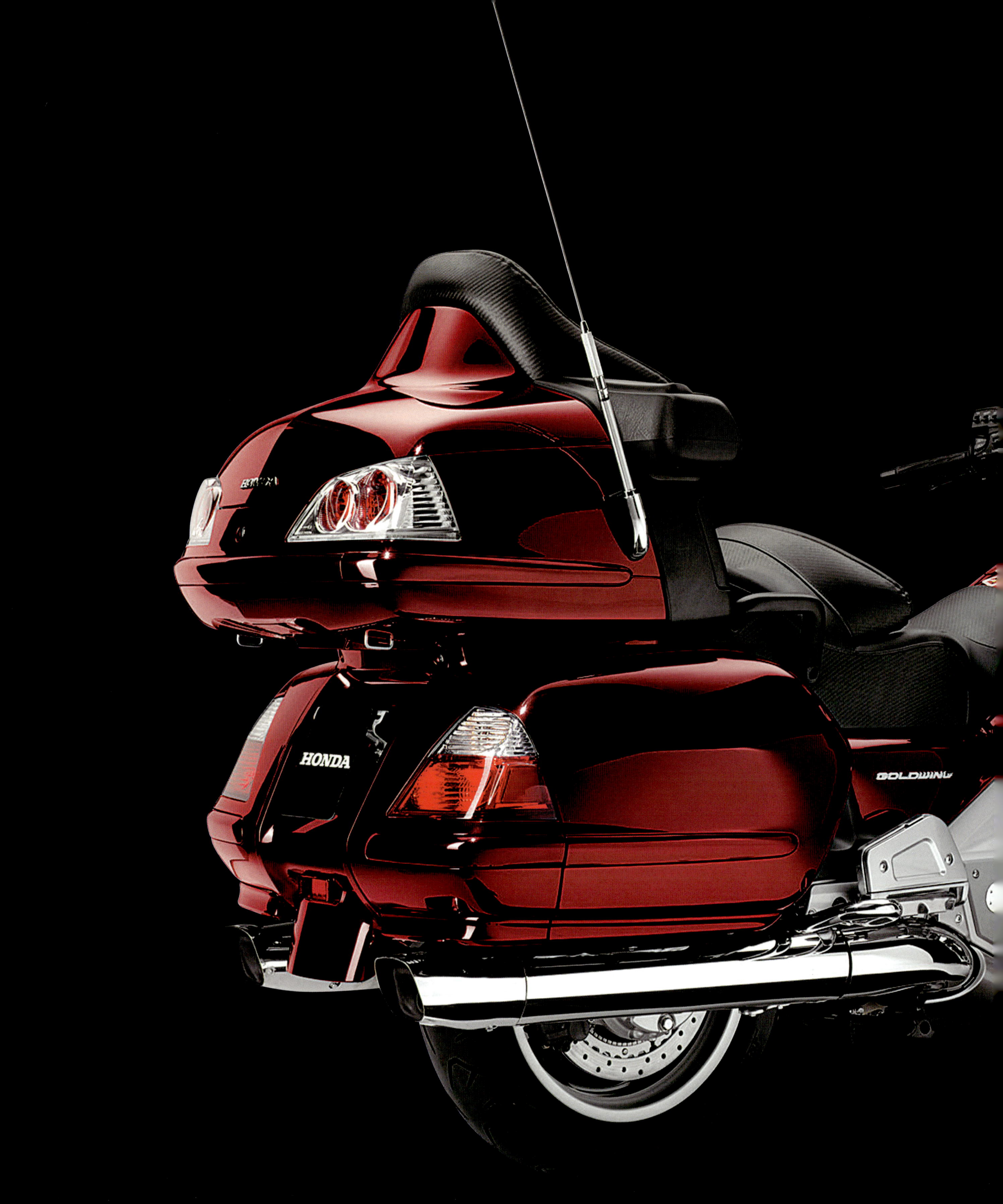
HONDA
GOLDWING

268–269 Trotz seines imposanten Erscheinungsbilds war der grösste Tourer von Honda leicht zu handeln. Da sich das hohe Gewicht unten konzentrierte, spürte man es gar nicht mehr, sobald die Maschine rollte.

269 Die beeindruckende „Kommandobrücke" der Gold Wing. Die ideal positionierten Instrumente scheinen selbst für eine High-End-Maschine ein wenig zu viel des Guten.

HARLEY-DAVIDSON
V-ROD

2001

Unter den traditionellen Motorradfabrikanten der Welt nimmt Harley-Davidson eine Sonderstellung ein. Von Anfang an dem Zweizylinder-V-Motor verpflichtet, den der Hersteller noch heute in seinen Juwelen verbaut, erregte „HD" mit der Präsentation der als revolutionär zu bezeichnenden V-Rod gewaltiges Aufsehen.

Die VRSC, so die Bezeichnung der Baureihe (V für Twinmotor, R für Racing, S für Street, C für Custom), war eine völlig neue Maschine. „Historisch" an ihrem in Zusammenarbeit mit Porsche entstandenen Motor waren lediglich die Anzahl der Zylinder, die V-Konfiguration und die 1130 ccm Hubraum. An diesen drei Größen wollte HD nicht rütteln. Doch der Rest war völlig neu, angefangen von den Zylindern, die nicht mehr im typischen 45-Grad-Winkel, sondern in 60-Grad-Stellung angeordnet waren. Die zwei oben liegenden Nockenwellen waren kettengetrieben, jeder Zylinder hatte vier Ventile, die Benzineinspritzung erfolgte elektronisch. Gekühlt wurde – unglaublich für eine Harley – nicht mehr mit Luft, sondern mit Wasser. Rohre, Schläuche, Kühler und die dazugehörige Pumpe waren jedoch geschickt versteckt. Schließlich ging es darum, einen Mythos zu revolutionieren, und dazu bedurfte es Zeit und Taktgefühl! Das Endergebnis war ein Motor, der scheinbar die Merkmale beibehielt, die Harley-Davidson berühmt gemacht hatten. Scheinbar. Denn wenn die anderen HD-Twin-Motoren ihre Höchstleistung erreicht hatten, war dieses neue Aggregat noch immer nicht auf einer Drehzahl, die für das Spitzendrehmoment (102 Nm bei 7000 U/min) ausreichte. Noch erstaunlicher – immer bedenkend, dass es sich um eine Harley-Davidson handelte – war die Leistung: 115 PS bei 8500 U/min, das entspricht 101,78 PS/Liter. Wer hätte da noch behauptet, dass sich eine HD nur zum gemütlichen Cruisen auf amerikanischen Highways eignet?

Wie erwähnt, hatte Porsche zu all dem ein Quäntchen beigetragen. Die gedeihliche Kooperation der beiden Hersteller bestand zum damaligen Zeitpunkt schon etwa 30 Jahre. Das Herzstück war somit neu und hatte zudem einen kurzen Hub, war also stark überquadratisch, wie es im Fachjargon heißt. Aber auch Rahmen und Hinterradschwinge wurden für die V-Rod komplett überarbeitet. Um seine traditionalistischen „Aficionados" nicht zu vergraulen, leitete der Hersteller aus Milwaukee mit dieser Modellserie keine neue Ära ein, sondern ergänzte lediglich seine breit gefächerte Produktpalette. Doch zurück zum Fahrwerk: Der stählerne Doppelschleifenrahmen war zerlegbar, damit man den Motor im Bedarfsfall ausbauen konnte. Die für eine entsprechende Steifigkeit großzügig dimensionierten Rohre wurden mittels Hydroforming gebogen, einem Verfahren, bei dem unter enormem Druck sehr enge Winkel gebogen werden, ohne die Rohre zu beschädigen. Für die extralange Schwinge, die mit zwei in der Vorspannung verstellbaren Federbeinen kombiniert war, bevorzugten die Techniker das leichtere Aluminium. Vorne wurde eine klassische, allerdings um 38 Grad geneigte Teleskopgabel montiert.

Modellhistorisch gesehen, geht die V-Rod auf das Jahr 1995 zurück, als man sämtliche Anregungen und Wünsche der Harley-Gemeinde genau analysierte. Der Motor wurde von verschiedenen amerikanischen und deutschen Technikern entwickelt, für die Optik zeichnete Willie G. Davidson, der Enkel eines der Markengründer verantwortlich.

272–273 Mechanik und Ästhetik der zum Beschleunigen von Ampel zu Ampel geborenen V-Rod passten in keines der üblichen Harley-Schemen.

TRIUMPH ROCKET III

2004

Wenngleich der Name derselbe war wie jener der Triumph 750 aus den späten 1960er-Jahren, hatte diese Rocket mit ihrer Vorgängerin bis auf die drei Zylinder und den 750-ccm-Hubraum nichts gemein. Allerdings waren die 750 ccm beim Sportmotorrad von 1968 der Gesamthubraum, während bei diesem Cruiser die Kubikzentimeter pro Zylinder gemeint waren. Was mit drei multipliziert 2294 ergab.

Wenn das Motto an dieser Stelle „übertreiben" lautete, so hatte die Triumph Rocket III jedes Recht, in den internationalen Motorrad-Olymp aufzusteigen. Für die Entscheidung, auf ein derart gewaltiges Triebwerk zu setzen, gab es eigentlich keine technische Erklärung. Vielmehr war sie von der Leidenschaft, vom Wunsch und von der Faszination geleitet, ein exklusives Motorrad zu fahren.

Ebendiese Richtung schlugen die englischen Techniker ein. Heraus kam eine Maschine, deren An-

276 DAS VORDERTEIL DER NEUEN TRIUMPH ROCKET III WAR VON ZWEI KLEINEN RUNDEN SCHEINWERFERN CHARAKTERISIERT.

277 OBEN EINER DER ERSTEN ENTWÜRFE DER MÄCHTIGEN ROCKET III. DAS STYLING STAMMTE VON JOHN MOCKETT.

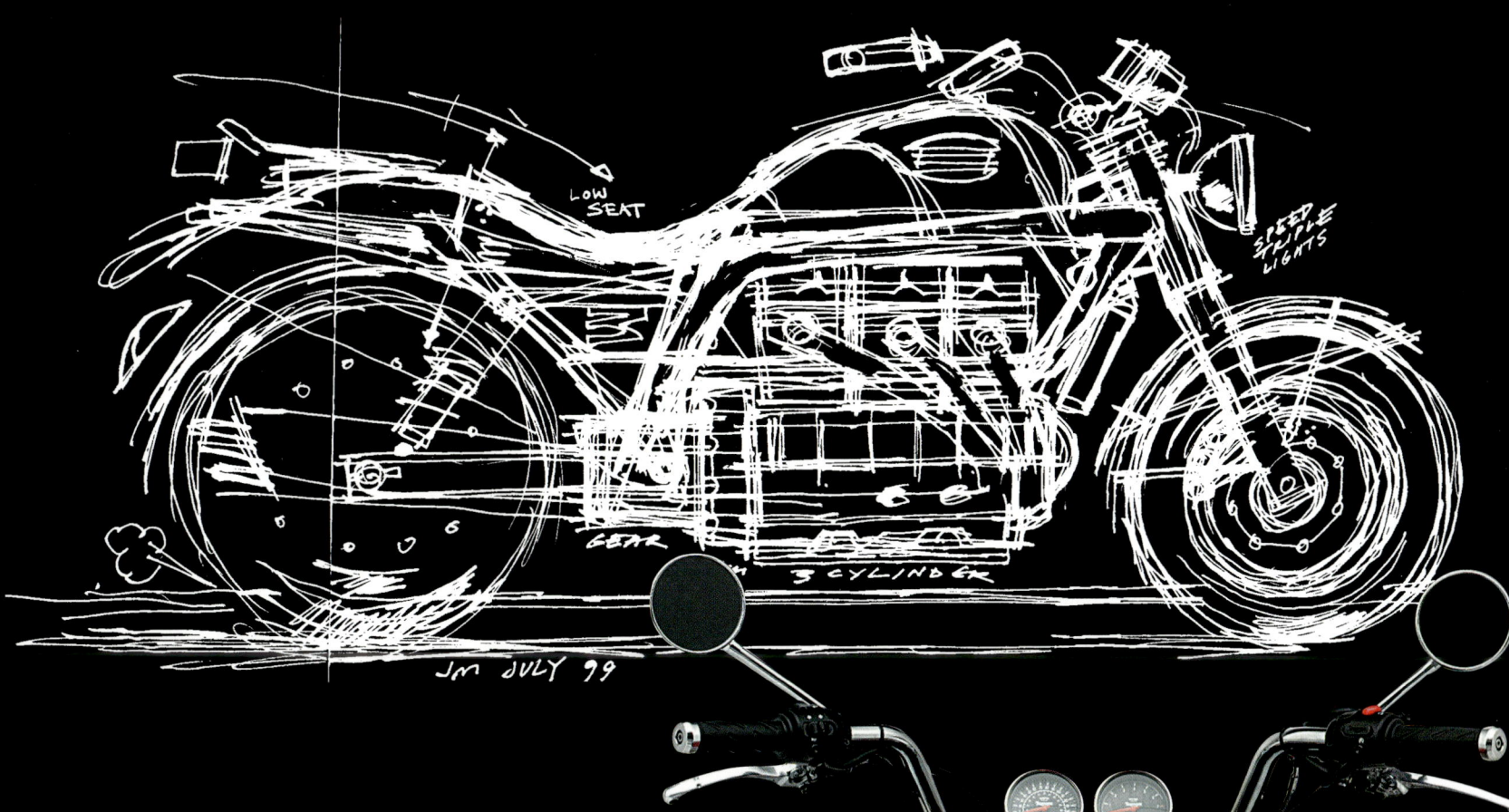

blick gigantisch war, die sich jedoch in der Praxis als sehr handlich erwies, vor allem auf breiten Straßen und langen Geraden. Zu verdanken war dies sowohl dem Motor mit dem im unteren und mittleren Bereich imposanten Drehmoment (204 Nm bei 2500 U/min) als auch dem gut dimensionierten, ausgewogenen Fahrwerk. Für die von John Mockett entworfene Rocket III gab der Hersteller aus Hinckley eine Leistung von 140 PS an, doch waren diese Pferdestärken leicht zu bändigen. Um sich eine Vorstellung von der Elastizität des Dreizylinders mit doppelter oben liegender Nockenwelle zu machen, sei lediglich erwähnt, dass man locker im fünften Gang bei etwas mehr als 1500 U/min fahren konnte und schon ein leichtes Zupfen am Gasgriff genügte, um den Cruiser mit 220 km/h nach vorne preschen zu lassen. Einziger Schönheitsfehler: Die 320 kg Leergewicht machten sich bei Manövern und in Sachen Wendigkeit auf kurvigen Strecken negativ bemerkbar.

277 UNTEN DIE HINTERANSICHT BETONT DEN REIFEN MIT AUTOMOBILEN AUSMASSEN (240/50-16).

278 oben Für die neue Rocket versetzte Triumph die Kardanwelle erstmals auf die linke Seite des Motorrads, wo nur ein Auspuffrohr positioniert war.

278 unten Seit seiner Entstehung wurden zahlreiche „Optionals" zur individuellen Gestaltung des Motorrads herausgebracht. Die Palette reichte von Sonderlackierungen, etwa im „Tribal"-Design, über offene Auspuffe und Zweiplatz-Touring-Sitze bis hin zu Nebelscheinwerfern.

279 Die Idee, einen grossvolumigen Cruiser zu realisieren, entstand Ende der 1990er. Der Dreizylinderkonfiguration blieb man treu, doch der Hubraum wuchs und wuchs, bis schlussendlich 2300 ccm erreicht waren.

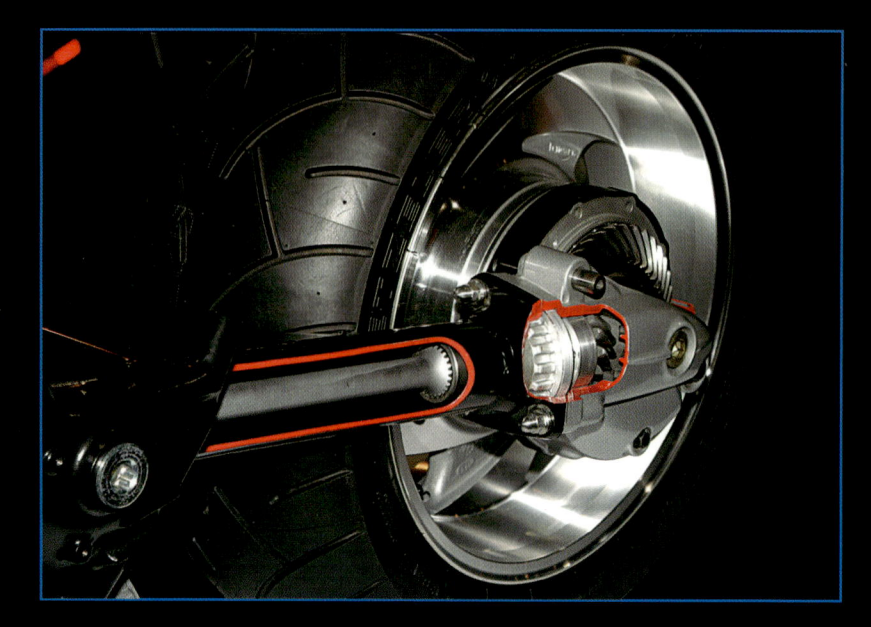

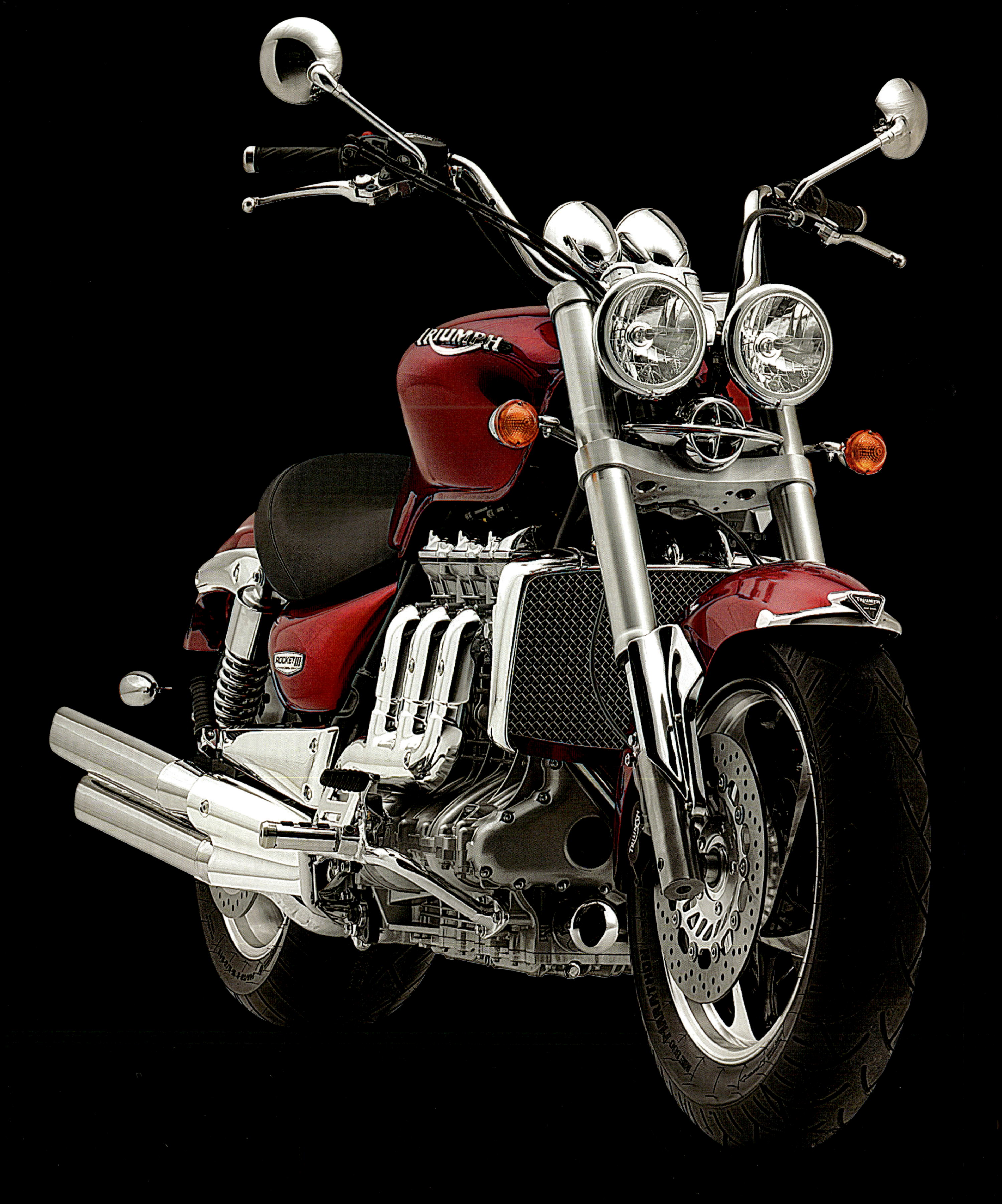
TRIUMPH

MV AGUSTA F4 R312

2007

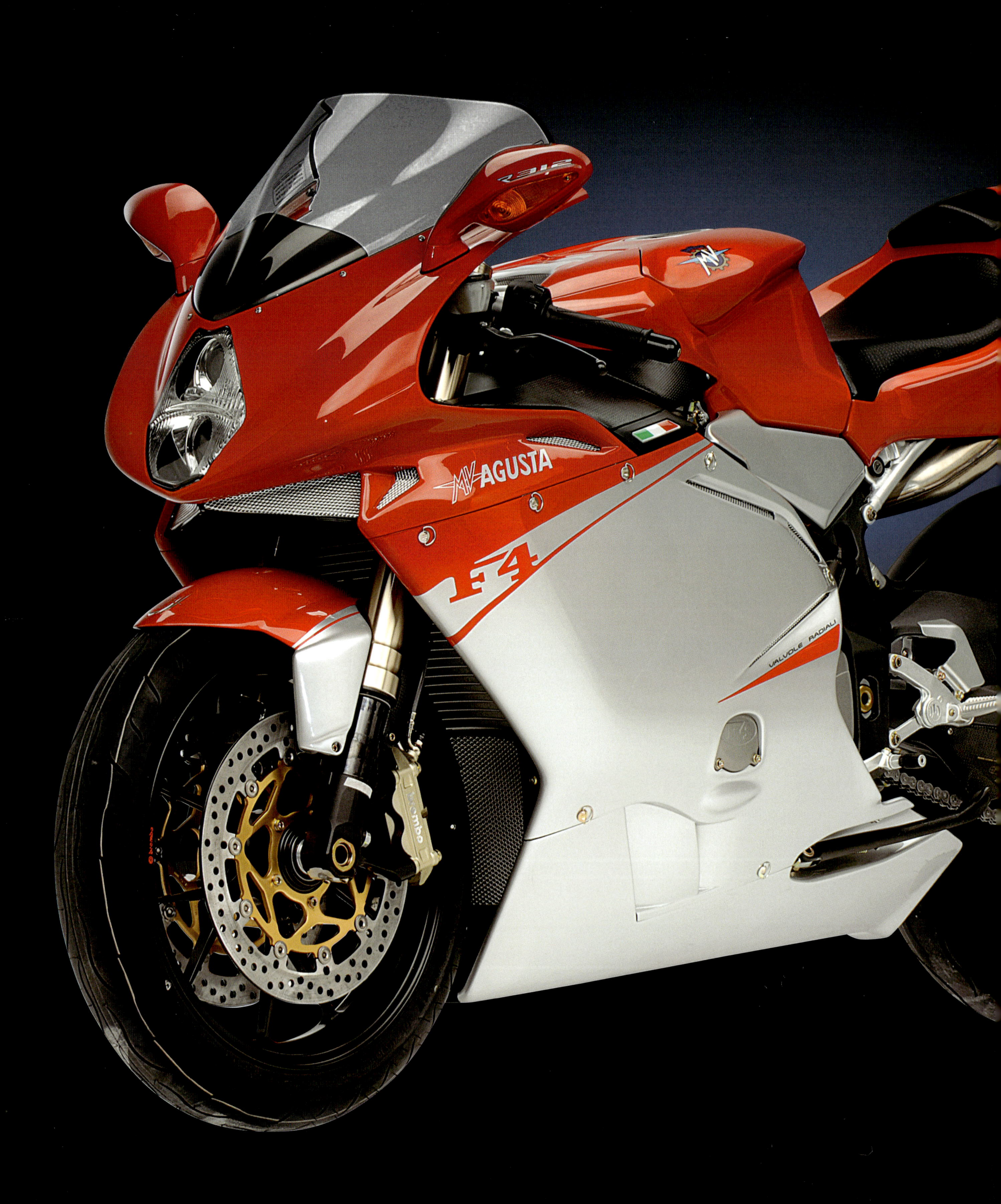
AGUSTA
F4
VALVOLE RADIALI
brembo

Kann man etwas verbessern, was schon absolut top ist? Man kann, und MV machte vor, wie es geht. Man nahm die von Massimo Tamburini entworfene, ohnehin schon imposante und schnelle F4 1000R, modifizierte sie sorgfältig und schuf so die noch überwältigendere F4 R312, die astronomische 312 km/h erreichte.

Sämtliche von Claudio Castiglioni gebauten Motorräder sind Traumbikes und Sammlerstücke, allein wegen ihrer Geschichte und der Technik, die sie in Kombination mit sorgfältiger Verarbeitung und Montage zu exklusiven Maschinen machen. Es soll an dieser Stelle nicht unerwähnt bleiben, dass der Hersteller aus dem norditalienischen Varese mit seinen Edel-Racern 75 Siege einfuhr.

Doch zurück zur F4 R312. Das Triebwerk dieses Konzentrats an Raffinessen war das Ergebnis von beinahe zehn Jahren Arbeit und Verfeinerung. Der altbekannte Vierzylinder, der Agusta zum Comeback auf dem Zweiradsektor verholfen hatte, verfügte über zwei oben liegende Nockenwellen, vier radial angeordnete Ventile pro Zylinder, Nasssumpfschmierung, Flüssigkeitskühlung und Kassetten-Sechsganggetriebe. Mit kürzeren Ansaugstutzen, vergrößerten Drosselklappendurchmessern, größeren und leichteren Ventilen aus Titan, einer neuen Nockenwelle und dem 5SM-Motormanagement von Magneti Marelli, das auch das Antihopping-System EBS (Engine Brake System) steuerte, konnten die Techniker zusätzliche 9 PS und 500 U/min herausholen. Was addiert zur bisherigen Leistung 183 PS bei 12 400 U/min ergab – nicht schlecht für 1000 ccm!

Gitterrohrrahmen, erstklassige Aufhängungen und Bremsen, die direkt dem Superbike entnommen wurden, rundeten das Bild eines exklusiven Motorrads ab, das man getrost auch zum Cruisen in der Stadt einsetzen konnte. Wer sich nun fragt, ob die Maschine hielt, was versprochen wurde, nämlich 312 km/h, wird nicht enttäuscht. Die Tester der italienischen Zeitschrift *Motociclismo* haben auf der High-Speed-Strecke im süditalienischen Nardò alles aus ihr herausgeholt. Resultat: 311 km/h.

282–283 Die exorbitanten Leistungen der MV F4 R312 waren zum einen dem mächtigen Vierzylinder und zum anderen der verringerten Anströmfläche des Motorrads zu verdanken, das dadurch besonders aerodynamisch war.

283 Nur zwei Lackierungen standen zur Auswahl: Perlweiss-Schwarz und Grau-Rot. Das Fahrwerk der F4 war ein Gitterrohrrahmen aus Chrom-Molybdän, die Hintergabel eine Einarmschwinge aus einer Aluminiumlegierung.

DUCATI DESMOSEDICI RR

2007

Hinter ihr standen Loris Capirossi und Sete Gibernau, Vittoriano Guareschi und Alan Jenkins. Vor allem aber eine kleine italienische Motorradschmiede, die es verstand, den internationalen Kolossen der Branche Paroli zu bieten.

Die Ducati Desmosedici RR war ein direkter „Ableger" der GP6, mit der Capirossi und Gibernau bei der Weltmeisterschaft 2006 unterwegs gewesen waren. Perfektioniert wurde sie durch Vitto Guareschi, den offiziellen Testrider der Ducati-Rennabteilung. Form und Linie der Karbonfaserverkleidung wurden von Alan Jenkins entworfen, der schon für das Design der imposanten Ducati MotoGP verantwortlich war. Als exklusive Replik der GP-Maschine war die Desmosedici RR ein echtes Meisterwerk, angefangen vom Rahmen, der aus einem Mix aus Stahlrohren und Platten bestand, die aus einem Stück gefräst waren. Die aus einer Aluminiumlegierung gefertigte Schwinge saß direkt auf dem Gehäuse des Motors, der als weiterer Mosaikstein in diesem Gesamtkunstwerk wohl einzigartig war.

Der Vierzylinder in L-Konfiguration war natürlich mit Desmodromik ausgestattet, die zwei oben liegenden Nockenwellen wurden über Zahnräder angetrieben. Weitere Merkmale: Flüssigkeitskühlung sowie Sechsgang-Kassettengetriebe. Magnesiumlegierungen und Titan waren die am häufigsten eingesetzten Materialien, um das Gewicht gering zu halten und die Widerstandsfähigkeit vieler Einzelteile zu erhöhen, die wie jene der offiziellen Rennmaschine aus Sandguss gefertigt waren. Sechs Zahlen charakterisierten diesen 1000-ccm-Boliden: 171 kg, 200 PS bei 13 800 U/min und 118 Nm bei 10 500 U/min. Die sechste? Die einzig Negative: 60 000 Euro – für einen Traum, der für viele ein solcher blieb.

286–287 Die Desmosedici gab es in zwei Farbvarianten: klassisches Ducati-Rot („Rosso GP") und Rosso GP mit weissen Streifen. Die geschmiedeten Siebenspeichenfelgen aus einer leichten Magnesiumlegierung stammten vom italienischen Hersteller Marchesini.

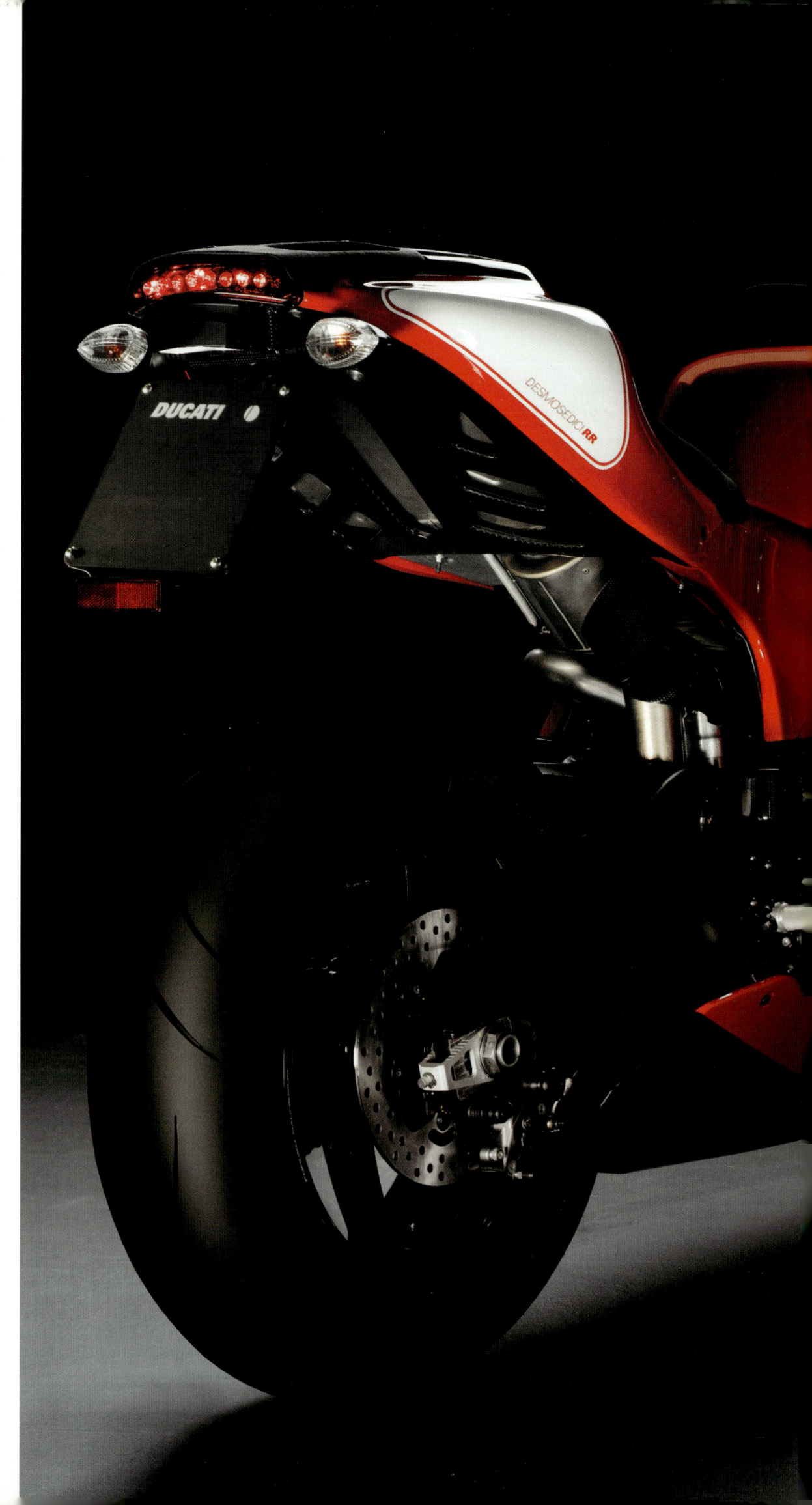

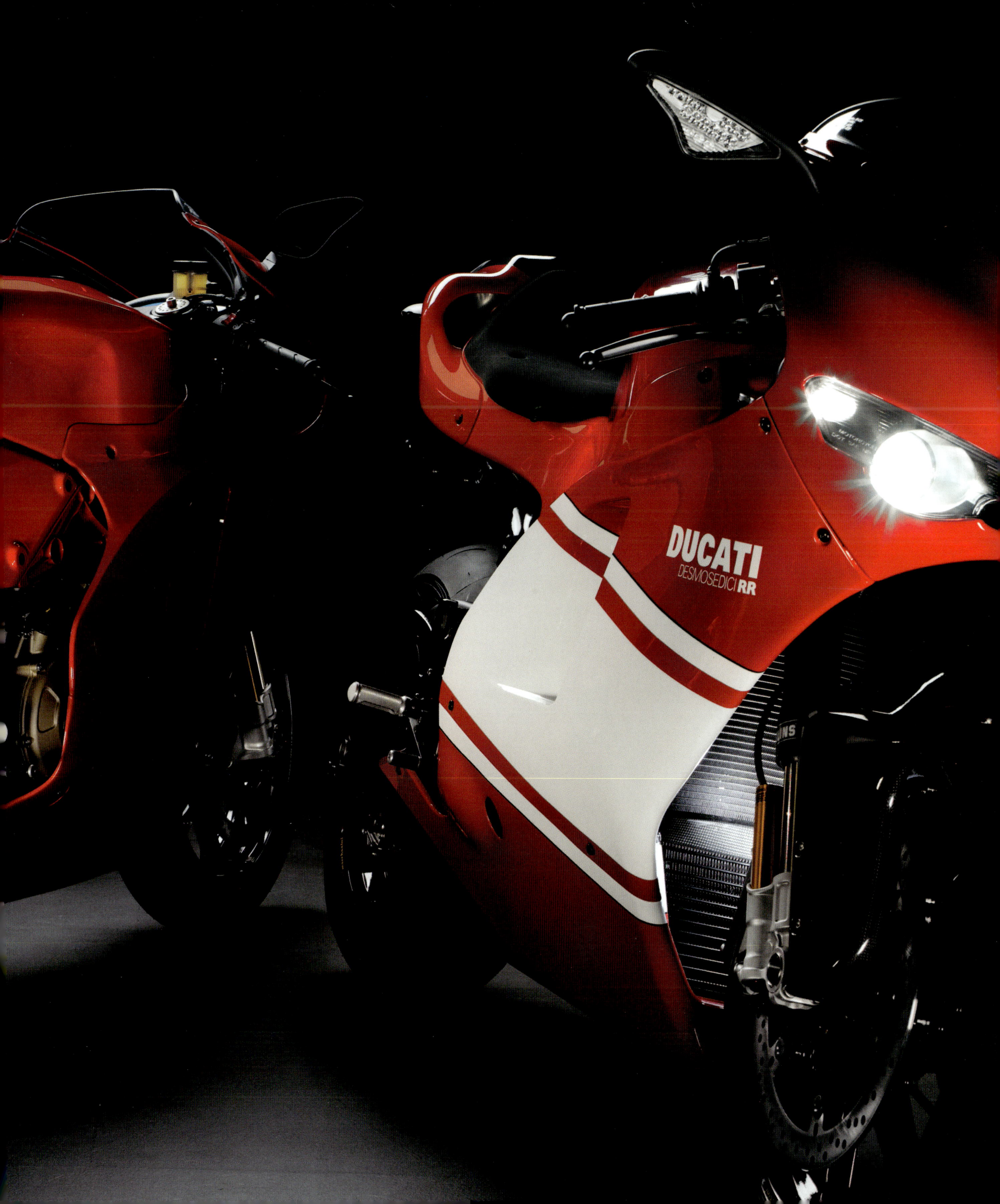
DUCATI
DESMOSEDICI RR

*BIMOTA
DB7*

2008

290 Die DB7 bestach durch elegante Raffinesse und klare Linien. Die in Weiss und Rot gehaltene Verkleidung, die den Ducati-Zweizylinder verbarg, war zur Gänze in Karbon ausgeführt. Nur der Tank bestand aus Kunststoff. Laut Herstellerangaben betrug die Leistung 160 PS bei knapp 10 000 U/min. Bei einem Gewicht von 172 kg kam die Maschine somit locker auf 270 km/h.

die die Geschichte dieser Marke geschrieben haben: Roberto Comiti, Andrea Acquaviva, Enrico Borghesan, Piero Canali und Dan Epps.

APRILIA RSV4

2009

294 Von vorn betrachtet, kommt die schlanke Linie der Aprilia besonders zur Geltung. Ästhetisch ansprechend und originell sind die drei Scheinwerfer über den Lufteinlässen und die in die Spiegel integrierten Blinker.

295 Wären nicht die extrem breiten Reifen, könnte man meinen, es mit einer 250er zu tun zu haben. Wie es sich für ein zum Racen geborenes Bike gehört, bietet das kantige Heck nur dem Fahrer Platz.

BILDNACHWEIS

20th Century Fox/Gerlitz, Ava V./Album/Contrasto S. 239
Alvey & Towers S. 252–253
Archivio Pgmedia.it S. 13 oben
Archivio Scala S. 40
Archivio Storico Piaggio „Antonella Bechi Piaggio" S. 108–109, 112, 113 oben, 114 oben, 114 unten, 115 oben, 115 unten
Davide Battilani S. 36
Patrick Bennett/Corbis S. 237
BentleyArchive/Popperfoto/Contributor/Getty Images S. 178
Alessandro Bersani S. 32 oben, 58–59, 59 oben, 62 unten, 82–83, 84–85, 98–99, 100–101, 125 unten, 142–143, 190–191, 206–207
Archivio Edisport Editoriale - Zeitschrift "Motociclismo": S. 72–73, 86–87, 123 oben, 250–251
Bettmann/Corbis S. 26–27, 33 oben, 81 unten, 131
BMW AG Konzernarchiv S. 6–7, 52 oben, 52 unten, 52–53, 53 unten, 54, 54–55, 55 unten, 81 oben rechts, 92–93, 93, 146–147, 148, 148–149, 208–209, 210, 211 unten, 211 oben, 226 oben, 226–227, 242, 242–243, 243, 244–245
Jacques Boyer/Roger-Viollet/Archivi Alinari, Florenz S. 10
Christie's Images Ltd S. 27 unten
Angelo Colombo/Archivio White Star S. 152
Ugo Consolazione S. 122–123
Corbis S. 25 Mitte, 80–81
Mit freundl. Gen. Everett Collection/Contrasto S. 62–63, 119, 156 oben, 157, 179
Markus Cuff/Corbis S. 16–17
Digimedia Sas S. 44, 45 unten, 132 oben
Dorling Kindersley S. 32–33, 49, 97, 128, 129 links, 166, 167, 170–171, 171 oben, 207
Ducati Motor Holding S.p.a S. 2–3, 152–153, 256, 257, 258–259, 286–287
Mary Evans Picture Library S. 27 oben, 28, 28–29, 75 unten, 96
Farabolafoto S. 175
Finistere Films/CCFC/United/Pictures/Album/Contrasto S. 134
Historical Picture Archive/Corbis S. 1
Hulton Archive/Getty Images S. 15, 40–41, 58 oben
Hulton Deutsch Collection/Corbis S. 25 unten, 26 oben, 74 links, 75 oben, 79, 132 unten
Keystone-France/Eyedea/Contrasto S. 81 oben links
Ron Kimball/www.kimballstock.com S. 4–5, 11, 20–21, 162–163, 262–263
David Kimber S. 158, 158–159, 214–215, 231, 234–235
Lordprice Collection/Alamy S. 84
National Motor Museum S. 48, 64–65, 67 oben
National Motor Museum/Alamy S. 66–67
PaoloGrana@mclink.it/www.bikes-garage.com S. 108 oben, 136–137, 138–139, 182, 183, 194, 195, 198–199, 248–249
Pascal Segrette/Musée de l'Armeée, Dist. RMN/Photo RMN S. 88
Pascal Szymezak S. 33 unten, 113 unten, 156 Mitte und unten, 246–247, 272–273, 283
Photo12.com S. 12–13, 177
Photoservice Electa/AKG Images S. 77, 105
David Pollack/K. J. Historical/Corbis S. 133
Reynolds-Alberta Museum, Alberta, Canada: S. 60–61
Rue des Archives S. 24–25, 66, 238
Science Museum/Science & Society Picture Library S. 14, 16 oben
John Springer Collection/Corbis S. 134–135
Studio Carlo Castellani S. 30–31, 34–35, 42–43, 46–47, 50–51, 56–57, 68–69, 90–91, 102–103, 106–107, 110–111, 116–117, 120–121, 126–127, 140–141, 144–145, 150–151, 154–155, 160–161, 164–165, 168–169, 172–173, 180–181, 184–185, 188–189, 192–193, 196–197, 200–201, 202–203, 204–205, 212–213, 220–221, 224–225, 228–229, 232–233, 240–241, 254–255, 260–261, 264–265, 270–271, 274–275, 280–281, 284–285
Studio Patellani/Corbis S. 125 oben
Swim Ink 2, LLC/Corbis S. 23, 78
Target Design S. 230
Touhig Sion/Corbis Sygma/Corbis S. 118
Touring Club Italiano/Gestione Archivi Alinari, Florenz S. 124–125
Craig Vetter S. 203
Roger Viollet/Archivi Alinari, Florenz S. 17, 18, 19, 25 oben
www.bondarenkophoto.com S. 94-95

Mit freundlicher Genehmigung von:
Giacomo Agostini: S. 8, 9
American Motorcyclist Association S. 62 oben
Aprilia S. 292–293, 294, 295
Archiv Audi AG S. 104, 104–105
Archivio Museo Agusta, Via G. Agusta 510, 21017 Cascina Costa di Samarate (VA) - www.glaagusta.org - segreteria@glaagusta.org S. 174
BMW AG S. 244 oben links, 244 oben rechts
Michel Brunet S. 89
Foto Bimota S. 288–289, 290, 291 oben, 291 unten
Honda Italia S. 266, 267, 268–269, 269
KTM Sportmotorcycle AG S. 186, 186 unten, 187
Moto Club XT 500 - www.xt500.it S. 216–217, 218
Museo della Motocicletta Frera - Tradate S. 37
Museu de la Moto - Bassella: S. 38–39
MV Agusta Motor S.p.a. S. 282–283
Karl-Heinz und Brigitte Philipps S. 129 oben rechts und unten rechts
Sammlung Robert Steinbugler S. 222, 223
Triumph Motorcycles S. 276, 277, 278 oben, 278 unten, 279, 300
Ufficio Stampa Moto Guzzi S. 45 oben, 70–71
Yamaha Motor Italia S.p.a. S. 219

300 Entwurfskizze der Triumph Rocket III (2004).

DANKSAGUNG

Der Autor widmet dieses Werk seinem Vater, der ihm die Leidenschaft fürs Motorradfahren vererbt hat; seiner Mutter, weil sie ihn nicht allzu oft daran gehindert hat, sowie seiner Frau Claudia und den Töchtern Maria, Anna und Federica mit denen er diese Leidenschaft teilt.

Der Autor dankt Matteo Bacchetti, Alberto Pasi, Giorgio Pozzi und Vittorio Crippa.

Der Verlag dankt: Yves Bruneteau (Club René Gillet), Suzuki Italia, Luigi Pierantoni (Motoclub XT 500), Brigitta Rosati (Automotodepoca), Michel Brunet, Bimota S.p.a., Paul Adams (Vincent HRD Owners Club), Lothar Franz (Archiv Audi AG), Brigitte und Karl-Heinz Philipps (Der Imme Schwarm e.V.), Holger Baschleben (Auto & Technik Museum Sinsheim), John Landstrom (Blue Moon Cycle), Yamaha Motor Italia, Museo Agusta Cascina Costa di Samarate, Velosolex America, KTM Sportmotorcycle AG, Craig Vetter, Bob Steinbugler (Bimota Spirit USA), Bill Kresnak (American Motorcyclist magazine), Museo della Frera Tradate.

WS WHITE STAR VERLAG

WS White Star Verlag®
ist eine eingetragene Marke von Edizioni White Star s.r.l.

© 2009 Edizioni White Star s.r.l.
Via Candido Sassone, 24 - 13100 Vercelli, Italien
www.whitestar.it

Übersetzung: Alexandra Hoi
Producing: bookwise GmbH, München

Alle Rechte vorbehalten. Kein Teil des Werkes darf in irgendeiner Form (durch Fotokopie, Mikrofilm oder ein ähnliches Verfahren) ohne die schriftliche Genehmigung des Verlages reproduziert oder unter Verwendung elektronischer Systeme verarbeitet, vervielfältigt oder verbreitet werden.

ISBN 978-3-86726-140-1
1 2 3 4 5 6   13 12 11 10 09

Printed in Italien

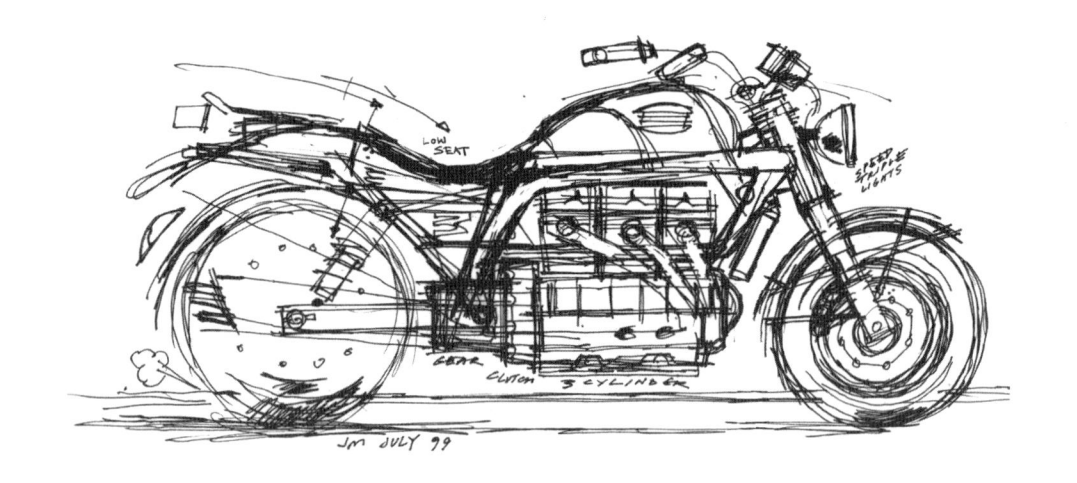

424
55
240

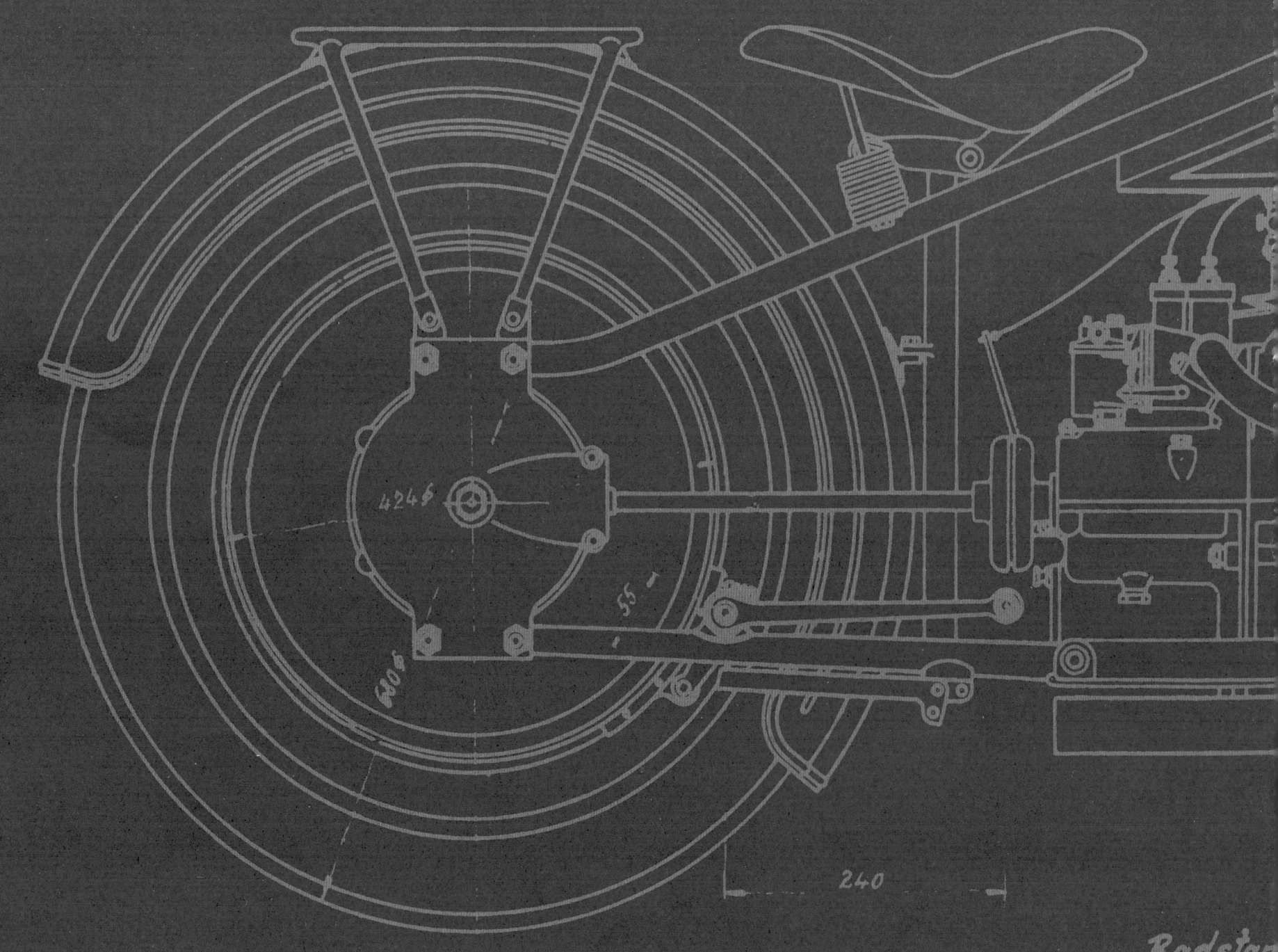

Radsta